本书由湖南省应用特色学科中国语言文学、湖南省舜文化研究基地、湖南省湖湘文化对外交流传播研究基地、湖南省高等学校哲学社会科学重点研究基地"南岭走廊与潇湘文化研究基地"资助

本书为湖南省舜文化研究基地、湖南省高等学校哲学社会科学重点研究基地"南岭走廊与潇湘文化研究基地"、湖南省社科基金基地项目"九嶷山地区瑶族舜帝崇拜意识民间文献整理与研究"（项目编号：18JD34）的研究成果

南岭走廊与潇湘文化丛书

Shun Cultural Tradition
and Its Contemporary
Interpretation

舜文化传统及其当代诠释

潘雁飞 —— 著

中国社会科学出版社

图书在版编目(CIP)数据

舜文化传统及其当代诠释/潘雁飞著.—北京：中国社会科学出版社，2022.8

（南岭走廊与潇湘文化丛书）

ISBN 978-7-5227-0459-3

Ⅰ.①舜… Ⅱ.①潘… Ⅲ.①舜—任务研究 Ⅳ.①K827=1

中国版本图书馆 CIP 数据核字（2022）第 119795 号

出 版 人	赵剑英
选题策划	宋燕鹏
责任编辑	金　燕
责任校对	李　莉
责任印制	李寡寡

出　　版	中国社会科学出版社
社　　址	北京鼓楼西大街甲 158 号
邮　　编	100720
网　　址	http://www.csspw.cn
发 行 部	010-84083685
门 市 部	010-84029450
经　　销	新华书店及其他书店
印　　刷	北京明恒达印务有限公司
装　　订	廊坊市广阳区广增装订厂
版　　次	2022 年 8 月第 1 版
印　　次	2022 年 8 月第 1 次印刷
开　　本	710×1000　1/16
印　　张	15.25
插　　页	2
字　　数	227 千字
定　　价	78.00 元

凡购买中国社会科学出版社图书，如有质量问题请与本社营销中心联系调换
电话：010-84083683
版权所有　侵权必究

总　　序

自秦以来，中原南下岭南有五条古道：越城岭道、萌渚岭道、都庞岭道、骑田岭道、大庾岭道。此外还有一条零陵、桂阳峤道，横跨萌渚岭、都庞岭、骑田岭。同时，长江水系和珠江水系的诸多支流也形成了民族迁徙与融合的诸多东西向通道。湘南永州在这几条通道中独占四条，实际处于南岭走廊的核心位置，处于海陆丝绸之路转换之要冲，是沟通中原文明与岭南文明、海外文明的重要文化通道，也是汉、瑶、壮等民族的生存与迁徙通道，各民族在南岭地区迁徙流动，民族文化不断碰撞、交流、融合，南岭走廊事实上成为"中华民族多元一体格局"的最佳样板，具有独特的自然环境与人文环境，蕴含着丰富多彩、特色彰显的民族文化。

"潇湘"一词据传始于尧时，载籍则出现于《山海经·中次十二经》言洞庭之山"帝之二女居之，是常游于江渊。澧沅之风，交潇湘之渊"。最具体的是特指今湖南省永州市，潇水和湘江的融汇处在今湖南省永州市零陵区萍洲，永州因此雅称"潇湘"。宋代诗人陆游用"挥毫当得江山助，不到潇湘岂有诗"来称赞永州人杰地灵、如诗如画的美景。自潇水源头顺流而下，分别蕴含有舜文化（宁远、蓝山）、瑶文化（江华、蓝山、江永）、女书文化（江永）、濂溪文化（道县）、古稻作文化（道县）、古制陶文化（道县）、书法文化（零陵）、柳文化（零陵）、摩崖文化（祁阳）。这里山水灵秀、人文荟萃，自然风光与人文胜景相融为一，亦被誉为"锦绣潇湘"。

习近平总书记在《建设中国特色中国风格中国气派的考古学，更好认识源远流长博大精深的中华文明》（《求是》2020年第23期）

总　序

中指出："我国考古发现，展示了中华文明起源和发展的历史脉络，实证了我国百万年的人类史、一万年的文化史、五千多年的文明史；展示了中华文明的灿烂成就，是坚定文化自信的重要源泉。"永州有十万年的智人史（道县福岩洞智人）、一万年的文化史（道县玉蟾岩最早栽培稻和最早制陶工艺），五千年文明史（舜歌南风），更有千年理学史（周敦颐），百年党史（李达），其厚重人文足令我们自信、自豪！

湖南科技学院地处潇湘交汇之零陵古城，为永州唯一本科院校，人文社会科学研究蔚然成风，学人彬彬济济，学术佳作迭见，尤以舜文化、理学文化、柳文化、摩崖文化、瑶文化为显。湖南舜文化研究基地、湖湘文化对外交流传播研究基地、湖南濂溪学研究基地、湖南李达研究基地、湖南南岭走廊与潇湘文化研究基地先后落户学校。因思谋出版"南岭走廊与潇湘文化研究丛书"，以存其盛，播其声，扬其名。每年出版3—5部，希假以时日而成大观。

凡我校学人，在自愿前提下：与南岭走廊、永州、潇湘相关的文学文化研究专著皆可入选，以切地域文化主题；凡出自我校学人的人文与社会科学专著亦可酌情入选，以彰显地灵人杰。

是所望焉，是为序。

湖南科技学院校长

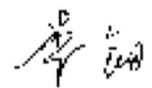

目录
CONTENTS

舜文化传统

舜文化的精神内核…………………………………………… 3
"孝"的神性、人性与伦理规定性…………………………… 11
"五教"的历史传播方式……………………………………… 20
屈原赋中的舜帝叙事………………………………………… 29
《孟子》尧舜之道的时代性………………………………… 37
舜与礼乐教化及先进文化建设……………………………… 45
尧舜"协和万邦"的实践及其后世的理论流变…………… 52

舜文化的当代诠释

百年来舜文化学术研究的"总集"
　　——《虞舜大典》（近现代文献卷）巡礼………………… 65
舜文化的学术建构与人的自觉
　　——《舜文化传统与现代精神》的贡献 ………………… 71
洞幽烛隐与考镜源流
　　——张京华《湘妃考》学术理路 ………………………… 79
承前启后与精要全面
　　——《国学入门》的创新性书写 ………………………… 87

目 录

基于舜文化的本土性与根源性思辨
　　——陈仲庚的舜文化研究特色 ············· 93
别开生面写"新"得
　　——《中国古代小说艺术史》的艺术 ············· 100
故里文化与乡愁滋味
　　——《乡愁的滋味》散文文化特色 ············· 104
湘妃怨：历史可能的一个横切面 ············· 109
"和"的历史底蕴与"和"的现代张力
　　——论阳明山传统"和"文化的现代转化 ············· 115
舜皇山人文旅游的创新、创意与创品牌 ············· 124

儒家文化下的文学意蕴

一种礼制和一章诗的意味 ············· 133
"在宗载考"与《小雅·湛露》的诗旨 ············· 140
封建社会君臣和谐张力的失衡与重构
　　——《世说新语》"宠礼·元帝正会"考论 ············· 149
周敦颐诗歌的思心与诗心 ············· 156
　　附：周敦颐诗校注 ············· 163
通达与穷厄的文化隐喻
　　——《长信宫词》文化解读探微 ············· 184
唐宋词的繁荣与音乐进退之二律背反关系 ············· 191
庄子寓言思维与古代文论 ············· 201
怪圈的文化悖论：终点又回到起点
　　——从子君看新文化与积淀的负价值旧文化之冲突 ············· 211
韩少功小说中的思父意识 ············· 218
寓言的批评：文化理性的解构 ············· 226

参考文献 ············· 234
后　记 ············· 237

舜文化传统

舜文化的精神内核

随着考古学的发展，舜实有其人，越来越多地得到了学界的公认。但舜究竟是怎样的一个人？怎样的一个天子？由于资料的阙如，学界对"舜"的认识尚无法统一。纵观整个中国历史，笔者认为历史上对"舜"的认识有"百家舜""儒舜""德舜"几种类型。舜及后世舜文化的精神内核其实是一种"和"的内在张力。这种张力是人类、社会、自然、灵与肉四者在过去、未来都必需的。

一 百家舜

"百家"本就战国时思想派别而言。各派思想不同，"舜"在"百家"中的"形象"也不尽相同。下面仅以墨、道、法三家列其大端。

首先谈谈"墨家舜"。《墨子》一书中涉及舜的主要有以下几处。

（1）《尚贤·上》："故昔者尧举舜于服泽之阳，授之政，天下平。"又《尚贤·中》"古者舜耕历山，陶河滨，渔雷泽。尧得之服泽之阳，举以为天子；与天下之政，治天下之民。"又《尚贤·下》："昔者舜耕于历山，陶于河滨，渔于雷泽，灰于常阳。尧得之服泽之阳，立为天子；使接天下之政，而治天下之民。"

（2）《节葬·下》："舜西教乎七戎，道死葬南己之市，衣衾三领。榖木之棺，葛以缄之，已葬而市人乘之。"

（3）《天志·中》："尧舜禹汤文武，焉所从事？曰：从事兼，不从事别。兼者，处大国不攻小国，处大家不乱小家，强不劫弱，众不暴寡。"

从篇名所指称的思想可以看出，篇中的每一则材料都是为了说明或论证自己的主张的。因为墨子"尚贤"，所以尧从民间选择了贤能有才的舜——"授之政，天下平"（"与接天下之政，而治天下之民"）；因为墨子"节用"，所以舜不仅生前能耐劳苦（"耕历山、陶河滨、渔雷泽"），即便死了，也是那么的质朴节俭（"衣衾三领，穀木之棺，葛以缄之，已葬而市人乘之"），又因为墨子主张"兼爱非攻"，舜与尧禹汤文武一样，都是"处大国不攻小国，处大家不乱小家，强不劫弱，众不暴寡"。

道家除了老子，就是以庄子为代表了。《老子》五千言无道虞舜之事者。而《庄子》寓言十九，他对舜的态度是不太一致的。试看以下几则材料。

（1）《德充符》："受命于天，唯舜独也正，幸能正生以正众生。"

（2）《田子方》："有虞氏生死不入于心，故足以动人。"

（3）《天道》："夫虚静恬淡，寂寞无为者，万物之本也。明此以南向，尧之为君也，明此以北向，舜之为臣也。"

（4）《天道》："昔者尧问于舜曰：天王之用心如何？尧曰：吾不敖无告，不废穷民，苦死者，嘉孺子而哀妇人。此所以用心已。舜曰：天德而土宁，日月照而四时行，若昼夜之有径，云行而雨施矣。尧曰：胶胶乎！子，天之合也。我，人之合也。"

（5）《应帝王》："有虞氏其犹藏仁以要人，亦得人矣，而非始出于非人。"

（6）《骈拇》："自虞氏招仁义以挠天下也，天下莫不奔命于仁义，是非以仁义易其性欤？"

（7）《缮性》："古之人在混芒之中……当是时也，莫之为而常自然。逮德下衰，及燧人伏羲始为天下，是故顺而不一。德又下衰，及神农黄帝始为天下，是故安而不顺。德又下衰，及唐虞始为天下，兴治化之流，浇淳散朴，离道以善，险德以行，然后去性而从于心……然后附之以文，益之以博。……民始惑乱，无以反其性情而复其初。"

（1）至（4）则材料是颂舜的，谓舜能顺应天人的自然法则，所以能"正众生""足以动人"，才能与天相合。而（5）至（7）则材料则是抑舜的，谓舜以仁乱性（自然的本性），去性而从心。庄子文章的特点，在于他的材料本身便是一种论证，他的寓言本身便隐有寄托，他只是抓住一点点历史的影子，在汪洋恣肆的文风中，随心所欲为自己所用。所以无论是颂舜也好，抑舜也好，都是为着阐明一己之思想，一己之主张。从表面上看，对舜的态度不一致，实质上在核心思想上却是惊人的相同。

再看法家眼里的舜。众所周知，法家晚出，一般认为，正式的法家，到韩非才算成立。其时，舜已是儒家的偶像。而韩非又与儒家有渊源关系。所以，韩非要阐明自己的学说，就必然会拿来儒家的舜，然后对他进行改头换面的包装。我们现在以《韩非子》中的材料做代表：

《饰邪》："昔者，舜使吏决洪水，先令有功而舜杀之。……先令者杀后令者斩，则古者必贵如令矣。"这里说，舜派官吏去泄洪，早于舜的命令而抢先立功的，舜便把他杀了，说明古代首先重视依法办事。这则材料虽然是说舜的好话，但却是站在法家的立场上说的。再看贬损舜的材料，《忠孝篇》说："今舜以贤而取君之国……瞽叟为舜父而舜放之，象为舜弟而舜杀之，放父杀弟，不可谓仁；妻帝二女而取天下，不可谓义，仁义无义，不可谓明。"又《说疑篇》说："舜逼尧，禹逼舜，汤放桀，武王伐纣，此四五者，人臣弑其君者也。"很明显，这是尧舜禅让传说的改编，而尧舜禅让的传说是法家所不承认的，因为法家把君臣名分看得很重。

二 儒家舜

"儒家舜"实际上是"百家舜"中的一家。之所以将"儒家舜"独立出来专节论述，一则因为儒家关于舜的材料最为丰富，二则因为儒家舜对中国历史的影响特别深远。

考察儒家关于舜的史料（或传说），早先有孔子的说法，但过于空洞，没有具体实在的内容。其中较详备具体的是《尚书·尧典》和《孟子》，其中的材料已非片言只语，更像是首尾完整的一则史料。《孟子》中的舜基本来源于《尚书·尧典》，只不过有些地方说得更详细。由于这些材料是众所周知的，限于篇幅，不一一列举，只对其主要内容加以要点式的概括：

（1）舜出身贫贱，而且父母兄弟都不好（"父顽、母嚚、象傲"）但他却仍不失为一个孝子（"克谐以孝"）。

（2）尧将两个女儿下嫁给舜，以此观察舜的德行。

（3）尧让舜摄政，天下大治。

（4）尧舜禅让，舜避尧之子。

（5）命大禹治水，以平水土。

（6）任命百官，各司所职。

（7）四方巡狩，南巡而崩。

这七个要点，是舜一生的史纲。《尧典》侧重从史的角度陈述，但明显隐含了儒家的一些观念，如重孝、重仁、重教、重农、重乐、重民情、重行为等。而舜到了《孟子》中，就已经变成了孟子的（或儒家的）理想人物。孟子主张性善，就说"尧舜，性之也"。意思是说舜行仁政，正是其性本善的结果。在舜的家庭里，孟子还增加了瞽叟和象谋杀舜——焚廪捐阶的故事，以形容舜是一个特别孝顺的儿子，又增加了封象于有庳的故事，以表示他还是一个慈爱的老兄。正因此，孟子认为："圣人，人伦之至也。欲为君，尽君道；欲为臣，尽臣道，二者皆法尧舜而已矣。"可见，儒家最初完全是将舜拿来说明自己"仁爱""仁政"之道的。

由上观之，舜为天子前是一个什么样的人，舜为天子后是如何的一个帝王？各家各派并没有统一的定论，至多只是拿舜作为自己的一个论据，说明自己的思想罢了。正如《韩非子》所说："孔子墨子俱道尧舜，而取舍不同，皆自谓真尧舜。尧舜不复生，将谁使定儒墨之诚乎？"虽然韩非只是谈了两家，但何尝没有包括他自己，乃至百家呢？

至于"舜"成为一个恒定的形象，成为一种观念理想道德的象征，那就是历史跨入另一阶段的事了。这就是使舜完全"道德"化。

三 德化的舜

笔者以为舜的道德化，萌芽于《孟子》，成形于《史记·五帝本纪》，发展于儒家经典注疏之中，而完成于朱熹。

实际上，"德化的舜"是独尊儒术的产物。它是"儒家舜"的极端化、神圣化，也是"儒家舜"的一种变形。在"儒家舜"阶段，舜的孝，舜的德，都是服从于"仁"和"仁政"的，而这又最终归于人的本性。但由于《孟子》将舜作为自己思想主张的理想人物、完美人物。这就为司马迁和其他汉儒将"舜"道德化打下了坚实的基础。到了司马迁的《五帝本纪》，道德化的"舜"已基本成形了。

《五帝本纪》其主要材料来源，一是亲自实地考证，二是《尚书·尧典》，三是《孟子》。之所以选择这些材料，是司马迁自己深受儒家的影响（青年时受教董仲舒《公羊春秋》，从孔子后裔孔安国学《古文尚书》）。他自己在《史记·五帝本纪》中说："《尚书》独载尧以来，而百家言黄帝，其文不雅驯，荐绅先生难言之……余并论次，择其言尤雅者。"看来，司马迁是将《尚书》《孟子》中的材料当作雅言的。不仅如此，它还将一些属于民间，但有助于表现舜的道德的传说故事记入《五帝本纪》中（如"舜穿井为匿空旁出"后，仍然"复事瞽叟，爱弟弥谨"）。

由于司马迁是以史笔写舜，又是用以人物为中心的传记笔法，他就不再是为了服从某一家一派的观念，而是塑造自己乃至百姓心中普遍认同的一个高大完满的道德化身，正如后世的关羽死后，人们塑造"关圣帝"一样（从中我们可以隐约看到独尊儒术后，儒家文化的道德化、伦理化对国人的浸润式影响）。

我们看看司马迁将舜塑造成了怎样一个完人：

（1）舜与家庭："舜父瞽叟顽，母嚚，弟象傲，皆欲杀舜。舜顺适不失子道。（兄弟孝慈）欲杀，不可得；即求，尝在侧。"

（2）舜与妻妾："于是尧乃以二女妻舜，以观其内……舜居妫汭，内行弥谨。尧二女不敢以贵骄事舜亲戚，甚有妇道。"

（3）舜与他人："使九男与处，以观其外……尧九男皆益笃。舜耕历山，历山之人皆让畔；渔雷泽，雷泽之人皆让居；陶河滨，河滨器皆不苦窳。一年而所居成聚，二年成邑，三年成都。"

（4）舜与社会："舜举八恺，使主后土，以揆百事，莫不时序。举八元，使布五教于四方，父义、母慈、兄友、弟恭、子孝，内平外成。"

（5）舜与自然："舜入于大麓，烈风雷雨不迷，尧乃知舜之足授天下。"

（6）舜与精神教化："以夔为典乐，教稚子，直而温，宽而栗，刚而毋傲；诗言意，歌长言，声衣永，律和声，八音能谐，毋相夺伦，神人以和。"

（7）舜与政治："禹平水土、弃播百谷、契敷五教，皋陶作士，垂为共工，益为朕虞、伯夷典三礼。"

由此看来，舜在人类社会中，无论在哪一方面都是典范、楷模、理想。这种道德类型或道德象征，在具有尚古、尚贤的汉民族心理思维定式中是很容易得到认同的。就是在今天，我们还常常以榜样为力量。

舜的道德化的进一步发展和最后完成应归功于古代注疏的发达。注疏本质上是"六经注我"，是学者根据时代的需要，将原著通过注、疏、传等多种形式，将原文的主旨不断强化或加以发展。从相传伏生作《〈尚书〉大传》起，两汉出现了大量的儒家经典注释，其中自然包括了《尚书》《孟子》等，另一些历史著作，如《国语》《史记》《汉书》也有作注的，此后历代不衰（如魏晋的伪孔传就很有名），到宋代，注疏更上一层楼，他们一反汉人传统，认为"六经皆我注脚"（陆九渊语）。在他们的注释里，开始大谈义理，将理学思想推向统治地位，也将舜的道德化彻底完成。众多注疏资料极其繁复，难以列举。我们只要读一读《朱子语类·万章上》朱子的讲解，便知他将"德化的舜"强化到了怎样的高度：

（1）《问舜往于田章》："象为弟，'日以杀舜为事'。若是别人，如何也须与他理会，也须吃不过。舜只知我是兄，惟知友爱其弟，那许多不好景象都自不见了。"

（2）《问舜往于田章》："叔器问：舜不能掩父母之恶，如何是大孝？曰：公要如何与他掩？他那个顽嚚，已是天知地闻了，如何地掩？公须与他思量得个道理始得。如此，便可以责舜。"

（3）《问舜往于田章》："问'象忧亦忧，象喜亦喜'事。曰：象谋害舜者，舜随即化了，更无一毫在心，但有爱象之心。常有今人被弟激恼，便常以为恨，而爱弟之心减少矣。"

太一目了然了，舜已完美得无以复加，任何微小的对舜的指责，在大儒那里都能为舜轻轻化解。我以为，极端的结果就是要对它进行反向的思考。

四 舜之"和"

提出"舜"之"和"是有感于舜的神圣道德化。我常想，在"百家舜"类型里，舜还是人，至多也是人间的好帝王，有时连好帝王也不是。这样的舜是极具有亲和力的，到"儒舜"类型里，这种亲和力尚没有消失殆尽。然而在"德化舜"这一阶段，舜的亲和力没有了，只剩下一种霸气的道德理念、理想范式。这实在是当初儒学家们所始料不及的。

考察舜这一个特定时代带有传奇色彩的历史人物，排除其神性、传奇性，也排除其历史性，单究其精神内核和人格魅力而言，笔者以为正在他永恒的"亲和力"。"亲和力"原指两种或两种以上的物质结合成化合物时互相作用的力，我在这里则指的是他的精神核心的张力。这种张力，这种亲和力，实际上也可以用一个"和"字来概括。

"和"是我国古代的一个哲学观念。《国语·郑语》记载，西周末年周太史史伯说："和实生物，同则不继。以他平他谓之和，故能丰长而物归之。若以同裨同，尽乃弃矣。"可见，"和"是创造的源泉，"和"是多样的统一。考诸舜的史实，其实，百家所言说的都是大同小异而已，只是所取的态度则大相径庭。虽然百家拿舜来为我所用，使舜融于自己的思想主张，但满足的只是一己之私，排斥的却是他家他派。而儒家一旦独尊居于统治地位后，更是将道德化的"舜"强化到云端，扼杀了多样性。百家言说呈现多极混乱，儒家极端又显得单一片面。考之舜的行事，舜所做的实质上是使个人与家庭、个人与婚姻、个人与社会、国家与百姓、人类与自然，个体的灵与肉等方面，都通过我们自身的努力，由不平衡（一种失衡）发展到平衡，由不和谐发展到和谐的过程。试以《尚书·尧典》《孟子》《史记·五帝本纪》中的材料，列表如下。

	失衡（不和谐）	平衡（和谐）
舜与家庭	父顽、母嚚、弟傲，皆欲杀舜	克谐，以孝。顺适不失子道
舜与妻室	尧以二女妻舜，以观其内（地位、贫富落差大）	尧二女不敢以贵骄事舜亲戚，甚有妇道
舜与他人	（尧）与九男与处，以观其外。（舜）耕历山、渔雷泽、陶河滨	一年所居成聚，二年成邑，三年成都
舜与社会政治	舜举八恺，主后土，揆百事。禹平水土，弃播百谷，垂为共工，益为虞，龙主宾客……	莫不时序水土平、百谷茂、百工功、山泽辟、远人至……
舜与自然	舜入于大麓，烈风雷雨	不迷
舜与礼乐教化（精神）	举八元，布五教于四方，契敷五教，夔典乐，教稚子	父义、母慈、兄友、弟恭、子孝、内外平成、百姓亲和；直而温，宽而栗，刚而毋傲；诗言意，歌长言，声衣永，律和声，八音能谐，毋相夺伦，神以人和

很明显，舜的行为目的是要达到"神人以和"的地步。只不过这里的"神"是自然宇宙的大法则而已，这里的"人"既包含人类、国家、种族，也包括某一个个体；既包括个体的肉，也包括个体的灵。这才是舜带给我们的永恒精神内核。因为无论是过去还是未来，人与自然之间，国家与国家之间，民族与民族之间，人与人之间，灵与肉之间都应该"和而不同"，和谐相处。正如《尚书·尧典》开篇所言："克明俊德，以亲九族。九族既睦，平章百姓。百姓昭明，协和万邦，黎民于变时雍。"德，《说文》：升也，段玉裁注：升，登也，面对"德"的本意，我的理解，便是行"亲""睦""和"之事。因而，这里的"大德"正是天地之"和"，神人之"和"。

所以，我认为过去对舜的"德"强化过了头，现在是应该到了反动的时候了，因为对"和"的强化更符合我们这个世界，这个社会，这个时代！

"孝"的神性、人性与伦理规定性

从"孝"的字形出发,"孝"在祭祀层面、社会生活层面、哲学伦理学层面有着自己的特性与规定性。祭祀意义阶段,"孝"具有沟通祖先神灵,祈愿庇佑后人福泽的神性意蕴;在社会生活层面,"孝"从天上回到人间,表现为现实人生的"善事父母"的人性特点,但在发展过程中间或有扭曲和异化;在哲学伦理层面,舜帝作为实践的最高榜样,而后以孔子、曾子、孟子为代表的儒家学者对"孝"由家而国做了全面的伦理规定,完成了对"孝"的理论概括并不遗余力地进行实践推广。今天"孝"的积极内涵亦可为和谐家庭、和谐社会建设做出贡献。

1. 祭祀意义的"孝"及其神性意蕴

文字是公认的文明要素之一,汉字以六书造字,基于象形。从文字上最能看出文明源头的最初本意。"孝"这一观念亦当如是。

焦国成、赵艳霞认为甲骨文"孝"从字源上看:"从象形的角度推测,它或许是孝子在丧葬祭祀时戴在头上的一种特殊的帽子。""其一,意味着'子'要从上边承接什么。自下而上的两道弯曲的横线或许象征着父、祖两辈,中间一道竖直线象征着'子'上承父、祖。整个'孝'字意味着家族后继有人,连绵不绝。其二,意味着'子'要向上边供奉什么。'孝'字意味着'子'祭祀供奉由父而祖,然后直达先祖和上天。……'孝'字展示的是居于下方的'子'关联着父、祖以至天上先祖。把这两个意思综合起来,能承继先祖鬼神,并且时时追念祭祀，是为孝。"①

笔者认为这是极有见地的看法。周人的民族史诗《大雅·生民》当作于周初，而其追忆的时代更是远至舜禹时期。史诗谈到后稷教人稼穑，收获之后的年终"肇祀"盛况：

> 诞我祀如何？或舂或揄，或簸或蹂。释之叟叟，烝之浮浮。载谋载惟。取萧祭脂，取羝以軷，载燔载烈，以兴嗣岁。
>
> 卬盛于豆，于豆于登。其香始升，上帝居歆。胡臭亶时，后稷肇祀，庶无罪悔，以迄于今。

后稷所开创的祭祀礼制传统，包含有祭祀的蒸饭（后世五谷）、燃烧的香蒿牛脂（后世香烛纸钱）、烧烤的公羊（后世三牲），祭祀对象：上帝，目的：以兴嗣岁。除了酒（据说夏代才发明酒），可以说与后世祭祀的主体贡品相差无几了。后稷以祖先为神，祈祷来年兴旺，正是"能承继先祖鬼神"之意。以故，周族后人亦同样将后稷视为民族始祖之神，他成了仅次于神农的农神，受到周族后人，乃至后世整个中华民族的祭祀、追念。所以《毛诗序》注释此诗说："《生民》，尊祖也。后稷生于姜嫄，文武之功起于后稷，故推以配天焉。"表现此意义的文献还有：

《尚书·太甲中》云："奉先思孝，接下思恭。"

《周颂·闵予小子》云："於乎皇考，永世克孝。"

《周颂·载见》："率见昭考，以孝以享。"

《鲁颂·泮水》"允文允武，昭假烈祖。靡有不孝，自求伊祜。"

《大雅·既醉》："威仪孔时，君子有孝子。孝子不匮，永锡尔类。"

《大雅·下武》："成王之孚，下土之式。永言孝思，孝思维则。"

《小雅·天保》："吉蠲为饎，是用孝享。禴祠烝尝，于公先王。君曰：卜尔，万寿无疆。"

《小雅·楚茨》："先祖是皇，神保是飨。孝孙有庆，报以介福，

---

① 焦国成、赵艳霞：《"孝"的历史命运及其原始意蕴》，《齐鲁学刊》2012年第1期。

万寿无疆!""礼仪既备,钟鼓既戒。孝孙徂位,工祝致告,神具醉止,皇尸载起。"

这些诗歌大多通过嗣王朝庙形式,或在朝堂上赞美的方式,向祖先神灵祷告,表白心迹,祈求保佑,表现出后代子孙对祖先的崇拜与感激之情。

那个时代大量的青铜祭祀礼器也充分说明了这点。如著名的商代晚期青铜器"司母戊"鼎(又称后母戊鼎),不管称名如何,实际上都是祭祀礼器,或为祭祀王的母亲戊,或是敬献给母亲戊,都有祈祷先人保佑之意①。

从今天祭祀遗留痕迹看,无论国家,还是个体家庭都有祭祀的传统,父辈一旦去世,子女即为"孝子",要做法事、道场送死人为神为仙;而对逝去的祖辈、曾祖辈,或族内先人,人们总要在一定的时日(清明、春节等)以祭祀的形式表达追念、追思。既表达尊祖敬宗、慎终追远之意,又祈求本族人绵绵瓜瓞,来年五谷丰登,六畜兴旺。孔子说的"夫孝者,善继人之志,善述人之事者也"(《中庸》),孟子所谓"不孝有三,无后为大"(《孟子·离娄上》),都认识到了此一阶段的"孝"还有与祖先与神灵相沟通的原始意义,具有神性意蕴。

从上述字源意义、文物、文献和现代活态化祭祀传统四重证据可以看出,由于生产力水平低下,受万物有灵观念影响,人世事功需借助祖先神灵庇佑,"孝"的本初意义就是供奉神灵先祖,达到沟通神灵,以祈愿国家、民族、族人、家人、己身都能兴旺发达,福祚绵长,而多子多福是民间这一观念的最为通俗实在的体现。故"言孝必及神"②"事神保民,莫弗欣喜"③。

---

① 最初给该鼎命名的是郭沫若先生,称其为司母戊鼎,他认为"司母戊"即为"祭祀母亲戊"。罗振玉也认为:"商称年曰祀又曰司也,司即祠字。"也有多位学者提出,在古文字中,司、后是同一个字。一些专家认为"后母戊"的命名要优于"司母戊","后"指君主,相当于"伟大、了不起、受人尊敬",与"皇天后土"中的"后"同义。改为"后母戊",意思相当于:将此鼎献给"敬爱的母亲戊"。见《中国档案》2011年第7期介绍。
② 《国语·周语下》。
③ 《国语·周语上》。

2. 社会生活意义的"孝"及其人性特点

随着社会发展,"听于神"的行事,逐渐为"听于人"的行为所取代。人们的主体认识发生了极大的改变。《左传·庄公三十二年》记载:"虢公使祝应、宗区、史嚚享焉。神赐之土田。史嚚曰:'虢其亡乎!吾闻之:国将兴,听于民;将亡,听于神。神,聪明正直而一者也,依人而行。虢多凉德,其何土之能得!'"虽然后世祭祀活动不绝,但精神性意义已大于实用性意义。"君陈,惟尔令德孝恭。惟孝友于兄弟,克施有政。"[①] "孝养厥父母,厥父母庆,自洗腆,致用酒。"[②] "孝"在实用性上已进入社会生活和政治生活层面。

这一点,从古代的辞书、字书也能发现显著的变化。《尔雅》作为辞书之祖,收集了大量的古汉语词汇,这部编成于战国秦汉之际的辞书,可以说最为接近、符合雅言,它只解释字词的基本义,而不是面面俱到。《尔雅·释诂》:"享,孝也。"《尔雅·释训》:"善父母为孝。"《尔雅》解释祭享中的供奉祭品于祖先神灵就是"孝",但并没有深入阐发。而在释"孝"时,则是对《诗经·小雅·六月》一句"张仲孝友"进行解释:"善父母为孝,善兄弟为友。"意思是说周宣王时的卿士张仲既能善待父母,也能善待兄弟。从此可以看出人们的认识从以神灵为主到以人事为中心的过渡迹象尤为明晰。

成书于东汉的我国第一部字书许慎的《说文解字》则更进一步明确界定了"孝"的意义范围:"善事父母者。从老省,从子。子承老也。"意为父母年长后,子女以"承老"的担当"善事"父母,也即后世之孝顺。民间所谓"父养儿小,儿养父老"正是这一字义的生动体现。我们于此可以看出古人回归了人情人心的本来人性。许慎虽为东汉人,但其《说文解字》着眼于从篆书角度系统地分析汉字字形和考究字源意义,其"古文"多是春秋战国及其以前古书上的文字,《说文解字》里的"籀文"则是来自《史籀篇》中的文字,如果比照出土东周文字资料,不论秦或东方诸国均有许书籀文之用例,许多籀文字

---

① 《尚书·周书·君陈》。
② 《尚书·周书·酒诰》。

形还接近西周晚期的金文字形，表明《史籀篇》所流传的时代要早于东周。它是周宣王时的太史籀所书，是有较高可信度的。因而从字源意义来看，关于"孝"的观念自然也包含了西周以来的观念。说明从西周晚期开始，"孝"的观念从天上神灵、祖先回归到了人间，回归到了人情、人性。

从社会生活看，《诗经》（周初至春秋时期）里的亲情诗最能体现这一点。《邶风·凯风》说：

> 凯风自南，吹彼棘心。棘心夭夭，母氏劬劳。
> 凯风自南，吹彼棘薪。母氏圣善，我无令人。
> 爰有寒泉，在浚之下。有子七人，母氏劳苦。
> 睍睆黄鸟，载好其音。有子七人，莫慰母心。

全诗无一"孝"字，但子女因未能善事母亲的自责之心呼之欲出。从另一方面反证子女的善事父母之心。所以《毛诗序》说："《凯风》，美孝子也。……故美七子能尽其孝道，以慰母心，而成其志尔。"因为此诗，"凯风"具有了人子思母孝亲的特定含义。后来唐孟郊的五言古诗《游子吟》的名句"谁言寸草心，报得三春晖"，实际上也是脱胎于《邶风·凯风》"棘心夭夭，母氏劬劳"两句。《小雅·蓼莪》："蓼蓼者莪，匪莪伊蒿。哀哀父母，生我劬劳。""父兮生我，母兮鞠我。抚我畜我，长我育我，顾我复我，出入腹我。欲报之德。昊天罔极！"同样也表达了孝子不得终养的悲痛之情，自然哀痛至深。《诗经》另一首《魏风·陟岵》通过想象父母兄长对他的挂念叮嘱来表达自己的孝心、友心，实在是对《尔雅》"善父母为孝，善兄弟为友"的最好注脚：

> 陟彼岵兮，瞻望父兮。父曰：嗟！予子行役，夙夜无已。上慎旃哉，犹来！无止！
> 陟彼屺兮，瞻望母兮。母曰：嗟！予季行役，夙夜无寐。上慎旃哉，犹来！无弃！
> 陟彼冈兮，瞻望兄兮。兄曰：嗟！予弟行役，夙夜必偕。上

慎旃哉，犹来！无死！

宋代朱熹《诗集传》说："孝子行役，不忘其亲，故登山以望其父之所在，因想像其父念己之言曰：嗟乎！我之子行役，夙夜勤劳，不得止息；又祝之曰：庶几慎之哉！犹可以来归，无止于彼而不来也。盖生必归，死则止而不来矣！"《毛诗序》也说："《陟岵》，孝子行役，思念父母也。"

社会生活已普遍如此，说明周人对孝的注意力已从天上的神灵、祖先、考妣进入到活着的现实父母身上。许慎在文字上以"善事父母"来探究"孝"字的源头也就很自然了。

从历史传说看，大孝者，非舜莫属。《尚书·尧典》说："父顽，母嚚，象傲；克谐以孝，烝烝乂，不格奸。"《孟子·告子下》说："尧、舜之道，孝悌而已矣。"《史记·五帝本纪》关于舜的传说记载均自《尚书》《孟子》《左传》敷衍开来，舜的传说至此趋于完整。从中我们发现舜的"孝"已是无条件的自然之性，不管舜父、后母，舜弟如何设计害他，舜善事父母，友爱兄弟的"孝悌"精神言行总是自始至终，所谓"复事瞽叟，爱弟弥谨"[①]，可以说是历经苦难痴心不改。到刘向《孝子传》中舜的故事则增加了"舜舐父目"情节，着眼于有矛盾的父子，从父子之道角度来强调"孝"的无条件，以"善事父母"来彰显其孝。

而这种对"孝"的无限上纲上线，根源于儒家对"孝"的无以复加的强化（下文要论到）。这方面的内容在文艺创作上表现得尤其突出，可以说是对儒家"孝悌"理念的图解。如敦煌变文《舜子变》走向世俗化、情节化、细节化，人物关系复杂化。它不仅有声有色地描述了舜生母病危与托孤的情状，而且《舜子变》故事人物已完全没有神性、传说性，已是完全现实中的人物，均以家庭内部人伦关系为题材，表现父子、母子、兄弟间关系的"孝悌"故事。如变文在观念上融入了儒家观念与佛教观念。舜母死后，舜守孝三年，舜每次受后母

---

① 《史记·五帝本纪》。

迫害后,便回到"书堂",先念《论语》《孝经》,后读《毛诗》《礼记》。舜帝时代当然不可能有上述图书。这种自觉的"孝悌"观念,文人们无非是想以大"孝"的舜做榜样,来号令天下人民,以便维护社会的正常秩序。

至元代《二十四孝》则将这种"孝"加以异化,一味强调对父母的服从与孝敬,使"孝"成为强加在孩子身上的一种枷锁,使他们失去了天真烂漫的童年,如"扇枕温衾"的黄香,"哭竹生笋"的孟宗,"卧冰求鲤"的王祥无不如此。更有甚者,对孩子进行致命的戕害,如"埋儿奉母"的郭巨之"孝",不仅失去了"孝"的应有之义,其行为已经失去人性,实已构成杀人犯罪。

3. 哲学意义的"孝"及其伦理规定性

一种文明,一种文化现象产生后,总会有先知先觉者进行现象描述、理论归纳和理论升华,进而希望成为一种具有社会普适性价值的内在规定性。在古代中国,这样的人,一是孔子;二是孔门学生曾子;三是亚圣孟子。

孔子关于孝的论述,主要在《论语》中,是通过回答门人提出的问题来阐释"孝"。其显著特点是开出"负面"与"正面"清单,通过强调"不可为",来倡导"可为",体现出一定的伦理规定性和普适性。具体说来负面清单有:不敬,色难;正面清单有:不犯上,无违(礼),无改(父之道),不间(人言)等。

就正面清单而言,《论语·学而》强调不可犯上,进而认为"孝"就是"亲仁":"其为人也孝弟,而好犯上者,鲜矣;……孝弟也者,其为仁之本与!";《论语·为政》强调"无违"礼仪,认为"生,事之以礼;死,葬之以礼,祭之以礼"就是"无违";《论语·里仁》强调"三年无改于父之道,可谓孝矣"。《论语·先进》认为"孝哉,闵子骞!人不间于其父母昆弟之言"。

就负面清单而言,认为"孝"主要通过外在行为体现内在心理,一个是不能"不敬",另一个是不能"色难"。《论语·为政》说:"今之孝者,是谓能养。至于犬马,皆能有养。不敬,何以别乎?""色难。有事，弟子服其劳；有酒食，先生馔，曾是以为孝乎？"

很明显，孔子从不同角度，不同层面对"孝"的行为内涵做了普适性的规定，这就为曾子依据孔子及其弟子言行整理撰写"孝经"打下了基础，也为孟子对"孝"进一步申述埋下了伏笔。

这里要特别提一下《孝经》。《孝经》作者其说甚夥①，以曾参作影响较大。从近年的研究和出土文献看，《孝经》为先秦文献是大致不差的，至于书中间或有些与先秦文献不一致的人名称谓及其他用词，后人整理时串入是有可能的，这并不能排除其是先秦文献的可能性。考虑全书多是孔子与曾子讨论"孝"，因此笔者认为本书是曾子与后学撰写整理的可能性较大。

《孝经》最大的特点是完成了对"孝"的伦理规定性。一是明确孝的天经地义："夫孝，天之经也，地之义也，民之行也。"②；二是对自天子至庶人各个层次的"孝"做出了伦理规定性；三是强调"孝"之事亲"居则致其敬，养则致其乐，病则致其忧，丧则致其哀，祭则致其严"③；四是认为"人之行，莫大于孝"（《孝经·圣治章》），认为人"罪莫大于不孝"④；五是建设和谐社会，首推"孝"行，"教民亲爱，莫善于孝。教民礼顺，莫善于悌。移风易俗，莫善于乐"。⑤ 又将"孝"与"忠"联系，认为"以孝事君则忠，以敬事长则顺"。⑥ 这就把"孝"的社会作用推而广之了。至此，儒家对孝的认识上升到了系统的理论认识高度，上升到了伦理学和哲学高度。

孟子谈孝，亦有其特点。一是强调养亲，开出了"不顾父母之养"五不孝的负面清单，具体而实在⑦。二是提出尊亲，"孝子之至，

---

① 《孝经》作者有孔子作，孔子门人作，曾子作，曾子弟子作，七十子之徒作，子思作，孟子弟子作，汉儒伪作等诸说。
② 《孝经·三才章》。
③ 《孝经·纪孝行》。
④ 《孝经·五刑》。
⑤ 《孝经·广要道》。
⑥ 《孝经·士章》。
⑦ 《孟子·离娄上》："世俗所谓不孝者五：惰其四支，不顾父母之养，一不孝也；博弈好饮酒，不顾父母之养，二不孝也；好货财，私妻子，不顾父母之养，三不孝也；从耳目之欲，以为父母戮，四不孝也；好勇斗狠，以危父母，五不孝也。"

莫大乎尊亲"。① 三是由养亲而推恩于社会普遍尊老，"老吾老，以及人之老；幼吾幼，以及人之幼"。② 四是提倡"孝"教育，"谨庠序之教，申之以孝悌之义，颁白者不负戴于道路矣"。五是指出"孝"的社会作用巨大。"孝"不仅仅限于家庭内部建设，也是社会建设的重要方式和手段。社会国家顺应"孝"，则"天下可运于掌"，"颁白者不负戴于道路"，"壮者以暇日修其孝悌忠信，入以事其父兄，出以事其长上，可使制梃以挞秦、楚之坚甲利兵矣"。③ 一句话就是"尧、舜之道，孝悌而已矣"。④

可见，孟子对孔子以来的"孝"论，既有继承，也有提升发展⑤。孟子更多地将"孝"放在平天下、社会和谐、社会公德角度来考察，提出了"推恩"思想，认为"故推恩足以保四海，不推恩无以保妻子。古之人所以大过人者，无他焉，善推其所为而已矣"。⑥ 因此他将修身、齐家的家庭伦理之"孝"，升华为"治国平天下"的国家伦理之"孝"。并且强调了"孝"的巨大社会作用。

"孝"论，从哲学意义上来看，至孟子完成了家国"孝"论的全部理论概括，对"孝"做出了全面而细致的伦理规定性。后世只不过是不断强化而已。古代"孝"论，只要我们不将它异化扭曲，归根结底在今天仍然有其强大的生命力。社会主义核心价值观中的"和谐""友善"实际上就包蕴了"孝"的内容，实际上是"孝"的社会化的另一种形态或言说方式而已。我们随处可见的"梦娃中国梦系列公益广告"之"孝当先，善作魂"，其实就是最好的解读和推广。

---

① 《孟子·万章上》。
② 《孟子·梁惠王上》。
③ 《孟子·梁惠王上》。
④ 《孟子·告子下》。
⑤ 任同：《孟子对孔子孝论的提升》，《光明日报》2000年2月15日理论周刊版。
⑥ 《孟子·梁惠王上》。

"五教"的历史传播方式

"五教"最早出自《尚书·舜典》,根据不同的言说角度又可称之为五常、五典、五品,其内涵丰富,笔者以为"五教"的历史传播方式有二,就其内容言,"五教"随着现实的需要而传播发展;就形式而言,由身体力行的体验式传播,发展为身体力行的体验与修身养性以及学者义理发掘传播并重。欲建成和谐之社会与和谐之个体,除开物质因素外,在当代物欲世界中,保持社会人与人之间的和谐与个体灵与肉的和谐,秉持护心、修身、力行的心性护持之法也就显得尤其重要。

一

"五教"最早出自《尚书·舜典》:"契,百姓不亲,五品不逊。汝作司徒,敬敷五教,在宽。"《史记·五帝本纪》材料多取自《尚书》,司马迁只改动了一二字,几近做了复述:"契,百姓不亲,五品不驯,汝为司徒,而敬敷五教,在宽。"

"五教"具体内容如何,《尚书·舜典》没有展开说明,但从"百姓不亲,五品不逊"看,"五教"的内容是为了改变"不亲""不逊"的现实的。

那么"百姓不亲,五品不逊"又是一种怎样的现实呢?百姓,有两解,一为百官,《尚书·尧典》"九族既睦,平章百姓。百姓昭明,协和万邦"是也,孔传解是;二为普通民众,《尚书·舜典》:"二十有八载,帝乃殂落。百姓如丧考妣,三载,四海遏密八音。"以及"百姓不亲,五品不逊"是也。"百姓如丧考妣",孔传解为百官,虽然疏不破注，但孔颖达也承认有两解："诸经传言'百姓'或为百官，或为万民。"如董仲舒《春秋繁露·暖燠常多第五十二》："尧视民如子，民视尧如父母，《尚书》：'二十有八载，放勋乃殂落，百姓如丧考妣，四海之内，阕密八音三年。'"便做此解。

宋人林之奇《尚书集解》云："孔氏云：'言百官感德思慕。'非也。夫'百姓'有指百官而言之者，若《尧典》'平章百姓'是也。有指民而言之者，若《论语》'修己以安百姓'是也。此'百姓'盖指民而言之。言尧之德及于民也深且久，其崩也百姓若失父母，无小大无远近皆言，非独百官而已。'三载，四海遏密八音'，指其地而言之则曰'四海'，指其人而言之则曰'百姓'。"①

"百姓不亲，五品不逊"之"百姓"，孔颖达以翻译的方式疏为："往者天下百姓不相亲睦，家内尊卑五品不能和顺。"② 明显偏指普通民众。实际上此处，既可指百官，也可指民众。

"百姓不亲"的现实性内容是对外而言："亲"者，和睦之意也。《尚书·尧典》"克明俊德，以亲九族。九族既睦，平章百姓。"便是最好的注解。"百姓不亲"便是指在野的民众不和谐或是在朝的百官不和谐。

"五品不逊"则是对族内而言：孔颖达疏："'品'谓品秩，一家之内尊卑之差，即父母兄弟子是也。教之义慈友恭孝，此事可常行，乃为'五常'耳。传上云'五典克从'，即此五品能顺。上传以解'五典'为五常，又解此以同之，故云'五品谓五常'。其实五常据教为言，不据品也。'逊，顺'，常训也。不顺谓不义、不慈、不友、不恭、不孝也。"③

孔疏有如下几层意思：一是五品是就家族内部尊卑而言，指父母兄弟子五者；二是这五者之关系是有人伦常理的，也即是义慈友恭孝五者的不同尊卑亲人之间的关系，因而也可称为五常；三是亦称为五

---

① 转引自顾颉刚、刘起釪《尚书校释译论》，中华书局2005年版，第189页。
② 孔颖达：《十三经注疏·尚书正义》，阮元校刻，中华书局1980年版，第18页。
③ 孔颖达：《十三经注疏·尚书正义》，阮元校刻，中华书局1980年版，第18页。

典。如《尚书·舜典》："慎徽五典，五典克从。"孔颖达疏："此'五典'与下文'五品'、'五教'其事一也。一家之内品有五，谓父母兄弟子也。教此五者各以一事，教父以义，教母以慈，教兄以友，教弟以恭，教子以孝，是为五教也。五者皆可常行，谓之'五典'，是五者同为一事，所从言之异耳。"孔传："徽，美也。五典，五常之教，父义、母慈、兄友、弟恭、子孝。舜慎美笃行斯道，举八元使布之于四方，五教能从，无违命。"孔颖达疏："尧使舜慎美笃行五常之教，而五常之教皆能顺从而行之，无违命也。"① 可见五典是着眼于效果言之。舜帝于五常之教能慎美笃行，使内外和谐，堪称典范。而于教育、教导、涵养、培育人性人伦而言，这五常便也可以称为"五教"。其具体内容在《左传卷二十·文公十八年》有很好的训释："举八元，使布五教于四方，父义、母慈、兄友、弟共、子孝，内平外成。"可见，正因为社会有"不亲""不逊"的现实，所以才要"敬敷五教"。

以故，后世政治家多认为"五教"的施行，是保证社会和谐的一条必由之路。《国语卷十六·郑语》记载政治家史伯为桓公论兴衰："商契能和合五教，以保于百姓者也。"正因为此，他同时提出了有名的"和"的思想："夫和实生物，同则不继。以他平他谓之和，故能丰长而物归之。"《左传卷六·桓公六年》记载春秋初期政治家随国大夫季梁对随侯说道："故务其三时，修其五教，亲其九族，以致其禋祀。于是乎民和而神降之福，故动则有成。"

二

"五教"如何施行才能达到个体人际的和谐与社会的和谐呢？《尚书·舜典》说得很是明白："敬敷五教，在宽。"敷者，布也，其本身便是一种传播活动。所以《左传卷二十·文公十八年》说："举八元，使布五教于四方，父义、母慈、兄友、弟共、子孝，内平外成。"传播有具体内容的"五教"于四方，这种传播的根本途径是："在宽"。

---

① 孔颖达：《十三经注疏·尚书正义》，阮元校刻，中华书局1980年版，第19页。

孔传谓："布五常之教务在宽，所以得人心，亦美其前功。"① 《论语》分别在《阳货》《尧曰》章说"宽则得众"，得众正是得人心。而要得人心正是要护心养性。正如朱熹在《朱子语类卷七十八·尚书一》："'敬敷五教在宽'。圣贤于事无不敬，而此又其大者，故特以敬言之。'在宽'，是欲其优游浸渍以渐而入也。"② 《朱子语类卷七十八·尚书二》又说："'敬敷五教在宽'，只是不急迫，慢慢地养他。"③ 所以这种传播本身是一种涵养、培育活动。

"五教"自《尚书》中之尧舜提出并施行以来，在历时性传播中形成了自己的特点。这种传播是一种以构建社会和谐、人际和谐为目的，以护持、浸渍、涵养和谐人伦关系以及人之善行善性为途径，以教育为主体的传播活动。具体而言有二，就其内容言，"五教"随现实的需要而传播发展，就形式言由身体力行的体验式传播，发展为身体力行的体验与修身养性，以及学者义理发掘传播并重。

其实，最基本的传播方式在《尚书》中便形成了雏形。《尚书·尧典》记载舜践帝位之前，尧对舜的考察，使舜"历试诸难"，便是对舜善行善性的护持、浸渍、涵养。舜处在一个"父顽，母嚚，象傲"的不和谐家庭环境中，对内能够"克谐以孝，烝烝乂，不格奸"。同时《尚书·尧典》记载尧"观厥刑于二女"，《舜典》记载"慎徽五典，五典克从"。《淮南子·泰族训》说："尧乃妻以二女，以观其内；任以百官，以观其外。"可谓最精当的训释。舜做到了"五典克从"。转变了"不亲""不逊"的局面。尧的做法便是"敬敷五教"。在这个传播活动中，教育者是帝尧，被教育者是舜，舜是体验式的受教育者，涵养者。

孟子作为一个大教育家，其传播主要是通过对门徒讲学讨论来完成。《孟子》是将《尚书》舜的故事具体化、细化的关键。战国之时不仅礼坏乐崩，而且干戈逗桡，"五教"无从谈起。所以《孟子》一书便

---

① 孔颖达：《十三经注疏·尚书正义》，阮元校刻，中华书局 1980 年版，第 19 页。
② 黎靖德：《朱子语类》，岳麓书社 1997 年版，第 1800 页。
③ 黎靖德：《朱子语类》，岳麓书社 1997 年版，第 1833 页。

用了舜这一"五教"的光辉榜样,针对战国混乱的现实将舜的故事细化了。这些细化的故事计有:舜发于畎亩故事;九男二女故事;舜完廪瞽叟焚廪故事;浚井故事;象日以杀舜为事故事;舜南面而立见瞽叟故事;杀四罪诛不仁故事;舜有天下故事;等等,可以说后世所关于舜帝的民间故事母题均可在《孟子》一书中找到端倪。

大儒朱熹在《朱子语类》对《孟子》这些故事的意旨做了很好的发明:

> 圣人一身浑然天理,故极天下之至乐,不足以动其事亲之心;极天下之至苦,不足以害其事亲之心。一心所慕,惟知有亲。看是甚么物事,皆是至轻。施于兄弟亦然。但知我是兄,合当友爱其弟,更不问如何。且如父母使之完廪,待上去,又捐阶焚廪,到得免死下来,当如何?父母教他去浚井,待他入井,又从而揜之,到得免死出来,又当如何?若是以下等人处此,定是吃不过。非独以下人,虽平日极知当孝其亲者,到父母以此施于己,此心亦吃不过,定是动了。象为弟,'日以杀舜为事'。若是别人,如何也须与他理会,也须吃不过。舜只知我是兄,惟知友爱其弟,那许多不好景象都自不见了。这道理,非独舜有之,人皆有之;非独舜能为,人人皆可为①。

仔细分析,可发现这些故事背后的内涵无一不是指向"五教"的。《孟子·滕文公上》说:"人之有道也,饱食、暖衣、逸居而无教,则近于禽兽。圣人有忧之,使契为司徒,教以人伦:父子有亲,君臣有义,夫妇有别,长幼有序,朋友有信。"只不过孟子从现实出发对"五教"内容做了创造性发展并加以传播。

在传播形式上,《孟子》采用的是师生问答的实录形式。首先强调身体力行的自我传播:"老吾老,以及人之老;幼吾幼,以及人之幼。天下可运于掌。《诗》云:'刑于寡妻,至于兄弟,以御于家邦。'言举斯心加诸彼而已。故推恩足以保四海,不推恩无以保妻子。古之人

---

① 黎靖德:《朱子语类》,岳麓书社1997年版,第1212—1213页。

所以大过人者，无他焉，善推其所为而已矣。"

此外，在义理发掘上他更强调"养气"。《孟子·滕文公上》谓"孟子道性善，言必称尧、舜"。养气便是为了"性善"，正是如此。在《孟子·公孙丑上》里他与公孙丑有一段对话：

曰："我知言，我善养吾浩然之气。"

"敢问何谓浩然之气？"

曰："难言也。其为气也，至大至刚，以直养而无害，则塞于天地之间。其为气也，配义与道。无是，馁也。是集义所生者，非义袭而取之也。行有不慊于心，则馁矣。

朱熹分析道："欲养浩然之气，则在于直；要得直，则在于集义。集义者，事事要得合义也。事事合义，则仰不愧，俯不怍。"① 又说："不是靠气为主，盖要此气去养那仁义之心。如水之养鱼，水多则鱼鲜，水涸则鱼病。养得这气，则仁义之心亦好，气少则仁义之心亦微矣。"又说："若气清，则心得所养，自然存得清气；浊，则心失所养，便自浊了。"② 可见，养气便是为了性善，便是为了存一颗仁义之心，所谓存心方可养性，有了仁义之心便能更好的身体力行传播、推恩，从而"举斯心加诸彼"！

逮至宋代，除专著外，其传播形式亦几乎同于孟子的讲学和师生讨论，代表是《朱子语类》，如上举例，朱熹对"五教"的传播在于分析文本，挖掘义理，发明旨趣。通过"师生函丈间，往复诘难，其辨愈详，其义愈精，读之竦然，如侍燕闲"的过程③，其要旨在使"孔孟之道至周程而复明，至朱子而大明"。④ 主观上虽然也没有否认身体力行，但客观上却使身体力行得以弱化。从而使"五教"的传播出现某种程度的异化。

"五教"的另一传播线索一直存于民间，往往通过最朴实的民间

---

① 黎靖德：《朱子语类》，岳麓书社1997年版，第1101页。
② 黎靖德：《朱子语类》，岳麓书社1997年版，第1246页。
③ 黎靖德：《朱子语类》，岳麓书社1997年版，第4页。
④ 黎靖德：《朱子语类》，岳麓书社1997年版，第9页。

故事来传播。如流传在九嶷山一代的《尧王访舜》故事记载，尧王为了访贤，装扮成百姓来到一个村庄看到一个后生赶着黄牛犁田，尧王问后生是水牛犁田好还是黄牛犁田好？当时后生没有当面回答，尧王只好走开。当尧王走开后，后生急忙追上尧王十分恭敬地说："您这先生刚才问我犁田是水牛好还是黄牛好？当然是水牛好。我本应马上回答您，但当着黄牛面我怎么能说黄牛不行呢，它辛辛苦苦帮我犁田，我怎么对得起它呢？"尧王听了很受感动，认为后生有一颗善心，然后就将后生带到京城做事考验他，这个后生便是舜，最后继承了帝位①。

　　故事意旨明显：舜性善，自然会有善行；有善行，自然能协调人与社会、人与人之间的关系，而最关键的是舜是"无我无私"的，因而他更能和谐个体灵与肉的关系。舜的心理过程便是"动心忍性"的过程，动的是仁义礼智信之心，忍的是声色臭味之性，完全符合"五教"的要求，是"慎徽五典，五典克从"的最通俗化演绎，比起高头讲章来更能为普通百姓所喜闻乐见，易于潜移默化，这种感化式的自然传播可以看成是"五教"主流传播的一种补充。

三

　　在上述介绍"五教"的传播方式与路径时，我们还发现了一个特点：每当思想家高扬"五教"旗帜时，背后的社会现实总是不那么完满。尧举舜时，历试诸难，希望他"慎徽五典，五典克从。"舜在位时一度"百姓不亲，五品不逊"，舜命契为司徒，希望他"敬敷五教"；孟子正当礼坏乐崩时代，所以"教以人伦：父子有亲，君臣有义，夫妇有别，长幼有序，朋友有信"；有宋一代市民经济发展带来部分人的伦常败坏，因而有了"存天理，灭人欲"的心性修炼。明代资本主义萌芽带来物欲横流，因此产生了王阳明的心学，认为心即理，"知是心之本体，心自然会知：见父自然知孝，见兄自然知弟，见

---

① 零陵地区民间文学集成编委会编：《中国民间故事集成湖南卷零陵地区分卷》（上），1988年版，第69页。

孺子入井自然知恻隐，此便是良知不假外求"。① 民间呢，因常有痴贪嗔欲、失衡、争吵、打斗，因而也就有千百年来不断流传相应的富有感染力的民间故事，使之成为传播"五教"的最通俗载体。

于此，我们也可以在当代得到些许启发。当代社会物质高度发展，一方面进入全球化时代、大数据时代，另一方面却物欲横流成灾，仿佛人类已失其本性。人类应该向何处去，心该向何处求？如何才能护持、涵养、培育我们的纯真本性、至情至性？答案应该是护心，修身，力行。

首先是护心。护心实际上是定位，是将心安放好。安放好了心就能够处理好与物欲的关系。比如"五教"的具体内容就是帮助我们定位的，就是帮助我们安心的。你看："父义、母慈、兄友、弟恭、子孝"，各有各的位置，虽然说万法平等，我们不再讲尊卑，但我们是可以说品秩的。每一品类都有其位置，不能越位，一越位就乱了。护心是一个动态的过程，《孟子·离娄下》谓："君子所以异于人者，以其存心也。君子以仁存心，以礼存心。仁者爱人，有礼者敬人。爱人者，人恒爱之；敬人者，人恒敬之。"也如王阳明谓："格物，如《孟子》'大人格君心'之'格'，是去其心之不正，以全其本体之正。但意念所在，即要去其不正以全其正。"② 人应该要像佛家"护持我法"一样护持这颗纯真本色之心，方能得其圆满。

其次是修身。人之初，性本善。修身方能养性，这善性是需要精心培育养护的。《大学》就很强调修身的重要性："大学之道，在明明德，在亲民，在止于至善。""自天子以至于庶人，壹是皆以修身为本。"修身强调"慎独"，即便是个体独处，无人看见，亦要修身。其与护心是一体两面，护心本也是修身之一部分。修身的目的正是在正其心，安其心。我们知道仁是儒家最核心的价值，仁、义、礼、智、信讲的又都是社会关系、人际关系。然而只要诚意、正心，在社会关系人际关系中自然能达到和谐优游的状态，这正是我们涵养、浸渍、

---

① 王守仁：《王阳明全集·传习录上》，上海古籍出版社2011年版，第9页。
② 王守仁：《王阳明全集·传习录上》，上海古籍出版社2011年版，第9页。

培育的功夫所致。

最后是知行合一，身体力行。朱熹说："大学是修身治人底规模。如人起屋相似，须先打个地盘。地盘既成，则可举而行之矣"。① 所以《大学》讲"修身、齐家、治国、平天下"。后三者已然是行的内容了。虽然社会每一个个体不都有治国、平天下的机会，然而齐家并投入社会却是每一位个体无法绕过去的。家庭的和谐、社会关系的和谐、人际关系的和谐正需要修身有成者去着力经营。正如一首歌所唱到的：只要人人都献出一点爱，世界将变成美好的人间。

---

① 黎靖德：《朱子语类》，岳麓书社1997年版，第223页。

屈原赋中的舜帝叙事

屈原赋中屡次出现的对舜帝及其史事传说的叙事，实际上是屈子举贤授能政治理想的光辉写照，是诗人对历史传说人物的行事升华为自我认同之理念、意识的一次心灵洗礼，这种洗礼进一步化成了与自我情感相融合的根深蒂固的情结。

《汉书·艺文志》载屈原赋二十五篇，未列篇名。东汉王逸《楚辞章句》所载也是二十五篇，所列篇名为《离骚》《九歌》（11篇）《天问》《九章》（9篇）《远游》《卜居》《渔父》。后人多据《史记》把列于宋玉名下的《招魂》视为屈原作品。《远游》《卜居》《渔父》，则认为伪托的可能性较大。本书不拟卷入这种著作权的纷争探讨。从另一个角度看，我们饶有兴味的发现，著作权没有争议的几类作品都写入或涉及上古传说中的一个重要人物——舜！而著作权有争议的四篇作品中，《招魂》《卜居》《渔父》无一涉及舜，《招魂》后人多认为是屈原之作，亦无大争议，其内容乃招怀王之魂，自然不会涉及舜。唯独只有《远游》写有两句："张《咸池》奏《承云》兮，二女御《九韶》歌。"涉及与舜有关的物事。赵逵夫先生已论证为唐勒所作[1]，这与《九辨》为宋玉所作亦论及舜一样，乃是继承屈原之故，而且其中"尧舜之抗行兮，了冥冥而薄天"明显是从《哀郢》中来，唯"尧舜皆有所举任兮，故高枕而自适"为己出。下面是屈原赋中出现的与舜相关的物事叙述的具体情况，笔者姑且将之分为四类。

---

[1] 赵逵夫：《屈原与他的时代》，人民文学出版社2002年版，第528页。

一是《离骚》,先后五次提到舜或与舜有关的物事。这五次是:

1. 彼尧舜之耿介兮,既遵道而得路。
2. 济沅湘以南征兮,就重华而陈词。
3. 朝发轫于苍梧兮,夕余至乎县圃。
4. 百神翳其备降兮,九疑缤其并迎。
5. 奏《九歌》而舞《韶》兮,聊假日以媮乐。

二是《九歌》组诗中的《湘夫人》:"九疑缤兮并迎,灵之来兮如云。"

三是《天问》,有大段且较完整的舜帝青年时的故事。如:

1. 舜闵在家,父何以鳏?尧不姚告,二女何亲?
2. 舜服厥弟,终然为害。

四是《九章》组诗中的《涉江》:"吾与重华游兮瑶之圃,登昆仑兮食玉英。"《怀沙》:"重华不可遌兮,孰知余之从容!"《哀郢》:"尧舜之抗行兮,了杳杳而薄天。"

如此大规模的在诗歌中谈舜,屈原赋可谓独此一家,战国时期百家各自言舜,除了孟子以外,谈舜谈得多的实在没有人能超过屈原,而且屈原是在诗歌中谈舜!就更显得别具一格。

为什么会出现这种现象?这与屈原向往"纯粹"的"三后"时代,仰慕"耿介"的"尧舜"不无关系,或者说,屈原"举贤授能"的政治理想便是来源于此。

要廓清这个问题,就要从舜说起,舜帝无疑是上古史中传说中的人物,随着考古的深入,大量出土文物的佐证,舜帝作为历史中的人物已开始变得越来越清晰。① 从战国时期百家各自言舜以论证各自的观点来看,已可说明舜帝并非仅仅是儒家杜撰的理想社会的理想人物,而应是实有其人的。最早对舜的书面记载,是被称为上古之书的《尚书·尧典》,司马迁《史记·五帝本纪》中舜的记载就主要来源

---

① 李学勤:《中国古代文明与国家形成研究》,云南人民出版社1996年版,第79页。

于《尚书》，当然也有不少来自《孟子》和屈原辞赋。根据以上史料，被屈原认为是"耿介""抗行"的舜帝其一生的史纲可大致归纳如下：

    1. 舜出身贫贱，而且父母兄弟都不好（"父顽、母嚚、象傲"）但他却仍不失为一个孝子（"克谐以孝"）。
    2. 尧将两个女儿下嫁给舜，以此观察舜的德行。
    3. 尧让舜摄政，天下大治。
    4. 尧舜禅让，舜避尧之子。
    5. 命大禹治水，以平水土。
    6. 任命百官，各司所职。
    7. 四方巡狩，南巡而崩。

舜帝一生的史纲，实际上也是其贤能、耿介、抗行的业绩、功绩所在，如果再将《尚书》《史记》、《孟子》中的比较翔实的材料列表（见《舜帝与舜文化的精神内核》），我们很容易看出，舜将一个怎样的不和谐的失衡的社会带到了一个平衡的和谐社会中。

考之舜的行事，舜所做的实质上是使个人与家庭、个人与婚姻、个人与社会、国家与百姓、人类与自然，人自我的灵与肉等方面，都通过我们自身的努力，由不平衡（一种失衡）发展到平衡，由不和谐发展到和谐的过程。

那么再看屈原所处的时代，屈原时代的楚国或当时东周的天下正是一个失衡、不和谐、充满矛盾冲突并走向衰落的时代。赵逵夫先生认为"对于屈原的政治活动和屈赋产生的背景，必须放在楚国怀、襄两朝的历史当中去探索"[①]。为此，赵先生专门撰文《屈原时代楚朝廷内两派斗争的主要人物》，精当深刻地揭示了当时时代冲突的复杂性[②]。具体地说，就是当时的楚国贤者不在其位，能者亦不在其职（屈原作为能者在职左徒之位时间甚短）。屈原正是在这样一个风口浪

---

  ① 赵逵夫：《屈原与他的时代》，人民文学出版社 2002 年版，第 252 页。
  ② 赵逵夫：《屈原与他的时代》，人民文学出版社 2002 年版，第 248—301 页。

尖上要施行并欲实现自己的政治理想。屈原的政治理想一般认为有两大内涵：一是举贤授能，二是修明法度。而对于传说中的舜帝来说，无疑举贤授能占有突出的位置，但对于"既遵道而得路"的尧舜来说，与修明法度并非相悖，在屈原看来，能够"举贤而授能"，才能"循绳墨而不颇"。事实上，从上面所引舜帝的传说史料看，舜帝除了本身的贤与能和举贤授能外，他也是修明法度的，只不过更多地表现为礼乐教化、人伦秩序而已。实际上上古的法律制度更多的是从人伦人情和礼乐教化等方面去制定去规范的。舜帝既然是这样一个光辉的榜样式的人物，在理性和情感倾向上自然而然的便成了屈原心目中的理想政治的理想人物，是国家所要学习的楷模，也自然成了自己幽怨之情的倾诉对象。

再从具体的每一类作品看，每当舜帝或与舜帝有关的物事出现时，在作品中必然是意义或情感上的一个转折点。以《离骚》为例。第一次是"彼尧舜之耿介兮，既遵道而得路，何桀纣之猖披兮，夫唯捷径以窘步"。诗人从历史的角度进行正反对比，暗示当时之楚国贤者不在其位，能者不在其职，以至"唯夫党人之偷乐兮，路幽昧以险隘"。虽然自己不害怕身遭"惮怏"，原奔走王之先后，楚王却"悔遁而有他"。诗人在这里感受到了一种情感上、理性上的悖论：尧舜耿介能遵道得路，而自己仰慕尧舜却反而招致"窘步"？然而如果从已逝去的历史观照，屈原却恰恰是对的，是非悖论的！楚国因楚王昏昧，党人偷乐，最后的走向就是"窘步"而亡。那么屈原在这里抽象出的正是一种历史的真实。第二次是"就重华而陈辞"。这大段的内容是诗人对自己的政治理想、行为、政治主张的辩解，同时也对加给他的罪名进行了申辩，因而这是"诗人扪心自问毫不悔恨的心理活动的外化"①。这里诗人所要倾诉并希望被理解的对象，是可以判定是非曲直的判官——舜帝。"重华陈辞"一情节，结构上处于女媭詈骂和三次求女、灵氛占卜、巫咸降神之间，内容上则是以圣人连接起凡人和神灵，由于凡人（女媭）的不理解，自然找来圣人评判，在得到

---

① 赵逵夫：《屈骚探幽》，巴蜀书社2004年版，第106页。

"耿吾既得此中正"的心灵慰藉后，情感由先前的郁闷而变得稍微开朗，才有上下求索巡行天界和找寻知音前的"折若木以拂日兮，聊逍遥以相羊"的闲适，所以从第三次的"朝发轫于苍梧兮"时，诗人情感已经又为之一变。而巫咸降神情节中"百神翳其备降兮，九疑缤其并迎"的句子可以说是第四次出现的与"舜"相关的物事，在情感意义上由灵氛占卜带来的愤懑而转变为追求遇合的庄严。正如王逸所说："舜又使九嶷之神，纷然迎我，知己之志也。"① 王夫之也说："九疑山神，或曰舜之灵也。"② 清人夏大霖在《屈骚心印》中进一步申述说："九疑指舜之神亲降，言百神拥蔽舜神而备降"。这些前人的注释，无一例外的均将诗意与舜联系在一起，不能说是没有道理的。

第五次言及与舜相关的物事则在诗歌接近尾声之时，"奏《九歌》而舞《韶》兮，聊假日以媮乐。"王逸注为："言己德高智明宜辅舜、禹，以致太平。奏九德之歌，九韶之舞，而不遇其时，故假日游戏媮乐而已。"③ 诗人因听了灵氛、巫咸之劝告，决定"远逝以自疏"，往他国寻求共事之明君，此时，在去国远逝的路上感到了一种将要辅佐明君、一展抱负的惬意，然而就在产生这种惬意的刹那，诗人情感陡然又一转，因"陟升皇之赫戏兮，忽临睨夫旧乡。仆夫悲余马怀兮，蜷局顾而不行"。先祖的灵光，"旧乡"映入眼帘，使得诗人难以去国离乡，在个人理想与爱国之间，屈原艰难地，同时也是毅然决然地选择了后者，爱国之情压倒了一切。

要之，《离骚》五次出现的与舜相关的物事，均与政治理想有关，而且左右诗人情感的跌宕变化。从艺术审美来说，客观上又造成了诗歌自身形式的摇曳多姿。这种情感或意义上的转折在《九章》组诗中亦表现得很明显，如《涉江》由"吾与重华游兮瑶之圃，登昆仑兮食玉英。与天地兮同寿，与日月兮齐光"的豪迈转到"哀南夷之莫吾知兮，旦余济乎江、湘"的幽怨，《哀郢》的"尧、舜之抗行兮，了杳杳

---

① 洪兴祖：《楚辞补注》，中华书局1983年版，第127页。
② 王夫之：《楚辞通释》，上海人民出版社1975年版，第39页。
③ 洪兴祖：《楚辞补注》，中华书局1983年版，第89页。

而薄天。众谗人之嫉妒兮，被以不慈之伪名"。则是在意义上转到将尧舜与自己类比，感慨与天相齐的高尚德行也会招致小人因嫉妒而来的诽谤。情感上全诗则以一贯之。《怀沙》中的"重华不可遻兮，孰知余之从容！"是意义上的转折，屈子有感于明君的难遇，因而无人知我之"从容"（德行举止）。限于篇幅，兹不申论与详述。

《湘夫人》中的"九嶷缤兮并迎，灵之来兮如云。"当属另一种类型。本来《湘君》和《湘夫人》二篇自古至今都有解湘君为舜，湘夫人为尧之二女的，或谓湘君、湘夫人为舜之二妃，尧之二女。之所以学者对湘君、湘夫人身份难以认定，正是因为屈原巧妙的化用了历史传说故事的结果。据赵逵夫先生考证，湘君原本为湘水神，湘夫人为天帝之女，居于洞庭之山①，古代民间传说湘君与天帝女相爱成婚，天帝女因称湘夫人，楚人有感于舜南巡，二妃（娥皇、女英）追至南方，后知舜已死，而自投湘江之故事，便将此事附益于湘水之神，以舜为湘君，以二妃为湘夫人，使得原来历史传说之内涵得以蕴藉丰富。从屈原大量言说舜帝故事来看，舜帝的传说在屈原时代已广泛流布于楚国境内。因而笔者个人以为，是一代又一代的沉累积淀的误读和口耳相传，使得天帝之女走向人间成为二妃，而二妃则由人间走向神灵，这实际上是神话思维的由神而人和由人而神逆动的文化积淀式累积所造成。所以，屈原在叙述这一浪漫优美悱恻缠绵的故事时才会虚虚实实的营造出一个九疑山诸神相迎迓的盛大场面。但就其内容实质而言，屈原在这里化用与舜帝相关的物事，还是因为舜以及其归属地的九疑山已经有了一种高洁、光辉的灵光，它符合自己所要诉说的一段浪漫知遇式的爱情的意境。

《天问》中舜的故事的叙述，当属第三种类型。从屈原的观念上来看，《天问》除了问宇宙，问自然，更在认真地诘问历史的发展规律。《天问》中的舜帝故事是穿插在历史的诘问中进行的。排除有争议的"眩弟并淫，危害厥兄"一处是否述舜事不论，明显说舜事的地方

---

① 赵逵夫：《〈湘君〉〈湘夫人〉的主人公形象》，《北京社会科学》1987年第3期，第134—136页。

有两处，一是"舜闵在家，父何以鱞？尧不姚告，二女何亲？"，二是"舜服厥弟，终然为害。何肆犬豕，而厥身不危败？"与前者相类似之故事还见于《尚书·尧典》《孟子·万章上》《史记·五帝本纪》，后者除见于《孟子·万章上》《史记·五帝本纪》外，还见于《列女传》。前者说舜之所以无妻室，是因为父亲不慈，因而"尧不姚告"，才使得舜有娥皇、女英为妻，只不过屈原表达的意思是以反诘出之而已。后者说舜顺从异母弟象，而弟弟却屡次欲加害于他，为何这样猪狗般的人却也未遭报应？二者均谈的是舜的家事，一个为父子关系，另一个为兄弟关系。两个关系舜都处理得很好，可谓是忍辱负重。所以才会像《尚书·尧典》说的："瞽子，父顽，母嚚，象傲；克谐以孝，烝烝乂，不格奸。"像《史记·五帝本纪》里说的："舜父瞽叟顽，母嚚，弟象傲，皆欲杀舜。舜顺适不失子道。"正因为此才带来了家庭的和睦与和谐。在儒家看来，而这恰恰是治理天下的初始基础。《大学》里说："所谓治国必先齐其家者，其家不可教而能教人者，无之。故君子不出家而成教于国。"又说："一家仁，一国兴仁；一家让，一国兴让；一人贪戾，一国作乱：其机如此。此谓一言偾事，一人定国。尧、舜率天下以仁，而民从之。桀、纣率天下以暴，而民从之。其所令反其所好，而民不从。是故君子有诸己而后求诸人，无诸己而后非诸人。"纵观《天问》所诘问的夏商周兴亡史实，无不是从家庭内部开始诘问，屈原以舜帝家事穿插寓于其中，正是以一正面范例，映照反面形象。联系当时楚国的政治现实，乱之始作俑者何尝又不是源于楚国宫廷内部呢。实际上楚国的兴衰史也就是一部家庭宫廷内部的兴衰史！排除那些弄臣、党人，要知道亲秦派的最大后盾就是楚王室内部的郑袖和子兰啊，再加上楚王自身的昏昧，宫廷内部已不能齐家，安有不衰亡之理。

综观上述屈赋中叙舜事的三种类型，我们可以看出舜文化其实早已深入屈原内心深处，因而在抒情叙事需要的时候，他总会信手拈来将舜文化为我所用。这与战国时代百家各自言舜以论证自己的观点是相一致的。只不过屈原的舜帝意识，更接近于儒家，不同于其他百家而已。那么屈原的舜帝意识究竟有哪些内涵呢？联系上述我们所列举的《尚书》《史记》《孟子》屈赋中的材料来看。屈原的舜文化传统有如下一些内容。

一是舜帝是自己举贤授能政治理想的施行典范；二是舜帝之道在楚国及其宫廷内部有着特别重要的意义，应是楚国拨乱反正的一剂良药；三是舜帝的齐家治国理念已升华为一种诗人自我情结；四是舜帝的高洁人格是诗人自我理想人格的精神支撑和依托。正因为有这些丰富的内涵，所以在屈原的赋作里，就不仅仅是那些使楚国强大的祖先们闪耀着灵光，舜帝也同样与九疑山结合在一起而闪耀着光辉，成为圣灵。这种影响不仅止于屈原，而且在其学生宋玉的《九辨》，唐勒的《远游》里也不时出现舜帝的叙述。甚且，在汉人的拟屈赋作品里亦屡见不鲜。据统计《楚辞》一书中还有《七谏》《九怀》《九叹》《九思》等篇章涉及舜事。这足以显现屈原的舜文化传统对时人和后人的巨大影响力！

《孟子》尧舜之道的时代性

《孟子》一书言必称尧舜,尧舜之道以孝悌为本。从《孟子》言说的舜的事迹看,发现《孟子》的主要思想均从"孝悌"引出,由"孝悌"而仁爱而仁政而王道,其终极指向是人、社会、国家的和谐与富强。而这些核心理念不仅是传统文化的积极基因,具有强大的生命力,也是今天社会主义核心价值观的来源之一。因而表现出鲜明的时代性特征。

《孟子》是谈论舜最多的先秦儒家典籍。集中反映了孟子的思想。这些思想无不是通过论尧舜而出之。可见孟子的尧舜之道在《孟子》中的地位。《孟子》的尧舜之道在纷争频仍的战国乱世似乎显得很不合时宜,诸侯都以行霸道为能事,很少采纳孟子的尧舜之道。

但这并不是说《孟子》尧舜之道就没有价值。"六亿神州尽舜尧。"毛泽东的诗歌很好地道出了尧舜之道的时代性,千百年来尧舜一样的盛世,一直是这个国度的伟大梦想。特别是进入新世纪新时代以来,这一梦想不仅没有消失,反倒更强烈了。

那么,《孟子》的尧舜之道究竟有些什么内容呢?

《孟子》一书出现与"舜"有关的内容,在先秦诸子中无出其右。集中在《公孙丑》《滕文公》《离娄》《万章》《告子》《尽心》六篇中。《孟子》共七篇,与舜有关的记载就占了六篇,可见舜帝在孟子心中的分量。可以说,先秦诸子无一能超越。

我们且看看《孟子》一书涉及了哪些舜事内容:

《孟子》中直接出现"舜"这一字样的有40多处,引用舜事的有24处,所说的"舜事"不仅仅是指舜做的事情,而是一切和舜相关的主张、制度等。笔者进行了一个简单的统计，如表1所示。

表1

篇　　名	引用内容
公孙丑章句第八章	与人为善
滕文公章句上第二章	守孝三年
滕文公章句上第三章	井田制
滕文公章句上第四章	尧舜用人之道
滕文公章句下第九章	尧舜去世后的情况，说明贤君几百年才出一次
离娄章句上第二十六章	舜不告而娶
离娄章句上第二十八章	舜孝顺父亲
离娄章句下第一章	舜的生平
离娄章句下第十九章	舜的行事风格，遵循仁义
万章章句上第一章	舜对父母的态度——孝
万章章句上第二章	分析舜不告而娶的原因
万章章句上第三章	舜对象的宽容
万章章句上第四章	舜做了天子之后对待尧和父亲的态度
万章章句上第五章	舜为君为臣的表现，论证舜的帝位是天授予的
万章章句上第六章	对比尧和舜的禅让，说明大禹的无私
万章章句下第三章	尧舜之间的交往
万章章句下第章	尧对待舜的态度，说明王公养士的合理方式
告子章句下第十五章	舜的出身
尽心章句上第十六章	舜从善如流
尽心章句上第二十五章	舜鸡鸣就起床，并且行善
尽心章句上第三十五章	假设舜父犯了杀人罪，舜会放弃天下，选择父亲
尽心章句上第四十六章	尧舜处事有轻重缓急之分

《孟子》尧舜之道的时代性

从表1中可以看出,《孟子》中叙述舜事主要集中在后面四篇,所举内容主要是围绕"孝悌""仁义"二词,体现出《孟子》对舜的"孝"与"仁"的推崇。所以一部《孟子》,《告子下》说"尧舜之道,孝悌而已矣。"

《孟子》中除舜事叙述外,也有不少直接言及舜名的。主要是作为孟子论辩的论据使用,目的是以舜为典范,以为君子圣人的代表,来宣扬其德行,引用舜名,在文中共出现13处。同样的针对这一类篇章,笔者也进行了整理,如表2所示。

表 2

篇　名	引用内容
公孙丑章句上第二章	以予观于夫子,贤于尧、舜远矣
公孙丑章句下第二章	我非尧、舜之道,不敢以陈于王前,故齐人莫如我敬王
滕文公章句上第一章	孟子道性善,言必称尧、舜。/舜何人也
离娄章句上第二章	欲为君尽君道,欲为臣道,二者皆法尧舜而已矣。不以舜之所以事尧事君,不敬其君者也。不以尧之所以治民治民,贼其民者也
离娄章句下第三十二章	尧、舜与人同耳
万章章句上第七章	伊尹耕于有莘之野,而乐尧、舜之道焉
万章章句下第一章	思天下之民,匹夫匹妇无有不被尧舜之泽者
告子章句下第二章	人皆可以为尧舜,有诸?/尧舜之道,孝悌而已矣
告子章句下第八章	殃民者,不见容于尧舜之道
告子章句下第十章	欲轻之于尧舜之道者,大貉小貉也;欲重之于尧舜之道者,大梁小梁也
尽心章句上第三十章	尧、舜,性之也
尽心章句下第三十七章	众皆悦之,自以为是,而不可与入尧舜之道,故曰德之贼也
尽心章句下第三十八章	由尧、舜至于汤,五百有余岁

《孟子》对舜名的引用叙述主要集中在《万章》《告子》《尽心》等篇章中。每篇引用"舜"的地方，必定也出现了"尧"，可见尧和舜的德行都受到了孟子的推崇。其次，从表2也可看出，舜名叙述多以"尧舜之道"的形式，实际是孟子对尧舜的为人之道、治国之道的总称。孟子不仅推崇以孝悌为本的仁爱之道，也推崇以孝悌为本，拓展延伸的仁政之道。

　　如果将《孟子》对舜及其一生事迹做一内容归类排列，可得表3：

表3

尧舜之道	具体内容
孝悌之道	舜尽事亲之道而瞽瞍厎豫，瞽瞍厎豫而天下化，瞽瞍厎豫而天下之为父子者定，此之谓大孝。（《离娄上》）　尧、舜之道，孝悌而已矣。《告子下》
齐家之道	"舜之不告而娶，何也？"孟子曰："告则不得娶。男女居室，人之大伦也。如告，则废人之大伦，以怼父母，是以不告也。"（《万章上》）尧之于舜也，使其子九男事之，二女女焉（《万章下》）
性善之道	孟子道性善，言必称尧、舜。（《滕文公上》）大舜有大焉，善与人同，舍己从人，乐取于人以为善。自耕稼、陶、渔以至为帝，无非取于人者。取诸人以为善，是与人为善者也。故君子莫大乎与人为善。（《公孙丑上》）人之所以异于禽兽者几希，庶民去之，君子存之。舜明于庶物，察于人伦，由仁义行，非行仁义也。（《离娄下》）舜之居深山之中，与木石居，与鹿豕游。其所以异于深山之野人者几希。及其闻一善言，见一善行，若决江河，沛然莫之能御也（《尽心上》）
治国之道	"舜为天子，皋陶为士，瞽瞍杀人，则如之何？"孟子曰："执之而已矣。""然则舜不禁与？"曰："夫舜恶得而禁之？夫有所受之也。""然则舜如之何？"曰："舜视弃天下犹弃敝蹝也。窃负而逃，遵海滨而处，终身䜣然，乐而忘天下。"《尽心上》）尧、舜之道，不以仁政，不能平治天下（《离娄上》）

表3只是检视《孟子》部分章节中直接论及舜的文字。然而就是这些文字，已足以说明尧舜之道的丰富内涵。这些丰富内涵由孝而自然性善，而自然施行仁政，平治天下。

在笔者看来，尧舜之道，集中体现在两大方面；一是以性善为基础的孝悌齐家之道，属于家庭伦理范畴；二是以性善为基础的社会伦理国家治理范畴。二者终极指向均是和谐，一是家庭上下左右的和谐，二是社会国家的发展与和谐。而这二者，在当今之世，仍有着不可代替的时代性特征，不会落伍、不会消失。

习近平总书记在谈及传统文化时，明确指出："中国是有着悠久文明的国家。在世界几大古代文明中，中华文明是没有中断、延续发展至今的文明，已经有五千多年历史了。我们的祖先在几千年前创造的文字至今仍在使用。两千多年前，中国就出现了诸子百家的盛况，老子、孔子、墨子等思想家上究天文、下穷地理，广泛探讨人与人、人与社会、人与自然关系的真谛，提出了博大精深的思想体系。他们提出的很多理念，如孝悌忠信、礼义廉耻、仁者爱人、与人为善、天人合一、道法自然、自强不息等，至今仍然深深影响着中国人的生活。中国人看待世界、看待社会、看待人生，有自己独特的价值体系。中国人独特而悠久的精神世界，让中国人具有很强的民族自信心，也培育了以爱国主义为核心的民族精神。"[①]

当今我国公布并正在践行的24字社会主义核心价值观，基本秉承了中国优秀的传统文化。而其中友善、和谐正是基于性善、孝悌、仁爱发展而来。传统文化正是涵养社会主义核心价值观的源泉、基础。

在笔者看来，《孟子》尧舜之道的时代性特征，突出地表现在如下几个方面。

一是孝悌仁爱、与人为善是时代的要求。《孟子》的尧舜之道，从舜帝个体出发，说他的家庭孝道，齐家的和谐都是一个引子，其

---

① 《习近平在布鲁日欧洲学院的演讲》，http：//news.xinhuanet.com/politics/2014-04/01/c_1110054309.htm.，2014年4月1日。

目的在于，在孟子看来舜帝是善于推恩的。孝悌是仁的本始，其根底本于人之性善。孟子谈仁爱："他强调的不是个人的道德修身，他是要把它扩大到一个社会价值。"① 从孝悌扩充为仁者爱人，也就是孟子在《梁惠王上》所说的："老吾老，以及人之老；幼吾幼，以及人之幼"。

二是基于性善与仁爱的仁政治国是时代的要求。因为性善，《公孙丑上》曰："人皆有不忍人之心。先王有不忍人之心，斯有不忍人之政矣。以不忍人之心，行不忍人之政，治天下可运之掌上。"这不忍人之心便是性善。《离娄上》中孟子又说："尧、舜之道，不以仁政，不能平治天下。"舜帝实际上也就是这么做的。当前中国中西部发展的大战略，实际上也是基于此点出发。因为我国幅员辽阔，中西部相对落后，百姓相对穷苦。领导者有此认识，就是基于"不忍之心"，基于百姓要有"恒产"的心理，基于共同富裕。所以习近平总书记说："少年强则国强，中西部强则中国强。"②

三是《孟子》舜事叙述的仁爱、孝悌、与人为善等理念符合时代核心价值观要求。《孟子》的主要思想俱从"孝悌"引出，由"孝悌"而仁爱而仁政而王道，其终极指向是人、社会、国家的和谐与富强。作为传统文化的积极因子，与忠信敬业、礼义廉耻、仁者爱人、天人合一、道法自然、自强不息一道成为社会主义核心价值观的重要来源之一，表现出强大的生命力。

四是基于性善的和谐是时代对个人、家庭、社会、国家的根本要求。考之舜的行事，舜所做的实质上是使个人与家庭、个人与婚姻、个人与社会、国家与百姓、人类与自然，个体的灵与肉等方面，都通过我们自身的努力，由不平衡（一种失衡）发展到平衡，由不和谐发展到和谐的过程。《史记·五帝本纪》中舜帝的材料除来源于《尚书》外，多半来源于《孟子》。我们看司马迁塑造了一个怎样的舜帝？（见表4）

---

① 陈来：《孟子思想的时代价值》，《文史知识》2014年第8期，第3—5页。
② 《习近平在北京师范大学考察》，《人民日报》2014年9月10日第1版。

《孟子》尧舜之道的时代性

表4

	失衡（不和谐）	平衡（和谐）
舜与家庭	父顽、母嚚、弟傲，皆欲杀舜	克谐，以孝。顺适不失子道
舜妻室	尧以二女妻舜，以观其内（地位、贫富落差大）	尧二女不敢以贵骄事舜亲戚，甚有妇道
舜与他人	（尧）与九男与处，以观其外。（舜）耕历山、渔雷泽、陶河滨	一年所居成聚，二年成邑，三年成都
舜与治国	舜举八恺，主后土，揆百事。禹平水土，弃播百谷，垂为共工，益为虞、龙主宾客……	莫不时序 水土平、百谷茂、百工功、山泽辟、远人至……
舜与自然	舜入于大麓，烈风雷雨	不迷
舜与天下（与诸侯关系）	昔帝鸿氏有不才子，掩义隐贼，好行凶慝，天下谓之浑沌。少皞氏有不才子，毁信恶忠，崇饰恶言，天下谓之穷奇。颛顼氏有不才子，不可教训，不知话言，天下谓之梼杌。此三族世忧之。至于尧，尧未能去。缙云氏有不才子，贪于饮食，冒于货贿，天下谓之饕餮。天下恶之，比之三凶	舜宾于四门，乃流四凶族，迁于四裔，以御螭魅，于是四门辟，言毋凶人也。流共工于幽陵，以变北狄；放驩兜于崇山，以变南蛮；迁三苗于三危，以变西戎；殛鲧于羽山，以变东夷，四罪而天下咸服。 宾于四门，四门穆穆
舜与礼乐教化（精神）	举八元，布五教于四方，契敷五教、伯夷典三礼、夔典乐，教稚子	父义、母慈、兄友、弟恭、子孝、内外平成、百姓亲和；直而温，宽而栗，刚而毋虐，简而毋傲；诗言意，歌长言，声衣永，律和声，八音能谐，毋相夺伦，神以人和

在这里，舜帝依然是一个和谐大师。他能把失衡不和谐的人生世相，家国天下，通过自己的努力转化成平衡与和谐的人生世相，家国

· 43 ·

天下。今天社会物质高度发展，人类进入全球化时代、大数据信息化时代，物欲横流层出不穷，只要随意扫描网络，不堪之事便常常跳入眼帘：活吃猴脑者有之、强奸或轮奸少女者有之、法官集体嫖娼者有之、"气功大师"招摇撞骗者有之、无端打死瓜农者有之、非法强拆者有之、贪官腐化堕落者有之、战争狂人有之、恐怖狂人有之……不一而足。社会层面在物质功利的熏染之下，面临一种新的失衡与不和谐。我们需要以善为基础，以仁爱为途径，像大舜那样再造一个大数据时代的和谐！

舜与礼乐教化及先进文化建设

从初民宗教式的"礼乐"萌芽,到舜时"礼乐"绽放,及其后世的"礼乐"教化,"礼乐"从人性出发,由"修身"而扩展至"齐家、治国、平天下",可以说贯穿了中国的历史。新世纪先进文化建设如何在传统中推陈出新?关键在于重构以"和"为"核心"的价值体系和以人性化为基点、以雅俗共赏为共性的审美文化。

一

古人以礼乐并称,该有深远的根源。从字源学上考察,《说文》如是说:"礼,履也,所以事神致福也。"用现在的话来讲,就是"礼,即施行,是用来祭神求福的事";又谓:"乐,五声八音总名。"五声,即宫商角徵羽五种声调;八音,即金石丝竹匏土革木八类乐器。礼与乐看似风马牛不相及,细思却深有意味。从浅层看,远古初民施行祭神求福之事,除祭神之辞外,必伴以乐舞,此即所谓诗乐舞三位一体。而且,各类乐器发出不同的声调、韵律,也需要人的施行(弹、吹、敲、击等);从深层看,初民的信息(心理愿望)上达于天,礼与乐似有一定的默契贯穿其间才可达成愿望通神的实现,这也就是后世《礼记·乐记》中所说的:"大乐与天地同和,大礼与天地同节。"所以,可以肯定在远古时代,宗教性、政治性的礼仪总是与音乐舞蹈同时兴起,互相联系的。"夫礼之初,始诸饮食,其燔黍捭豚,污尊而抔饮,蒉桴而土鼓,犹若可以致其敬于鬼神。"① 这段话所描写的是远古原

---

① 《礼记·礼运》。

始社会的祭祀活动。从人类学和民族学的角度看，出现上述情况应是有可能的。这应是后世礼乐的萌芽和起源的有力证明。

这一点，从今人的考古材料中似乎也可以加以证实。东北红山文化中牛河梁的"女神庙"遗迹，西北齐家文化中甘肃永靖大何庄、秦魏家发掘到的六处"石圆圈"类祭坛的遗迹，东南良渚文化中余杭瑶山的祭坛遗迹，九疑山北麓的巨石文化（今永州市零陵区黄田铺镇石棚）遗迹……这些散布在中国东西南北的或土台或石台的初民活动的遗迹，其实都是以祭天礼地为主要用途的祭坛。由此可让人联想到原始礼乐萌芽和兴起的热闹场面。

据此，我们认为《尚书》和《史记》所载处于酋长城邦时代的舜帝对礼乐的重视和建设，应该不是虚无缥缈的传说，而是有一定可信度的史料。兹将它们列示比较如下：

《尚书·舜典》：

> 帝曰："契，百姓不亲，五品不逊。汝作司徒，敬敷五教，在宽。"
> 帝曰："俞，咨！伯，汝作秩宗。夙夜惟寅，直哉惟清。"
> 帝曰："夔！命汝典乐，教胄子，直而温，宽而栗，刚而无虐，简而无傲。诗言志，歌永言，声依永，律和声。八音克谐，无相夺伦，神人以和。"

《史记·五帝本纪》：

> 舜曰："契，百姓不亲，五品不驯，汝为司徒，而敬敷五教，在宽。"
> 舜曰："嗟！伯夷，以汝为秩宗，夙夜维敬，直哉维静洁。"
> 舜曰："然。以夔为典乐，教稚子，直而温，宽而栗，刚而毋虐，简而毋傲；诗言意，歌长言，声依永，律和声，八音能谐，毋相夺伦，神人以和。"

笔者之所以不厌其烦地把它们列示出来，是因为由此可以看出如下几个特点。

一是在具有卓越史识，特别强调求实考信的司马迁的《史记》里，这几则材料除了对虚词、代词和个别实词作了少许改动外，几乎全盘录自《尚书》。即便有所改动，司马迁的目的也只是使文中的意思更晓畅、通俗、精确，丝毫没有变更原文的含义。这足见司马迁对"实录"的审慎。因为毕竟他写《史记》的目的，正如他在《报任安书》中所说是要"究天人之际，通古今之变，成一家之言"，所以那种无根无据不可信的材料他是不会采用的。例如对《山海经》的处理他就这样说过："《山海经》所有怪物，余不敢言之也。"①

二是这几则材料比起初民时礼乐的萌芽阶段来说，已明显有了很大的发展，其中对礼乐的说法已经由"笼而统之"的言说变成"条分缕析"的言说了，出现了"敷五教"（敷，即是施行之意）、"典三礼"（天事、地事、人事之礼）、"典乐"的具体说法。可见，舜时的礼乐已初具规模，而且已经具体化。

三是就这几则材料所体现的礼乐施行的过程、目的及作用看，在乎"敬敷五教，在宽"（施行父义、母慈、兄友、弟恭、子孝的教育，要注意宽厚）；在乎"夙夜惟寅、直哉惟清"（早晚恭敬行事，要正直、清明）；在乎"直而温，宽而栗，刚而无虐，简而无傲"，最终达到"无相夺伦，神人以和"的至高境界。很明显，礼乐在这里已具有了对人的教化作用。

四是参之舜作箫，奏《韶乐》，弹五弦之琴，歌《南风》之诗的民间传说，我们也就更有理由相信舜的时代已有了一套较完备的礼乐系统。

而由此，我们似乎可以作如下推论：所谓周公"制礼作乐"，并非一种创造或发明，而是一种对礼乐的规范或整理定型，正如同秦统一后对度量衡、文字等的统一，并非此前没有度量衡和文字等，而是为了天下一统，民心归一的需要，在规范的基础上定于一尊。所以，较完备具体的礼乐系统不仅是夏商周三代就已具备，更可上推至尧舜时代。

二

在规范基础上定于一尊的"制礼作乐"，最初其实是以人性为出

---

① 《史记·大宛列传》。

发点的。我们且看如下两则材料：

《史记·礼书》："礼由人起。人生有欲，欲而不得则不能无忿，忿而无度量则争，争则乱。先王恶其乱，故制礼义以养人之欲，给人之求，使欲不穷于物，物不屈于欲，二者相待而长，是礼之所起也。故礼者，养也。"

《史记·乐记》云："凡音之起，由人心生也。人心之动，物使之然也。感于物而动，故形于声，……乐者，音之所由生也，其本在于心感于物也。"

显然，古人认为礼由欲起，音由心生，皆为人性使然。礼乐并立，秉承了自舜而始的教化传统，其目的是致力于人格操持的修养，一为养欲，二为"和"心。所以，《乐记》又说："乐者，天地之和也；礼者，天地之序也。和，故百物皆化；序，故群物皆别。"孔子曾以"兴于诗，立于礼，成于乐"来强调人的成长与人性、人格的完善是一个从"诗"到"礼"到"乐"的接连不断的"礼仪化"的进程，因为"礼"可规范人的行为，"乐"则期望人的心灵走向和谐。这恐怕便是《论语·述而》中所谓的"礼之用，和为贵"罢。

但是礼乐的运用并非只停留在个体人格的修养上，在儒家看来，它应该要有一个由"修身"而"齐家、治国、平天下"的"推己及人"式的不断超越过程。因为要齐家，人们首先要修身；要平天下，人们首先要治国。正如杜维明先生所指出的："'礼'呈现出一个整合了人格、家庭、国家、天下这四者的形式。这样'礼'作为一个可理解的概念就包含着关于个人行动、社会关系、政治组织及宗教行为的种种礼仪。它实质上包含着人类文化的所有方面：心理的、社会的和宗教的方面。"[①] 这里杜先生虽然只是就"礼"而言，但笔者认为也可移用于"乐"。《乐记》中有所谓"乐者，通伦理者也""治世之音安以乐""乱世之音怨以怒""亡国之音哀以思""政象乐，乐从和，和从平""乐至则无怨，礼至则不争，揖让而治天下者礼乐之谓也"等等，便是最好的注脚。而儒家的另一位大师荀子在《荀子·乐论》中

[①] 杜维明：《一阳来复》，上海文艺出版社1997年版，第165页。

则说得更明白:"故乐在宗庙之中,君臣上下同听之,则莫不和敬;闺门之内,父子兄弟同听之,则莫不和亲;乡里族长之中,长少同听之,则莫不和顺。故乐者,审一以定和者也,比物以饰节者也,合奏以成文者也;足以率一道,足以治万变。"

但是,有必要特别指出的是,"礼乐"在后世的演变过程中,渐渐违背了其初始的人性出发点。《礼记·曲礼上》的所谓"礼不下庶人,刑不上大夫",便是统治者对统治阶级和被统治者的区分,是对社会各个等级的尊卑贵贱的规定,因而"礼"也就成为维护社会等级和阶级统治的有力工具,从而显示出其不公正、不平等性。而"乐"也在形式上有了"雅乐""俗乐"之别,在欣赏上也有了"独乐乐""与人乐乐""与众乐乐"之异。这实际是礼乐在发展过程中的一种"异化"。

综合礼乐由宗教式的萌芽到教化式的演绎,从人类大文化的角度言之,它们实质上是人类在行为文化、意识文化层面上的一种"道德的政治"或"政治的道德"。

三

从历史拉回到现实,今天我们所说的文化建设便是传统礼乐文化在新时代的继承和创新。因为从人的行为和意识层面上来看,所谓文化,就是按照人文的、人性的自身规律以教化天下,使人们追求真、善、美的文明程度不断提高。换言之,就是要通过先进文化(新时期的、先进的"礼乐")的创建来"立人",来"成人"——使人将身心活动调整到内在自我的完美表现状态上,从而自觉地为他人、为家乡、为祖国、为人类的"无相夺伦、神人以和"的新型的真、善、美的建构与转型而身体力行,进而达到对整个宇宙和谐的含摄。

回顾过去,我们对"礼乐"的建构曾有过"忠字舞""语录歌""早请示、晚汇报""凡是……凡是……"之类的失败尝试,其教训不可谓不深。因此,在新世纪创建先进文化的过程中,我们应首先明了我们自身的"礼乐"文化究竟处在历史和世界的哪一个坐标点上。纵观对20世纪末的文化纷争,我们以为有如下几点可供21世纪初期文化定位时参考。

（1）人心中欲望膨胀，导致价值倾斜，精神信仰出现真空。从经济群体角度说，钱成为衡量一切价值的终极尺度。纸醉金迷者，身体获得了空前的解放，灵魂却无所依托。就知识群体角度言，理想化的群体，背负着因袭的重担，在"主义与问题"之间彷徨；现实化的群体，则由精英而遁入世俗，调侃嘲讽着崇高，自身却同时在咀嚼焦虑。信仰真空的出现，代之而起的是邪教的泛滥，恐怖主义的盛行。信仰在现世以一种变异、变形的方式在吞噬着人类纯朴的心灵。

（2）文化及行为空间空前阔大，多重语境相互碰撞，多种价值倾向竞相骚动。20世纪末，文化及行为空间空前深广，然而正是在文化行为深广的空间里，传统与现代、激进与保守、学术与政治、主义与问题、知识分子与意识形态、全球化与本土化、启蒙理想与后乌托邦、现代化代价与当代精神等多重语境互相激荡、碰撞，而人们的本已倾斜的价值观林林总总，并且表现为不确定的骚动。

（3）大众文化因技术上的克隆借现代传媒网络而热销。它的关注点已不同于20世纪80年代兴起的精英文化对"过去历史厚重感的表达和生命本真意义的反省，而是对城市的平面化、喧闹化、话语的流动化和未来问题的风景化的一种呈现，于是，城市民谣、城市小说、都市消闲文化的兴起，成为90年代的文化风景"。① 同时，广告作为商品的一种促销方式融入大众文化之中，与极端的反理性主义一道构成了人的生命意义的平庸感、平面感，"现代某些传媒广告在许诺人世间温情时又显示出赤裸裸的钱权交易性"。②

（4）生态环境的严重破坏，导致了人类普遍的生存恐惧感和回归"万类霜天竞自由"的大自然的强烈渴望。例如，今天，我们比以往任何时候都能领略到气候变化的威胁。有数据显示，全球气温自1800年以来一直缓慢上升，20世纪是过去600年间最热的一个世纪，也许，泰坦尼克号的悲剧再也不会重演，但没有了清新清凉的大森林，

---

① 王岳川：《中国镜像》，中央编译出版社2001年版，第37页。
② 王岳川：《中国镜像》，中央编译出版社2001年版，第348页。

人类难道能永恒蜷缩在空调之下生存？

那么，面对如此这般的20世纪末的"礼乐"文化，我们将如何创建先进的文化？

首先，要达到这样一个目标，处在21世纪的文化坐标上，针对人心的欲望、骚动、恐惧，人生意义的平面感、平庸感，首先便是要建构一种以"和"为核心的价值体系。这个"和"不是回头看的"和"，而是具有前瞻性、具有崭新内涵的人与自然之"和"，人与人之"和"，民族与民族之"和"，国家与国家之"和"，人自身之"和"，它应符合社会发展的潮流，符合人类发展的前途，它是中国传统文化中重点讲人伦关系的"和"的升华——扩展至民族、国家、自然、宇宙之间的关系；它是健康的、向上的、丰富多彩的、具有各民族独特风格的，同时又是立足于世界科学文化发展前沿的。只有人这样"和"了，膨胀的欲望才会缩小，恐惧的心理才会消除，骚动的心灵才会宁静，才会重新树立起符合人类和社会远大发展前途的理想，科学的信仰才会成为现实，新的价值体系才会真正得以建构和转型，人的知识结构与行为方式才会发生变革。

其次，便是要将文化精英与社会大众凝聚成一种合力，将精英文化和大众文化，雅文化和俗文化整合起来，从人性出发，通过培养审美理性，尊重情感，尊重个性，尊重想象等多种方式和途径，使大众文化走向审美化、雅化，使精英文化走近大众，又不失于审美化、雅化。一言以蔽之，就是将二者合一，使之审美化、人性化。这样就自然能够使人的素质得以全面提高，使人们在掌握和享受真善美方面实现新的飞跃。那么，符合人类前途的"和"的价值体系与符合人类前途的人性化的审美文化相统一，便能应对国家、民族和整个人类所面临的各种新的挑战，解决社会发展所必须克服的各种难题。如果我们把"和"的心理价值体系外显的人的（或人类的）行为看成是一种造成世界和谐秩序的规范的"礼"，那么，精英文化和大众文化二合一的审美化、人性化便是"乐以安德"（《左传》）、"致乐以治心"（《乐记》）进而"成其政"（《左传》）的"乐"。这样的"礼乐"结合便会成为一种真正的有着远大发展前途的先进文化。

尧舜"协和万邦"的实践及其后世的理论流变

舜帝南巡苍梧,是为了实践唐尧"协和万邦"的理想。这一理想由孔子、孟子而曾子至周子,由仁政的系统化理想,到"明明德于天下"之路径,到"以仁育万物,以义正万民"的哲理化,体现了前圣对"协和万邦"思考的深入发展。而中国梦与"人类命运共同体"的提出及实践,既是民族与民族文化的复兴,也是对"协和万邦"这一理念的创造性转化和创新性发展,必将引领世界文明走向合和万国的未来。

一 舜巡狩:"协和万邦"之始

《史记·五帝本纪》里司马迁以太史公身份曾感叹说:"余尝西至空桐,北过涿鹿,东渐于海,南浮江淮矣,至长老皆各往往称黄帝、尧、舜之处,风教固殊焉,总之不离古文者近是。"① 在太史公看来,"古文文本"与"口传"活态化文本多是一致的②,司马迁以其独特的"二重证据法",证明舜帝南巡实有其事。所以其《史记·五帝本纪》敢于言之凿凿:"南巡狩,崩于苍梧之野,葬于江南九疑,是

---

① 《史记·太史公自序》记载司马迁曾亲到九疑山:"二十而南游江、淮,上会稽,探禹穴,窥九疑,浮于沅、湘"。
② "文献"一词最早见于《论语·八佾》,南宋朱熹《四书章句集注》认为"文,典籍也;献,贤也"。所以这时候的文指典籍文章,献指的是古代先贤、长老的见闻、言论以及他们所熟悉的各种礼仪和自己的经历。《虞夏书·益稷》也有相关的引证说明"文献"一词的原意是指典籍与宿贤、长老。

为零陵。"

加之当代考古新发现：如山西襄汾的陶寺遗址、郭店楚墓竹简《容成氏》、上博楚简《唐虞之道》、马王堆汉墓出土的古地图上标注的九根柱状图、汉唐以来的"玉琯岩舜帝陵庙"（湖南永州九嶷山），笔者倾向认为不仅舜帝实有其人，南巡也是大致不差的。

现在要弄清楚的是，舜南巡，其最终目的是什么？据《尚书·尧典》《尚书·舜典》《左传·文公十八年》等材料，舜一生事功概括起来主要有二：布五教，去四凶①。

舜采用的方法是什么？五载一巡狩。从《尚书·舜典》记载"明试以功，车服以庸"看，其巡狩绝不只是为了祭祀，而是深藏事功，希望群臣也能去各自的"四凶"，布天下所需之"五教"。正因此舜帝才能达到"柔远能迩，惇德允元，而难任人，蛮夷率服"②的"平天下"的效果。

值得重视的是，《史记·五帝本纪》的记载是对《舜典》的诠释性复述：关于五教，《舜典》说："敬敷五教，在宽。"《五帝本纪》复述说："使布五教于四方，父义，母慈，兄友，弟恭，子孝，内平外成。"关于四凶，《舜典》："流共工于幽州，放驩兜于崇山，窜三苗于三危，殛鲧于羽山。"《五帝本纪》复述说："流共工于幽陵，以变北狄；放驩兜于崇山，以变南蛮；迁三苗于三危，以变西戎；殛鲧于羽山，以变东夷。"③"布五教"强调了此一文明行为化成而带来的结果："内平外成"，万事妥帖，内外天地平和。"流四凶"则强调了一个"变"字，也是强调"流"的结果，实际上是王化了北狄南蛮，东夷西戎。

所以，笔者以为"巡狩"一词有二层含义，一是"巡"，在位有

---

① 《尚书·尧典》："契，百姓不亲，五品不逊。汝作司徒，敬敷五教，在宽。""流共工于幽州，放驩兜于崇山，窜三苗于三危，殛鲧于羽山。"《左传·文公十八年》："举八元，使布五教于四方，父义、母慈、兄友、弟共、子孝，内平外成。""宾于四门，流四凶族。"

② （清）孙星衍撰：《尚书今古文注疏·卷一 虞夏书一 尧典第一·尧典第一下》，中华书局2004年版，第60页。

③ （汉）司马迁撰，（南朝宋）裴骃集解，（唐）司马贞索隐，（唐）张守节正义：《史记·卷一 五帝本纪第一》，中华书局1982年版，第28页。

德者的南风之化，二是"狩"，是强力来归，是归化是融合。而民间所传唱相传舜所作的《南风歌》便是这种仁德教化天下的形象注脚：

> 南风之薰兮，可以解吾民之愠兮。
> 南风之时兮，可以阜吾民之财兮。①

《尧典》说："克明俊德，以亲九族。九族既睦，平章百姓。百姓昭明，协和万邦。黎民于变时雍。"由内而外，由亲族而百姓，由百姓而万邦、而黎民，既是和睦，更是协和、和谐。舜帝是继承唐尧"平天下"（使天下和谐）与"协和万邦"理想的最佳实践者。

二 以"仁"王化天下："协和万邦"之理想

在以"仁"王化天下理想提出之前，孔子对舜帝"布五教"之"协和万邦"方式做了很好的归纳。

《论语·颜渊》："克己复礼为仁。一日克己复礼，天下归仁焉。"

《论语·季氏》："天下有道，则礼乐征伐自天子出；天下无道，则礼乐征伐自诸侯出。"

《论语·阳货》："能行五者于天下为仁矣。"②

"仁"是内化于心，"礼"是外化于行，是王化。有精神建设，有文化建设。再加上"足食""足兵"③，自然天下和谐太平。对于"远人"，《论语·季氏》："远人不服，则修文德以来之；既来之，则安之。"一样强调仁德，强调以仁归化，当然背后也需要实力、强力，所以也有征伐。

---

① 逯钦立辑校：《先秦汉魏晋南北朝诗·先秦诗卷一·南风歌》，中华书局1983年版，第2页。
② （宋）朱熹撰：《四书章句集注·论语集注卷九 阳货第十七》，中华书局1983年版，第177页。《论语·阳货》："恭、宽、信、敏、惠。恭则不侮，宽则得众，信则人任焉，敏则有功，惠则足以使人。"
③ （清）刘宝楠撰：《论语正义·卷十五 颜渊第十二·七章》，中华书局1990年版，第491页。《论语·颜渊》：子贡问政。子曰："足食，足兵，民信之矣。"

尧舜"协和万邦"的实践及其后世的理论流变

传承千年，孟子是对"协和万邦"理想系统化、理论化的提炼者、升华者。《孟子》一书言必称尧舜，集中反映了孟子的思想。尧舜之道以孝悌为本，孝悌以仁为内核。《孟子》的主要思想均从"孝悌"引出，由"孝悌"而仁爱而仁政而王道，其指向是人、社会、国家的和谐与富强，终极指向是天下太平和谐。

《梁惠王上》："老吾老，以及人之老；幼吾幼，以及人之幼。天下可运于掌。《诗》云：'刑于寡妻，至于兄弟，以御于家邦。'言举斯心加诸彼而已。"这是谈由孝悌仁爱通过推恩的形式，而施行王道，王化天下。由内而外，由亲族而国家而四夷而天下，与舜帝一脉相承。

《公孙丑上》："行仁政而王，莫之能御也。"明说仁政的巨大威力与成效。可以协和万邦，可以幸福百姓，和谐众人。

《离娄上》更是直接提出："尧、舜之道，不以仁政，不能平治天下。"又说："三代之得天下也以仁，其失天下也以不仁。""人人亲其亲，长其长，而天下平。"孟子在这篇文章中论及了"协和万邦"的基础是仁政，行"仁"的方法是"亲其亲，长其长"。实例是"三代"。

同时，为了强调以"仁"王化天下的重要性，孟子特别指出，舜之有天下，并非尧的赠予，而是得之于"天"：

万章曰："尧以天下与舜，有诸？"孟子曰："否。天子不能以天下与人。""然则舜有天下也，孰与之？"曰："天与之。""天与之者，谆谆然命之乎？"曰："否。天不言，以行与事示之而已矣。"……曰："使之主祭，而百神享之，是天受之；使之主事而事治，百姓安之，是民受之也。天与之，人与之，故曰天子不能以天下与人。舜相尧二十有八载，非人之所能为也，天也。尧崩，三年之丧毕，舜避尧之子于南河之南，天下诸侯朝觐者，不之尧之子而之舜；讼狱者，不之尧之子而之舜；讴歌者，不讴歌尧之子而讴歌舜，故曰天也。"[①]

这里的天意，实际是舜以"仁"行天下的必然结果。

---

① （宋）朱熹撰：《四书章句集注·孟子集注卷九 万章章句上》，中华书局1983年版，第308页。

上述文字足以说明"尧舜之道"的丰富内涵。是由孝而自然带来人性善，而自然施行仁政，平治天下，使社会和谐。孟子处战国乱世，礼坏乐崩，霸道横行，王道不行，王化难以延展，所以天下纷乱。孟子的理念只能算是一种理想，但其影响很深远。

三 《大学》"明明德于天下"："协和万邦"之路径

《大学》原是《小戴礼记》之一部分。后朱熹为章句，成为四书之一。相传为曾子所作。现一般认为是曾子学派在秦汉之际而作。

《大学》从修身出发，并以此为核心，提出了"协和万邦"之路径。"协和万邦"为终极目的，但要达成这一目的需要个人"明明德"，要"亲民"（新民），要"止于至善"。

舜帝作为儒家祖述的对象，就这一点而言可谓与舜的实践一脉相承。《史记·五帝本纪》说"天下明德皆自虞帝始"，舜自身便是此一典范。他以德赢天下，"舜耕历山，历山之人皆让畔；渔雷泽，雷泽上人皆让居；陶河滨，河滨器皆不苦窳。一年而所居成聚，二年成邑，三年成都。"① 说明他能新民。不管舜父、后母，舜弟象如何设计害他，舜善事父母，友爱兄弟的"孝悌"精神与言行总是自始至终，所谓"复事瞽叟，爱弟弥谨"②，可以说是历经苦难痴心不改。说明他已止于至善。正因如此，所以舜能在"低水平生产力"的情况下"协和万邦"！这是一个事实上的榜样，而榜样的力量往往是无穷的。

既然儒家说人皆可以为尧舜，欲达到这样一种境界，自然就有一定的修炼方法。这就是《大学》给每一个渴望兼济天下的士人提出的行动的路径。这路径就是："古之欲明明德于天下者，先治其国；欲治其国者，先齐其家；欲齐其家者，先修其身；欲修其身者，先正其心；欲正其心者，先诚其意；欲诚其意者，先致其知；致知在格

---

① （汉）司马迁撰，（南朝宋）裴骃集解，（唐）司马贞索隐，（唐）张守节正义：《史记·卷一 五帝本纪第一》，中华书局1982年版，第34页。
② （汉）司马迁撰，（南朝宋）裴骃集解，（唐）司马贞索隐，（唐）张守节正义：《史记·卷一 五帝本纪第一》，第34页。

物。"① 这是一个古之"明明德于天下"者已成功的路径，是一个榜样的路径，也是一个普世的路径。就如同舜帝一样。

然而我们众多的读书人却必须从基础做起，其路径恰恰是反过来的。所以《大学》紧接着说："物格而后知至，知至而后意诚，意诚而后心正，心正而后身修，身修而后家齐，家齐而后国治，国治而后天下平。""自天子以至于庶人，壹是皆以修身为本。"以故"修身"成为实现这一路径的根本。因为孔子说过"修己以安百姓"②。

于是三纲（明明德、亲民、止于至善）八目（格物、致知、诚意、正心、修身、齐家、治国、平天下）便成为我们人生修炼的主题。

在这八目中，有几个又是关键点，如要诚意就不能"自欺"，要保持纯正的动机和状态，要特别注重"慎独"，要在人不知而只有己知的情况之下接受考验；要"自明"，所谓"自明"即自觉，就是说"明明德"是自我的觉悟，是内心意识到完善、发展自身的必要性，是人固有的善性的发扬和发展；要创新，"苟日新，日日新，又日新"。永远要追求新目标，实现新成就，总是要有新气象和新面貌。要"有诸己而后求诸人，无诸己而后非诸人"③。齐家的前提是修身，治国自然先齐家，最后才能"平天下"，达到"协和万邦"之目的。

四 "以仁育万物"："协和万邦"之哲思

《宋史卷四百二十七·周敦颐列传》："文王、周公既没，孔子有德无位……孔子没，曾子独得其传，传之子思，以及孟子，孟子没而无传。两汉而下，儒者之论大道，察焉而弗精，语焉而弗详，异端邪说起而乘之，几至大坏。""千有余载，至宋中叶，周敦颐出于舂陵，

---

① （宋）朱熹撰：《四书章句集注·大学章句》，中华书局1983年版，第3页。
② （宋）朱熹撰：《四书章句集注·论语集注卷七 宪问第十四》，中华书局1983年版，第159页。
③ 《礼记·大学》，（宋）朱熹撰：《四书章句集注·大学章句》，中华书局1983年版，第9页。

乃得圣贤不传之学"①。可见，千载而后，继承孟子的唯有周子。而周子则将圣人"协和万邦"理想哲学化了。

周敦颐《通书·顺化》："天以阳生万物，以阴成万物。生，仁也；成，义也。故圣人在上，以仁育万物，以义正万民。"②仁义，不仅可生育万物，也能和谐万民。人有仁义，人必心纯。《通书·治》说："仁、义、礼、智四者，动静、言貌、视听无违之谓纯。心纯则贤才辅，贤才辅则天下治。纯心要矣，用贤急焉。"③

这里强调"平天下"和"协和万邦"手段是"以仁育万物，以义正万民"，出发点则是自身要以"心纯"为修养目标。心纯又是从孝悌引出的"仁"心。这与孟子"老吾老，以及人之老"的推恩相类。他又提出心纯的为政者，必须用贤，用贤则天下治。这与舜帝举贤任能"布五教"一致。

由此我们想到一个流传在九嶷山的《尧王访舜》民间故事：尧王为了访贤，装扮成百姓来到一个村庄，看到一个后生赶着黄牛犁田，尧王问后生是水牛犁田好还是黄牛犁田好？当时后生没有当面回答，尧王只好走开。当尧王走开后，后生急忙追上尧王十分恭敬地说："您这先生刚才问我犁田是水牛好还是黄牛好？当然是水牛好。我本应马上回答您，但当着黄牛面我怎么能说黄牛不行呢，它辛辛苦苦帮我犁田，我怎么对得起它呢？"尧王听了很受感动，认为后生有一颗善心，然后就将后生带到了京城做事考验他，这个后生便是舜，最后继承了帝位④。

这一故事文本意旨十分明显：因为舜性善、心纯，自然会有善行，有善行，自然能选贤任能，自然能协调和谐人与社会、人与人之

---

① （元）脱脱等撰：《宋史·卷四百二十七 列传第一百八十六 道学一》，中华书局1985年版，第12710页。
② （清）黄宗羲：《宋元学案·宋元学案卷十一 濂溪学案上·高平讲友·元公周濂溪先生敦颐·通书》，中华书局1986年版，第487页。
③ （清）黄宗羲：《宋元学案·宋元学案卷十一 濂溪学案上·高平讲友·元公周濂溪先生敦颐·通书》，中华书局1986年版，第488页。
④ 零陵地区民间文学集成编委会编：《中国民间故事集成湖南卷零陵地区分卷》，永州1988年印刷。

间的关系。

《孟子·尽心上》:"舜之居深山之中,与木石居,与鹿豕游。其所以异于深山之野人者几希。及其闻一善言,见一善行,若决江河,沛然莫之能御也。"① 在孟子眼里,尧舜之性与"野人"相异者只在于其善于从善言、从善行而已,这也是心纯之故。

而关于"修身、齐家、治国、平天下"的逻辑顺序,周子在《通书·家人睽复无妄》也有其独到深刻的看法:"治天下有本,身之谓也;治天下有则,家之谓也。本必端,端本,诚心而已矣;则必善,善则,和亲而已矣。家难而天下易,家亲而天下疏也。家人离,必起于妇人。故《睽》次《家人》,以二女同居而志不同行也。尧所以釐降二女于妫汭,舜可禅乎?吾兹试矣。是治天下观于家,治家观身而已矣。身端,心诚之谓也。诚心复其不善之动而已矣。"②

五 "中国梦"与"人类命运共同体":"协和万邦"之新实践

社会主义新中国在治理国家、服务人民、对外友好中继承发展了"治国平天下"与"协和万邦"的实践路径。"以毛泽东关于三个世界划分的理论、邓小平关于和平与发展的理论、江泽民关于建立公正合理的国际政治经济新秩序的理论、胡锦涛关于建设和谐世界的理论为例,其共同点是高瞻远瞩,高屋建瓴,把握住了时代潮流,顺应了天下大势,反映了一定历史阶段中国的世界观与国际关系基本理念。"③

2017年10月18日在中国共产党十九大报告中,习近平总书记提出:"构建人类命运共同体,建设持久和平、普遍安全、共同繁荣、开放包容、清洁美丽的世界。要相互尊重、平等协商,坚决摒

---

① (宋)朱熹撰:《四书章句集注·孟子集注卷十三 尽心章句上》,中华书局1983年版,第353页。
② (清)黄宗羲:《宋元学案·宋元学案卷十一 濂溪学案上·高平讲友·元公周濂溪先生敦颐·通书》,中华书局1986年版,第492页。
③ 陈须隆:《人类命运共同体理论在习近平外交思想中的地位和意义》,《当代世界》2016年第7期。

弃冷战思维和强权政治,走对话而不对抗、结伴而不结盟的国与国交往新路。要坚持以对话解决争端、以协商化解分歧,统筹应对传统和非传统安全威胁,反对一切形式的恐怖主义。要同舟共济,促进贸易和投资自由化便利化,推动经济全球化朝着更加开放、包容、普惠、平衡、共赢的方向发展。要尊重世界文明多样性,以文明交流超越文明隔阂、文明互鉴超越文明冲突、文明共存超越文明优越。要坚持环境友好,合作应对气候变化,保护好人类赖以生存的地球家园。"①

习近平总书记的论述,至少说明了三点。一是中国梦"是物质文明和精神文明均衡发展、相互促进的结果";古代的"足食"到今天的"物质生活充实无忧",古代的"仁"到今天的"道德境界充分升华",二者一脉相承,时代不同,内涵更丰富。物质文明方面,我们一方面对内改革,另一方面对外开放。

而我国提出的推行"一带一路"倡议,东连亚太经济圈,西接欧洲、非洲经济圈,南连澳大利亚经济圈,北入欧亚经济圈,是向世界延伸的多条经济发展地理路线。可以说这是经济社会发展的天下大同愿景。

二是中华文明要创造性转化和创新性发展。也即我们既要继承优秀传统文化,也要吸收人类文明可以为我所用的优秀成果。像大唐一样有容纳四海的气度。我们既传播文明,也学习他国的优秀文化并化为我有,如中国化的禅宗。所以我们既要讲马克思主义中国化,也要吸收其他优秀文化成果并将它中国化,从而将我们自己的文明创造性转化,创新性发展。

三是中华文明与世界文明成为丰富多彩的和谐,成为引领人类的精神动力。费孝通先生曾经说过:"我又进一步提出'各美其美,美人之美,美美与共,天下大同'的设想。这几句话表达了我对未来的理想,同时也说出了要实现这一理想的手段。我认为,如果人们真的做

---

① 习近平:《决胜全面建成小康社会 夺取新时代中国特色社会主义伟大胜利》,人民出版社 2017 年版。

到'美美与共',也就是在欣赏本民族文明的同时,也能欣赏、尊重其他民族的文明,那么,地球上不同文化、不同民族、不同国家之间就达到了一种和谐,就会出现持久而稳定的'和而不同'。"[1]这确实是富有创见和远见的精辟之论,只是对于我们今天这个天下而言,要想实现它,还要走很长的路,但是不管怎样,我们都应朝这方面去努力!因为只有实现了这样的"和而不同",天下才会大同!

---

[1] 费孝通:《"美美与共"与人类文明(上)》,《群言》2005年第1期。

舜文化的当代诠释

百年来舜文化学术研究的"总集"

——《虞舜大典》（近现代文献卷）巡礼

《虞舜大典》（近现代文献卷）近似古代类书，分论说、考据、记述三编，三编之下又分十四个子目，其体例不仅科学，而且选文精当、权威、周详。可谓一册在手，便可总揽百年来舜文化学术研究之概貌。由于其始终围绕舜帝这个核心选录文献，又由于其在在皆是的巨大学术价值，虽然类书是"非经非史，非子非集"性质，个人更愿意套用古代文学作品选本的称呼，犹如《诗三百》为我国古代第一部诗歌总集一样，笔者以为，以《虞舜大典》（近现代文献卷）之宏富，实在也可以称得上是一部近现代百年来舜文化学术研究的"总集"。

《虞舜大典》（近现代文献卷）皇皇八大册，由陈仲庚、王田葵、张京华、尤慎、蒋华、周亚平、吕芳文辑录整理，凡600余万字。岳麓书社2011年12月出版。举其大者，笔者以为有如下几个显著特色。

一 是一部以人物为核心，以辨析源流为鹄的选本

一部大典，名之"虞舜"，自然以虞舜这个人物为核心来辑录整理文献。

全书收录文献资料始于1912年，止于2011年，举凡有关舜帝的文献资料，均有甄别的分门别类加以选录。在历史上，以人物为纲的选本应该始于唐代，殷璠有《河岳英灵集》，选录了王维、王昌龄、储光羲等二十四人的作品。然而这只不过是文学作品，且选录多人。《虞舜大典》（近现代文献卷）这个人物核心则是研究对象，是人们关注的核心，全书是围绕研究对象，并由这个对象所展开的文化现象这

个核心,来辑录整理文献资料的。因而,在类书式的工具书中,能够像这样的以人物为纲、为核心来辑录整理文献,《虞舜大典》可谓首开其端者,无疑是一个有意义的创举。

另外,整部大典又有一个目的核心,那就是以辨析舜文化学术源流为鹄的。众所周知舜帝原本在近现代人们心中的认识只不过是古史传说时代中的一个部落首领。然而近现代百余年来人们却始终忘不了他,掀起了一次又一次的研究高潮。随着地下文献和越来越多出土文物的重见天日,学者们对此似乎抱着越来越大的兴趣,似乎越来越确证了这个古史传说中的部落首领实有其人。从孔孟的坚信不疑[①],到司马迁"天下明德皆自虞帝始。"再到20世纪二三十年代的疑古思潮,及迄于今的"走出疑古时代"。"论说编"中以历史类、哲学类、文艺类、政法类、经济类五个子目,"考据编"以方舆地方考、相关人物考、典籍文献考、帝舜身世考、典章制度考、舜裔姓氏考六个子目辨析了舜文化的源流。这些文献就其实质而言,是三十辐共一毂,围绕轴心;就其源流而言又是发散式的辐射,从中心向各个方向沿着车辐伸展出去并展开论述,且旁及哲学、政治、历史、地理、文化、语言、文艺等方方面面。

二 是一部选题新颖,视角独特,文献与理论有机结合的选本

说其选题新颖,是因为在建构和谐社会的今天,在数字时代的今天,人们开始转换创造性的复归再生传统文化,该怎样以当代的眼光审视我们所居住的这个多元文化的星球?在当今国学热中,作为舜文化能够给我们提供一些什么样的启示?带着这些疑问,辑录整理者在收录文献时才会强调:"我们应该放开眼光,提高境界,加大力度,增强学术思想,把重点放在虞舜时代的背景和虞舜文化的价值研究上,

---

[①] 《论语》分别在"雍也第六""泰伯第八""颜渊第十二""宪问第十四""卫灵公第十五""尧曰第二十"凡八次谈到舜的业绩和德行,其中四次出自孔子之口,三次为叙述,一次出于子夏之口。《孟子》七章除《梁惠王》一章外,其余六章皆记叙了舜的相关情况。《公孙丑》章说:"孟子道性善,言必称尧舜。"可见孔孟是坚信不疑的。

用现代的科学思想和手段，重新审视司马迁和崔述提出的论题①，在中华民族的历史源头、思想源头、道德源头等方面探索出新的材料和思想，将我国的远古历史研究推向一个新的阶段。"②

所以在编选辑录的视角上，全书并不定于一尊，也没有任何倾向性。而是"摒弃了一切的畛域之念和门户之见，对各种学说和观点不做学术上的评论，只是将它们原汁原味地呈现在读者面前，由读者去参考评判"。③所以辑录整理者才敢于网罗放佚，甄别梳理，不仅搜罗了各种文论和专著，"还包括各种文学作品，乃至于祭文、田野采风、新闻报道，凡是与舜文化相关的，见诸文字而又公之于众且能搜罗到的一切资料均囊括在内。"④而其中所辑录的文献的作者不仅有前辈硕儒大德，也有时贤俊彦；既有学士文人，也有民间草根学者，更有名不见经传的小字辈，只要有一得之见的，皆予以收录。

因而，通观全书，不仅仅是向读者呈现静止的丰富的文献，更是动态的呈现了一部舜文化百年来学林、民间的学术研究史、展示出了百年来舜文化的学术理论成果及其不同观点的交锋。即便是在那些祭文、文学作品、田野采风、新闻报道、学术会议综述中也能看到时人的思考和思辨色彩，因而全书"理"的特色尤为明显。主于"论理"是宋代出现的总集编撰的新特征，出现在南宋后期的真德秀《文章正宗》，此书就是以明义理、切世用为主。《四库全书总目》卷一百八十七《文章正宗》提要云："是集分辞令、议论、叙事、诗歌四类，录《左传》《国语》以下，至于唐末之作。其持论甚严；大意主于论理，而不论文。"⑤《虞舜大典》（近现代文献卷）虽然不是文学作品总集，但其文献的搜录整理方式，却是以关注舜文化理论源流、理论成果、理论思辨为主的。即便以文体而论，1—6册的论说篇、考据

---

① 司马迁《史记·五帝本纪》："天下明德皆自虞帝始。"清人崔述《唐虞考信录》自序："《考信录》何以始于唐虞也？遵《尚书》之义也。《尚书》何以始于唐虞也？天下始平于唐虞故也。"
② 谢玉堂、唐之享：《序》，载陈仲庚等辑录整理《虞舜大典》，岳麓书社2011年版。
③ 谢玉堂、唐之享：《序》，载陈仲庚等辑录整理《虞舜大典》，岳麓书社2011年版。
④ 陈仲庚：载陈仲庚等辑录整理《虞舜大典》，岳麓书社2011年版。
⑤ 永瑢：《四库全书总目提要》，中华书局2003年版。

篇，可以说均是议论为主，同时又是近百年来各个不同时代的历史文献、学术文献。所以整部书表现出高度的理论性与文献性的有机统一，将文献整理与理论研究很好地糅合到一起，体现了20世纪80年代以来我国研究界的新思路、新视野。

三 是一部择优选精，汇成一帙的选本

如前所述，辑录整理者虽然网罗放佚，搜罗了各种论文和专著。但并不是一概而论，全盘照收照录。辑录整理者还是有一个择优选精的过程。

全书的择优选精，体现在两个方面。

一是其编辑体例在辑录整理中得以不断修正而臻于科学完善。如本书最初计划是120万字，书稿以"论点摘编"为主，体例依中国图书分类法，按哲学、政治、历史、地理、文化、语言、文艺七大类进行编排。如此辑录整理很明显会导致完整性的缺失，会给人以蜻蜓点水之感；后来书稿增加为300万字，分为"三编"（论说编、考据编、记述编）"十二目"（人物、地域、典章、其他；史论、政论、德论，其他；传说、风俗、祭颂，其他），呈现出初步的科学性，到如今出版后变为"三编十四目"（论说编分为历史类、哲学类、文艺类、政法类、经济类五个子目；考据编分为方舆地方考、相关人物考、典籍文献考、帝舜身世考、典章制度考、舜裔姓氏考六个子目；记述编分为民间故事、陵庙祭颂、采风报道三个子目），充分体现出辑录整理者在体例上不断追求科学完美的精神及其不懈努力的功夫。

二是为了显示动态的百年来舜文化研究的学术研究历程，基于明义理、切世用、彰学术、辨源流的目的，辑录整理者根据自己的学术眼光和史识、史胆，大胆取舍，有些书稿全文收录，有的书稿节选收录，即便是一些较长的论文也可根据需要节选收录。这样做的目的不唯是压缩篇幅，更重要的是剪去了繁复的枝蔓，避免了一些不必要的重复，使整部书更显得协调统一。个人初步统计了一下，全书节选的篇目近200篇。可以看出辑录整理者是下了很大的功夫的，也充分显示了整理者的学术视野和学术高度、学识水平，当然也可以由此而发

现他们的学术聚焦方向。正如鲁迅先生所说:"选本可以借古人的文章寓自己的意见……如此,则读者虽读古人书,却得了选者之意。意见也就逐渐和选者接近,终于'就范'了。"①

正因为这部书有上述一些特色,因而在舜文化学术研究史上也就显得意义重大。个人以为这种意义主要表现在如下两个方面。

一是这一选本,为我们提供了大量的舜文化的历史资料和学术史料,展现了百年来的舜文化研究成果,具有较大的文献价值和学术价值。它储存了百年来的舜文化的原始著述以备参考阅览,它编排科学,提纲挈领便于检索。特别是在辑录的学人著述中,不仅有国内的名家权威,还涉及了海外名家及权威,也就有了代表性,具有世界意义。

二是为我们提供了一部动态的舜文化研究学术史,具有学科建设意义,对于把舜文化研究引向深入一定会产生深远的影响。我们知道,一种学术形态的构建,一要汲取学术史上的研究成果,二要有自己独特的研究对象,三要有相对系统的、概括的、理论的学术框架。可以说这部书已基本满足这三个条件。全书辑录的核心便是围绕舜帝这个人和舜文化这种现象展开的,它一开始就确立了自己独特的研究对象,而所有这些论文或书稿文献都是百年来学术史上的研究成果的具体展现。

至于其系统的、概括的、理论的学术框架,读者也可以从这众多文献中梳理出来。如这部书里既有作为学术体系基点的起源研究。如书中不少学者运用相关理论对作为神的舜帝、作为人的舜帝进行了文献分析和理论阐释,特别是对舜帝作为"明德"的首创者的地位和"禅让"的历史意义做了精当深入的剖析和合理的推测,对舜文化特征与舜帝精神做了高度的概括。

同时,选本中的论文或书稿,又有作为开放式的学术体系的延展研究。如王田葵、何红斌先生的《舜文化的阐释与演进》中就谈到了关于舜文化的转型问题,作者侧重从与现代理性主义的重构角度来论述,指出:"舜文化现代化是一个理性化转化、吸纳、创新的过程,一

---

① 鲁迅:《选本》,载《鲁迅全集》(七),人民文学出版社2005年版。

个国学资源的现代选择和发掘的过程,也是一个共性和个性统一、世界性和民族性相结合、传统性与现代性相融合的辩证发展过程。通过这一过程才能实现舜文化传统的超越与创新。"①

而且,本书中辑录的论文或书稿也有作为学术体系支点的基础理论和方法论。任何学术体系、学术形态的构建离不开理论基础和方法论。这是学术构建的基石,同时也是学术体系的支点。在笔者个人看来,本书关于舜文化研究的基本理论,如考古学理论、早期国家形成理论、多元现代性理论等均有涉及。有考古学理论、早期国家形成理论便可以进行合理的推测,因为舜的时代目前毕竟难以用考证的方法来确证其历史的真实性,也无法用考古的方式来证实往古时候人们的感受和认识;有多元现代性理论便可以站在"地球村"的角度来审视舜文化,既不至于唯我独尊,也不至于一无是处。正是基于上述认识,我们才认为本书的出版也有着较强的学科建设意义。

当然,本书也并非一无是处,虽然编辑整理者主观上希望本书能达到"时间上的连续性、内容上的完整性、思想上的包容性、学术上的权威性、编排上的科学性"②之完美境界。但客观上来说,本书离这一境界还有些许距离。即以内容上的完整性而论,众多的节选,本身就是一种对完整的破坏,而节选者的取向以及对一些著者的过多偏爱也对包容打了一个折扣,而较多水准不是太高的草根论文的进入也减弱了本书的权威性。然像张光直这样开创了聚落考古研究,提出了古国理论的著名学者,却没有文章辑录,不能不说是一个缺陷。而记述编里"采风报道"中收录的一些会议讲话、会议总结在编排上也显得不尽科学合理。

但无论如何,这一部新出版的《虞舜大典》(近现代文献卷)与已出的《虞舜大典》(古文献卷)必将一道对舜文化研究,乃至国学研究产生较为深远的影响。

---

① 何红斌、王田葵:《舜文化的阐释与演进》,载陈仲庚等辑录整理《虞舜大典》,岳麓书社2011年版。
② 陈仲庚:《后记》,载陈仲庚等辑录整理《虞舜大典》,岳麓书社2011年版。

舜文化的学术建构与人的自觉

——《舜文化传统与现代精神》的贡献

自1994年开始，王田葵、何红斌二先生，受当时零陵地区翻印的一本《九疑诗文集》的启发，自觉地投入到对九疑山和舜帝的研究中，积10余年洁净精微的思索，撰著成一部体大思精的杰作——《舜文化传统与现代精神》。正如王富仁先生在序言中所说："把舜文化作为一种独立形态并考察其与中国文化关系的，王田葵、何红斌两位先生的《舜文化传统与现代精神》还是第一部。"① 笔者想进一步引申说，著者不仅将舜文化作为一种独立的文化形态来考察，还尝试性的初步建构了舜文化这一独立形态的学术体系，而且这一独立的学术体系的建构是在人的自觉的基础上完成的。这种自觉既蕴涵了舜帝自身文化内在的人性自觉，也涵括了著者研究心路历程的人性自觉。

其实在九疑山这片神奇的山水之中，因为历史的积淀，其本身便已是自然山水与人文文化、人文教化的天然组合，在九疑山中你分不出哪是自然山水，哪是人文文化和人文教化，它们已亲密无间的融为一体，自然山水中就是人文文化和人文教化，人文文化和人文教化也是自然山水。正因为此，2000年7月，作为湖南科技学院前身的零陵师专在王田葵先生的倡议下成立了"舜文化研究中心"，首次打出了"舜文化"的旗号，并明确研究中心的研究对象为"舜文化极其相应的区域文化，它应包括三个层次，即真相事理层、文化意蕴层、哲学

---

① 王富仁：《舜与中国文化》，载王田葵、何红斌《舜文化传统与现代精神》，上海三联书店、华东师范大学出版社2005年版。

思想层"。随之因 2000 年 9 月 9 日永州市政府组织社会各界祭舜而同时召开了首次"中国永州舜文化研讨会",会后结集出版了《舜德千秋》一书,在会议收到的交流论文里,题目包含了"舜文化"一词的文章就有 10 篇之多,王田葵先生当时就以一篇《论舜文化特征与舜帝精神》对舜文化这一独特的文化形态作了初步的探索。此后 2001 年九疑山所在地的中共宁远县委与中央党校联合举办了"以德治国方略与舜文化研讨会",舜文化研究得以延展。2002 年随着湖南省考古研究所在九疑山玉琯岩发掘出秦汉至宋元时期的古舜帝陵庙遗址后,舜文化研究趋向纵深,当时国内大型综合性学术理论期刊《求索》为此在 2002 年出版了"湖南永州舜文化研究专号"增刊,湖南省社科院炎帝舜帝课题组组长,著名学者梁绍辉先生在专号上发表了《论舜帝文化》,舜文化研究因之走向真正的学术殿堂。2005 年湖南省政府首次在九疑山公祭舜帝前夕,8 月 20 日,"舜帝文化万里行"大型文化考察活动正式启动《光明日报》为此发文《"舜帝文化万里行"活动正式启动》,接受了"舜文化"这一提法,并指出"舜帝文化是中国优秀传统文化的重要组成部分,今人对舜帝文化的追溯和弘扬,能够更好地传承道德文化、凝聚人心、促进发展,对于'以德治国'、构建社会主义和谐社会有着重要的时代意义"。[①] 与此几乎同时,山西运城与旅游经济主题相结合高规格召开了舜帝文化研讨会,此前,2005 年 8 月在北京,北京大学与河南濮阳也联合召开了以帝舜文化为主题的学术研讨会,《光明日报》8 月 5 日理论版发表署名文章《帝舜文化研究颇具学术价值》。配合和谐社会理论的学术建设,一时间舜文化研究似乎成了燎原之势。可见"舜文化"作为一种文化形态,已然开始为学术界所采纳所接受。王田葵、何红斌二先生从 20 世纪 90 年代中后期就关注并着手研究这一文化形态,亦足见他们学术视野的前瞻性和学术眼光的敏锐性。

然而所有这些轰轰烈烈的学术活动虽然粗粗具备了某种意义上的学术意识,却并不能证明"舜文化"这一文化形态是独立的,是有自

[①] 华为:《"舜帝文化万里行"活动正式启动》,《光明日报》2005 年 8 月 30 日。

舜文化的学术建构与人的自觉

身学术体系的。真正标志舜文化是具有一定学术体系的独立形态的文化样式,还是这部由上海三联书店和华东师范大学出版社联合出版于2005年5月的《舜文化传统与现代精神》。做出这样的结论主要基于下面的理由。

我们知道,一种学术形态的构建,一要汲取学术史上的研究成果,二要有自己独特的研究对象,三要有相对系统的、概括的、理论的学术框架。而《舜文化传统与现代精神》于此几方面都有很好的论述。

一是本书有作为学术体系内核的独特研究对象。著者在本书导论中就开宗明义的指出:"舜文化是以舜帝'明德'(德即道德,明德意指:舜帝开创并践履而且认知完美的,古人称之为循道而有所'得'的,以德性、德行、德治为内涵的道德)为内涵的文化。"[1] 并说:"舜文化的存在意义主要在于向人们提供中华文明原创性文化形态和文化精神。"[2] 著者此一针对研究对象的界定较好地解决了舜文化学术体系的内涵和外延问题。因而本书实际上是围绕"明德"及其存在意义两方面来论述的。从本质上来说,从伦理学角度来说本书实际上是一种道德文化研究。当然从文化学角度来说它也是一种人文文化、人文教化研究。只不过它们是具有独立形态的"舜文化"而已。

二是本书有作为学术体系主体的整体性和全面性。这种整体性包括了"舜文化"的本体论、现象学、传承与发展、类型与分期研究等多方面。就舜文化的本体论而言,著者着重探讨了舜文化学科理论形态的三个维度,即舜文化是多元和合的文化、舜文化是儒家的根脉文化、舜文化是道德本体文化。值得注意的是,这三个维度呈现的是伸展递进的关系。因为作为多元和合文化来说,其原生性内涵极其明显,除了神话传说类的历史折射,还有大量因这一历史

---

[1] 王田葵、何红斌:《舜文化传统与现代精神》,上海三联书店、华东师范大学出版社2005年版,第2—3页。
[2] 王田葵、何红斌:《舜文化传统与现代精神》,上海三联书店、华东师范大学出版社2005年版,第3页。

舜文化的当代诠释

折射而呈现的诸子百家祖述尧舜现象。就儒家根脉文化而言则是"舜文化"作为一种文化传统，由于儒家文化在中国文化中的核心地位，使得它具有正统性的特点。所以它不仅是学脉之源，还是人性论根脉、价值论根脉、神人以和的本体论根脉。由此而伸展的第三个维度则是囊括了人伦道德（人与家庭成员的关系）、社会道德（人与社会的关系）和宇宙道德（人与自然的关系）的道德本体文化。正是因为这样，"舜文化与中国传统文化是一种发生学关系。舜帝业绩因儒学的长期承传而愈显，舜帝明德因儒、道、墨、佛诸学的创造而更彰。"①

对舜文化的现象学研究贯穿在全书各章节中，其中又以第七章"'天下为公'的道德透视"最为彰显，实际上"人皆可以为尧舜"和"致君尧舜上"正是中国政治社会中"由上而下"和"由下而上"的运行与互动规律，因而"天下为公"既是利他利己的道德，是"仁"，是圣贤美德，更是一代又一代人的理想，尽管这种理想有着这样那样的悖论！

舜文化的类型与分期研究是本书较为出彩的章节，著者将它置于舜文化的传承与发展研究之中，认为舜文化的传承方式是教育、礼制、解释、社团四种形式，传承和发展路径可以概括性的分为先秦的道德理论化时期、宋明的道德理学化时期和20世纪以后的道德理性化时期。所谓理论化时期是指"道德成为一种理论阐述对象是由春秋战国时期的'士'阶层完成。""他们对道德做出了不同视角的阐述和发露，这就形成了儒、道、墨、法等诸家'祖述尧舜'的局面。'百家争鸣，百花齐放'的文化现象，造成了统一的国家伦理观的分化，正是在这种分化中，实现了道德理论阐释的深化。"② 在理学化时期，舜文化在儒、释、道三家鼎立的理论局面中传承与发展，宋明儒士通过批判吸收佛道而复兴了儒学，使之变成了一种心性之学、性灵之学，

---

① 王田葵、何红斌：《舜文化传统与现代精神》，上海三联书店、华东师范大学出版社2005年版，第125页。
② 王田葵、何红斌：《舜文化传统与现代精神》，上海三联书店、华东师范大学出版社2005年版，第167—168页。

儒家文化成为一种修身养性的制度、"法律","植入每个臣民的心中,内化为每一个人的心灵秩序。"① 理性化时期是舜文化发展的现代化问题。正如著者所说:"舜文化的理性化是一个国学资源的现代选择和发掘的过程,也是一个共性和个性、世界性和民族性相结合、传统性与现代性相融合的辩证发展过程。"② 因为有了这样三个时期(也是三种类型)所以舜文化的脉与"流"才会汩汩滔滔,绵延不绝。但也毋庸讳言,著者的出彩之论在内在逻辑思辨上也有些微的模糊。三期(三类型)的划分总让人感到没有突出舜文化的独立性和特异性,而是将舜文化与儒学发展历史等同为一了。尽管儒学是舜文化的正脉,但将舜文化与儒学完全画等号,在学理上当属尚可商榷之事。况且著者也曾将舜文化界定为"明德"文化,而非儒学之全部。

三是有作为学术体系基点的起源研究。前面我们说过,一种学术形态或体系的构建需要吸收学术史的研究成果。可以说本书对与舜文化有关的学术史的成果梳理是不遗余力的。举凡历史学、哲学、文化学、心理学、政治学、人类学、考古学等都有所涉猎。其传承发展研究、现象学研究、本体论研究都对前人的学术成果进行了较精当的评介和引申。笔者认为,著者对舜文化的起源研究更多地体现了舜文化的独立性和特异性。这一研究集中在第二章"舜帝与中华文明的起源"中,著者运用古国理论和多元现代性理论对作为神的舜帝,作为人的舜帝进行了文献分析和理论阐释,特别是对舜帝作为"明德"的首创者的地位和"禅让"的历史意义做了精当深入的剖析和合理的臆测。著者认为:"舜帝在中华文明起源中之所以占有突出地位,就因为他从两个方面进行了突破:在神权体制下践履'德治';在血缘政治体制下践履'禅让'。突破意味着创造。人类历史上有魅力有价值的

---

① 王富仁:《中国文化的守夜人——鲁迅》,人民文学出版社2002年版,第103页。
② 王田葵、何红斌:《舜文化传统与现代精神》,上海三联书店、华东师范大学出版社2005年版,第184页。

事件往往就是在伟大人物的'突破'行动中产生的。"①

四是有作为开放式学术体系的延展研究。任何有生命力的学术体系不应是封闭系统、遮蔽系统，而是开放系统。它可以吸收一切可与之相融的学术思想，也可以做出可能的前瞻性学术推论。著者深知这一点，他们用了两章的篇幅来阐述舜文化的转型与价值。关于舜文化的转型，著者侧重从与现代理性主义的重构角度来论述。著者在探讨了经济全球化背景下的舜文化境遇后，对舜文化的现代化作了三个判定，指出"能给中国新文化精神定位的是现代理性主义文化模式的选择"②，著者认为认识舜创道德可以从内向性（自我自身的道德修为）、重民性、理想性三方面进行。进而著者还对舜创道德进行了价值重估，充分肯定了"天下为公"的德性价值。同时指出"舜文化的最初形态就是为了保障主体的自由而创造的"③。

五是有作为学术体系支点的基础理论和方法论。任何学术体系、学术形态的构建离不开理论基础和方法论。这是学术构建的基石，同时也是学术体系的支点。本书在导论中首先就讨论了舜文化研究的基本理论：其一是以张光直先生为主的古国理论，其二是多元现代性理论。有古国理论便可以进行合理的臆测，因为舜的时代毕竟难以用考证的方法来确定后来被人叙述出来的那时的历史人物和历史的真实性，也无法用考古的方式来证实往古时候人们的感受和认识。有多元现代性理论便可以站在"地球村"的角度来看舜文化，不至于唯我独尊，也不至于一无是处。基于这样的研究理论，著者科学合理地提出了解读、比较、臆测的研究方法。

从上述可知，这一较为完满的学术体系的建构实际上来源于人的自觉，它包含了主体自觉和客体自觉两个方面。从研究的对象及客体

---

① 王田葵、何红斌：《舜文化传统与现代精神》，上海三联书店、华东师范大学出版社2005年版，第82页。
② 王田葵、何红斌：《舜文化传统与现代精神》，上海三联书店、华东师范大学出版社2005年版，第212页。
③ 王田葵、何红斌：《舜文化传统与现代精神》，上海三联书店、华东师范大学出版社2005年版，第264页。

来说，舜文化作为原生态的文化正处于"自然社会向政治社会转换的过程之中"①，作为这一文化的主体性人物舜，他的言行便已是"人"自觉的象征，由于舜处于"舜父瞽叟顽，母嚚，弟象傲，皆欲杀舜"②的逆境之中，所以舜看似愚忠愚孝的坚韧，正是一个以天下为己任的政治人物所应该有的品德。正因为此，舜与家庭、舜与妻室、舜与社会、舜与政治、舜与礼乐教化、舜与他人、舜与自然、舜与法制相组合互动，才会形成一种和谐社会的局面。所以"我们可以发现中国文明起源已经接触了人类的一个大问题，即开始对人生的自觉自主领悟的问题，换言之是教人如何'做人'的问题。用今天的话来说，舜文化的核心内涵从未偏离过对人的生命意义的关怀，从来都以提升人的品质和境界为中心，直逼'安身立命'的问题。"③

从创作主体角度来看，在于著者有一种深广的开放式的学术敏锐眼光，有一种研究心态上的自觉。著者的前言，取题名为《历史解读与时代诊断的一个起点》，其本身就暗示了人的自我的觉醒意识，其写作意图亦得以含蓄的显现："历史是人类智慧垒积的摹本，时代则是流动的生命体。历史永远是时代诊断的对象。"④这是有良知、有道义的知识分子以天下正义、自由、民主为己任的自然生命追求。笔者有幸看到过王田葵先生在本书出版后写的一篇尚未发表题为《文如秋水》的学术随笔，在这篇文章里，王田葵先生对自己的学术追求、学术道义作了更为明确的表述："其一，'知性责任'。有了责任感，才会在学术上的选择上敢于突破。""学术的本质不在'学者其人，而在其文'。他是否有独立的人格，高尚的道德，担当精神，都要从文本中显示出来。""其二，'问题意识'。人类的一切都是从问题开始的。

---

① 华为：《"舜帝文化万里行"活动正式启动》，《光明日报》2005年8月30日。
② （汉）司马迁：《史记（一）·五帝本纪》，中华书局1982年版。
③ 王田葵、何红斌：《舜文化传统与现代精神》，上海三联书店、华东师范大学出版社2005年版，第9页。
④ 王田葵、何红斌：《舜文化传统与现代精神》，上海三联书店、华东师范大学出版社2005年版，第14页。

无穷无尽的'为什么'也许是世界进步的动力。""其三,'止水心态'。""学术是思想者的一种方式。一个学者,除了学识,则是良知,而良知是学者的最佳心态。"我们不用再烦琐的引证下去。从本书的舜文化学术体系的建构,从著者以"止水心态"般的"知性责任"所提出的"问题意识",我们已然看到了一个自觉的大写的"人"!

洞幽烛隐与考镜源流

——张京华《湘妃考》学术理路

张京华的《湘妃考》于湘妃本事、湘妃意象考镜源流，洞幽烛隐，从"中国最早的爱情故事"演绎之中见出"中国传统的政治性征"。全书见出文献宏博，别识心裁；信而有证，辨析精审；结构开放，文脉贯通；考异求真，小题大做等几个鲜明特色，有较高的学术价值。显示出不同一般的学术理路。

当今学术多走义理一途，动辄喜欢宏阔议论，洋洋洒洒者多矣。而于故纸堆中搜罗剔、抉、阐幽发微的考据，反倒认为是鸡零狗碎，雕虫小技，常遭讥笑贬损。殊不知考据天生的细密、精微，甚至是琐屑的特性并非无关宏旨，恰恰是大关宏旨的，因为弄清历史的真实是评论分析历史的基石，而考据正是这基石的基石。如陈寅恪考证出"无涧神"即地狱神，从而窥知"释迦之教颇流行于曹魏宫掖妇女之间"[1]，又以医籍探讨腋气狐臭的起源及其与我国中古时代胡人关系[2]。都是小考证解决大问题的经典之作。近读张京华先生的《湘妃考》，著者于湘妃本事、湘妃意象考镜源流，洞幽烛隐，从"中国最早的爱情故事"[3]演绎之中见出"中国传统的政治

---

[1] 陈寅恪：《魏志司马芝传跋》，载《金明馆丛稿二编》，生活·读书·新知三联书店2001年版。

[2] 陈寅恪：《狐臭与胡臭》，载《寒柳堂集》，生活·读书·新知三联书店2001年版。

[3] 见《湘妃考》第11页第一章"湘妃传说之六大文献系统"："《列女传》肯定了湘妃在治家治国中的正面作用，也肯定了虞舜、湘妃故事中两性关系与爱情因素的正面作用，确定了湘妃作为两性关系于男女爱情的原型与典范，虞舜、湘妃爱情故事成为迄今有记载的最早的一个爱情故事。"第12页第二章"《列女传·有虞二妃传》的文本结构"："是迄今年代最早、独立成篇而又具有情节要素的爱情故事。"载张京华《湘妃考》，湖南人民出版社2011年版。

性征"。① 就治学理念、学术方法而言与乾嘉考据学人庶几近之。具体而言,全书有如下几个特色。

一 文献宏博,别识心裁

一部著作学术价值的高低,关注其对文献占有的情形是至关重要的。对某一问题有了尽可能全面的文献,也就有了宏观鸟瞰和微观把握的基础。《湘妃考》一书据笔者粗略统计所引古今中外史料涉及著作、论文、碑刻近200种,涵盖经史子集不同种类,还有大量今人及域外论著。其引用的文献材料多出于权威版本,如国内古籍便以中华书局版和文渊阁四库全书本居多,这就为材料的准确性提供了保证。读《湘妃考》一书仿佛把我们带进了一座文献宝库,虽然一开始让人眼花缭乱,但深入进去又让人流连忘返。可以说是真正的广征博引,正史实录之外,儒家经典、诸子百家、敦煌遗书、诗文日记、笔记小说、碑石墓志、域外文献、田野调查、访谈问卷、今人论著,无不为用。

同时,著者对这些文献相当稔熟,做到了随手拈来,为我所用。清代史学家章学诚说过,搜罗纂辑仅为学者之功力,对文献材料的取舍裁断才真正反映了学者之识②。存心而论,在一切均数字化的今天,要找到繁复文献资料相对已变得容易,而要识得材料之价值,懂得取舍裁断,以便让材料自身来主动论证,则需要史识、史胆,非有较精深的学术功力、较深邃通透的学识所不能为也。

如第七章"娥皇、女英名称小考"中从《尚书》《史记·五帝本纪》省称"二女"到《山海经》《列女传》名"娥皇、女英",到娥皇

---

① 见《湘妃考》第138页文《中国传统政治性征——以"三顾茅庐"与〈李师师外传〉为例》,载张京华《湘妃考》,湖南人民出版社2011年版。
② 章学诚《文史通义》之《卷八·外篇三》云:"每见近人修志,识力不能裁断,而又贪奇嗜琐,不忍割爱。"《卷二·内篇二》云:"王伯厚氏搜罗摘抉,穷幽极微……然王氏诸书,谓之纂辑可也,谓之著述,则不可也,谓之学者求知之功力可也,谓之成家之学术,则未可也。……学与功力,实相似而不同。"《卷七·外篇二》云:"人物列传,必收别识心裁,法《春秋》之谨严,含诗人之比兴。离合取舍,将以成其家言。"章学诚:《文史通义校注》,中华书局1985年版。

又作倪皇、娥盲、娥巠、媓，后育，女英又作女瑩、女鶯、女匽，到别称又为帝子、帝女、尧女、湘妃、湘夫人、湘君、湘灵、湘女、江妃、二妃、二嫂、舜妃、湘神、湘水之神等，无不是让文献出来自己说话。引用文献胪列自成逻辑论证顺序，水到渠成地支撑了著者的观点："至于各书人名写法不一，则是文字流传过程中所有之事。"① 并不能据此认为名字多变说明人物故事系出伪造。疑古派所谓的娥皇、女英系出伪造的观点也就自然轰然瓦解。

二 辨析精审，信而有证

考据如果只是材料的堆砌而没有画龙点睛的辨析，就会真的堕入琐屑零碎的学术游戏之中，而不能有所发明、解决问题。陈寅恪先生治学既有重证据、重事实的科学精神，又吸取西方的"历史演进法"（即从事物的演化和联系考察历史，探究史料），运用这种中西结合的考证比较方法，对一些资料穷本溯源，核订确切，并适时地精审辨析，提出己见。著者可谓识得其中三昧，在运用文献材料时总是要言不烦的，谨慎、谨严、精确的加以辨析、评述。有时虽然是三言两语，却显现著者的深刻透彻的见识，抵得上皇皇议论的一篇文章。

如第一章"湘妃传说之六大文献系统"，著者的论证思路一是探寻文献的学术源流，如对于《尚书·尧典》，首先以相关文献精要的梳理了《尚书·尧典》的学术简史，对崔述《唐虞考信录》中"唐虞之事，惟《尧典》诸篇为得其实"之论进行了肯定，对就虞舜史事提出怀疑者或认为伪造者进行了辩驳。并进一步指出，解决《尚书》作为信史的历史文献问题可以有两种考虑："第一，旧传伏羲造书契，迄今已知最早的有系统的文字是商代后期的甲骨文，但甲骨文未必是最早的文字，虞夏时期未必没有文字，可能只是迄今尚未发现而已。第二，上古史官具有严格的官守世畴制度，即使没有文字，也不等于没有其他方法可以记录历史。"

---

① 张京华：《湘妃考》，湖南人民出版社2011年版。本节所引用又未注明出处者，均引自本书，不再一一注明。

在如此确立了《尚书》作为历史文献的信史地位后。"《尚书》二典最早确定了虞舜与二女的婚姻并赋予至孝的重大主题"也就瓜熟蒂落。后文的《山海经》：确定湘妃处江为神与神灵不死的主题，《孟子》记载虞舜故事确定虞舜二妃夫妻共患难的治家典范，《楚辞》确定湘妃故事在文学中的歌咏形式与凄清幽艳的风格意象，《史记》确定湘妃故事在史学中的正统地位，《列女传》确定湘妃故事在古今列女传记中的"元始"地位等结论，走的多是这种精审辨析的路子，其结论自然也就可信无疑。

清人阎若璩在《尚书古文疏证》卷一中说："凡晚出之古文所为精诣之语，皆无一字无来处。"用此话来移论著者观点也是恰当的，可以说信而有证亦是此书的又一大突出特色。

如在论证历代文人视二妃与山鬼为一类时，就引用了自唐至清凡十二家诗文加以佐证。指出"潇湘源出九疑，舜葬零陵与二妃死于江湘之间为同一事，故历朝诗家亦有以《二湘》与《山鬼》连言并论者。"（著者认为《山鬼》祀主乃九疑山神）在方法论上，此亦有以诗证史之意味。

三 结构开放，文脉贯通

《湘妃考》全书凡十章，外加上一个附录中的两篇文章。兹列表如下：

章　次	目　录　名　称
第一章	湘妃传说之六大文献系统
第二章	《列女传·有虞二妃传》的文本结构
第三章	《列女传·有虞二妃传》文献源流考
第四章	顾颉刚论《虞初小说》二女事之文献分析
第五章	湘妃、洛妃、河伯的综合考察
第六章	论《九歌·山鬼》祀主为九疑山神

续 表

章　次	目　录　名　称
第七章	娥皇女英名称小考
第八章	永州潇湘庙的初步考察
第九章	湘妃故事问卷分析
第十章	《列女传·有虞二妃传》新编
附　录	个人感情、政治感情与国家情感——以孟子论"情感四阶段"为参照 中国传统政治性征——以"三顾茅庐"与《李师师外传》为参照

可以见出，全书是一个开放式的结构，除文献梳理与考据，还有对疑古派的分析辩驳，湘妃、洛妃、河伯的综合考察、田野考察、现代的问卷分析、古文献整理、湘妃爱情故事带有深层文化意识或深层心理影响中国传统政治性征等，可谓纵横上下五千年。

初看，章节似乎有些凌乱，与"考"不甚相合。其实不然，全书文脉贯通，一气呵成，二妃本事、二妃故事演绎、二妃故事与他者关系、二妃故事被怀疑、二妃故事民间祭祀与承传、二妃故事余韵与影响等一线串珠，时时处处突出一个"考"字，愈考愈明，二妃故事源流清晰自见，结构谨严，章法严密。

第一章六大文献系统中《尚书》《山海经》《楚辞》《孟子》皆出自先秦，主要是湘妃故事的源，《史记》《列女传》著者时代为西汉，去古未远。《史记》肯定其正统，《列女传》确定湘妃的"元始地位"。由于《列女传》二妃材料主要来自先秦且最为系统，所以第二章分析其文本结构，得出其是"我国古代见于记载年代最早，独立成篇而又具有情节要素的爱情故事。"第三章对《有虞二妃传》文献源流详加梳理，明晰了文献的最早编订本及后来文本的采集范围，通过对比核心词语，通过文献比对得出并非七次"层累"的伪造，不存在造伪的问题。

第四章"顾颉刚论《虞初小说》二女事之文献分析"，对于顾氏

· 83 ·

疑古辨伪将人物、历史、经典进行三点一线式的摧毁的治学方式，著者在对文献梳理分析中重新进行了颠覆，指出了顾氏在辨伪取向上的失误。

第五章"湘妃、洛妃、河伯的综合考察"，由潇湘庙这一基点考察，这一类祭祀的最早源头可能与诸侯林立的上古分封制有关，联系河伯—洛妃而综合考察，推测湘妃应当是远古时代的山川诸侯。国家祭祀除政治意义以外，也必然连带出"自然环境保护"的生态问题。本章"地连南北，物兼阴阳，事关人神"，尤有意味。

第六章"论《九歌·山鬼》祀主为九疑山神"上承五章，以"山鬼"为个案，指出祀主就是九疑山神，且历史上山鬼常与湘妃连言并论，山川群神亦即山川诸侯。

第七章"娥皇女英名称小考"，通过文献分析考证，湘妃名字多变并不能说明湘妃爱情故事系出伪造，各书名称不一，乃是文字流传过程中所有之事。此章从人名小考上来论证湘妃于史绝无可疑。

第八章"永州潇湘庙的初步考察"是就明清以来湘江岸唯一陈迹做田野考察，以见出民间祭祀与信仰的流变传播轨迹。

第九章"湘妃故事问卷分析"，是对年轻莘莘学子了解湘妃故事程度的考察，以见出文化传承的变化，以及历史文化在年轻学子心理的隔绝淡化问题。

第十章"《列女传·有虞二妃传》新编"，回归文献，通过补遗缀合，使原本只有79字的《有虞二妃传》增加为163字新编《有虞二妃传》，文本增加一倍，成为迄今最为完备的湘妃爱情故事，此新编尤见著者的学术功力，也表明了"一种对待古籍可能持有的态度"。

附录两篇文字表面上看起来似乎与湘妃故事无关，实质上在民族文化意识及男女潜意识里仍然上承二妃故事。无论是孟子的情感四阶段和"得于君"与"不得于君"，还是诸葛亮的"死而后已"，还是李师师殉情与殉国均是二妃故事的变异形态。因为在著者看来，"第二性的性征不仅体现在男女方面，而且体现在政治关系和社会关系之中"。

四　考异求真，小题大做

陈寅恪曾说明自己从事学术研究的原则是："凡前贤之说，其是者固不敢掠美，其非者亦不为曲讳，惟知求真而已。"①，《湘妃考》庶几可以当之。正如著者在《后记》中所言："在古史大量遗失的数千年之后苛求科学实证，不能证实则予以否定，提出将古史先砍掉一半，打个对折，疑古，薄古观念影响至今，这是首先需要从方法和治学方向上重新反省的。"

《湘妃考》全书对前贤以为是者即加以肯定，如肯定顾氏《虞初小说回目考释》于文章之道甚为精巧，而对其研究方法和疑古辨伪的治学倾向则提出了批评。对有的前贤的精当之论，则不仅肯定，且赞赏有加。如对章太炎于《国学概论》所论"古书原多可疑的地方，但并非像小说那样虚构。"就指出"章氏之见在于今日，尤其具有儆醒学人的价值。"

但《湘妃考》全书更多是通过文献胪列和分析，求真务实，提出了许多发人深思的精当之论，全书胜义迭出，给人启发尤多。如"马王堆汉墓古地图，《地形图》应当是指示舜陵祭祀的行程路线图，《驻军图》应当是舜陵祭祀的警跸图。""《九歌·山鬼》祀主为九疑山神"等不一而足，限于篇幅，兹不赘述。

《湘妃考》的另一价值在于其以小见大，小题大做。著者说"二女、二妃、湘妃，不过为舜氏之家事，大舜之私情，而自三闾屈子以下士大夫每加青睐，再三致意不已，圣贤才子，皆寓情深。"著者以其才"遇情言情""遇志言志"，这里有爱情，有个人情感、有政治情感，有家国情感。由二妃故事可管窥中国传统的政治性征。太史公《屈原列传》尝言："其文约，其辞微，其志洁，其行廉，其称文小而其指极大，举类迩而见义远。"此之谓也。

当然，全书亦有微瑕之处，如著者所言"湘妃、洛妃、河伯"章

---

① 陈寅恪：《灵州宁夏榆林三城译名考》，载《金明馆丛稿二编》，生活·读书·新知三联书店 2001 年版。

没能尽意，另外部分章节也有点到即止的感觉，读来稍欠畅快淋漓。文献源流考析似乎只是从书面文献到书面文献，而对口传的活态化故事分析阙如，也是一个遗憾。从湘妃故事文献来源的范围之广，可以看出有些书面文献来源极有可能是来自当时的活态化口传故事（有的口传故事失传，有的有可能一直传承了下来），而不一定是更古的书面文献。至于第九章"湘妃故事问卷分析"，如果能从湘妃故事的承传与传播的角度再进一步申论，或许本章会显得更为翔实。

要之，《湘妃考》是一部既精巧且厚重的有学术价值有学术深度的好书，充分体现了著者恰当科学的学术理路。

承前启后与精要全面

——《国学入门》的创新性书写

陈蒲清著《国学入门》[①]是众多"国学入门""国学概论"类书籍中较为后出也较为别致,较为有特色的一种,是一种创新性书写方式。主要特色有四:一是承前启后,精要全面,增加少数民族文学文化、史诗等内容;二是沿波讨源,流变清晰;三是纵横比较,推论谨严;四是独抒己见,金针度人。

习近平总书记指出:"中国优秀传统文化的丰富哲学思想、人文精神,教化思想,道德理念等,可以为人们认识和改造世界提供有益启迪,可以为治国理政提供有益启示,也可以为道德建设提供有益启发。"[②] 在此背景下,近年来"国学"类书籍不断呈现。但只要稍加辨析,多是重印民国时期国学大家的著作和讲义,间有今人专著,亦难出原有苑囿。

如章太炎《国学概论》以"经学、哲学、文学"。论述国学的内涵以及研治国学的方法,系统介绍了传统经学、哲学、文学的流变,可视作一本中国经学、哲学、文学的简史。

梁启超《国学入门要目及其读法 要籍解题及其读法》对《论语》《史记》《左传》《诗经》等经典进行了系统介绍,对诸书作者、成书年代及过程、内容真伪及篇次、价值及读法、校释书优劣等问题一

[①] 陈蒲清:《国学入门》,岳麓书社2019年版。本文引文未出注者,均引自此书。
[②] 习近平:《在纪念孔子诞辰2565周年暨国际儒学联合会第五届会员大会开幕会上的讲话》,《人民日报》2014年9月25日。

一细究，予人以翔实有用的指导。亦无出文史哲范畴。

钱穆《国学概论》将我国古代学术，按每一时代学术思想、主要潮流略加阐发，使读者了解两千年来学术思想流传变迁的趋势，基本上是一部经学史、儒学史。

谭正璧《国学概论新编》也是文史哲三部分。第一讲为总论，余以经学、子学、史学、文学分类。

曹伯韩《国学常识》分章节对语言文字、史学、哲学、文学、自然科学、艺术及其代表性的人物、派别和学术观点予以介绍，并作评述。其国学理念及其讲述国学的方法，始具现代的学术眼光。

台湾朱维焕《国学入门》首先阐明何为国学，接着从考据之学、词章之学、义理之学和历史之学四方面加以详细考察，疏证剖析，亦在文史哲和文献学之间。

台湾龚鹏程《国学入门》分为门径篇与登堂篇：上篇介绍基本材料、知识（经史子集儒佛道）与方法，下篇借评述民国初叶国学运动中的人物与教育，探讨其中蕴涵的各种问题，同时品评现今教育问题。

台湾傅佩荣《国学天空》只讲孔孟庄老四家。更为狭窄。不过是电视讲座而已。

陈蒲清先生积数十年学术功力，承前启后，继往开来，以耄耋之年撰著一部别开生面的《国学入门》。个人以为实在是有推陈出新之功。绎其大者，其特色有四。

一　承前启后，精要全面

单就其目录来看。全书分绪论、传统史学、传统哲学、传统文学、传统科技、传统语言文字学六部分，凡八十八讲。文史哲及语言文字学作为国学核心内容，是传承，但细究每一部分又有创新。如传统史学，新增《蒙古秘史》、学术史；传统哲学，含有"藏传佛教"，传统文学包蕴寓言及各少数民族文学。

在论及国学内涵时，认为："'国学'在学术上的含义是指本国的以语言文字为载体的传统学术和文艺。在中国，就是指中国的传统学术和文艺，而其载体就是中国的传统典籍。"这一内涵清晰明了，精要全面。本书针对学术混乱，既力避偏狭，将国学等同于先秦学术或汉学，又力避将国学等同于中国传统文化的宽泛。同时根据古代《七略》就有方技、术数的情况，加入了传统科技。以区别于现代科技。

其精要全面还体现在具体的论述上，用语精简，意思全面。如论音韵学说："音韵学的'音'指声母，'韵'指韵母和声调。汉语音韵学起源于'反切'，奠基于'韵书'，完成于'字母'的创造和'韵图'。"论汉语词的特色："汉语的词不讲究形态，单音节多，汉字又是语素文字，这就造成了'对仗'修辞格特别发达。'对仗'不仅被经常运用，而且形成了三种特殊文体：一是骈文，二是律诗，三是对联。对联除了基本要求，还讲究某些特殊的修辞技巧。"这样的论述，深入浅出，举重若轻。

对于儒学的创立，则以三个基础言之，可谓条分缕析，自是解人："孔子创立儒家，有三个重要基础。第一是修订《诗》《书》，校正《礼》《乐》，刻苦钻研《周易》，因鲁史而作《春秋》，继承总结了前代文化成果。第二是打破贵族对教育的垄断，开办私学，数十年间受其教诲者约三千人，其中学业有成的达七十多人。孔子是把教育普及到平民社会的第一个伟大教育家，被人们称为'万世师表'。他培养人才，形成儒学的骨干。第三是继承发展了箕子、周公的思想成果。"

二　沿波讨源，流变清晰

本书定位为国学入门之读物，对于学术关键问题，虽然无法进行宏富的"辨章学术，考镜源流"的演绎。但为达引领读者，开启心智的目的，于国学重要问题，往往以晓畅明白的语言梳理源流，要言不烦，使相关问题流变清晰。如认为："'变文'是我国说唱文学之祖，而且推动了我国白话小说、戏曲文学的产生、发展和成熟，以说为主叙述故事就成小说，分角色而以唱为主就成戏曲。"又说儒家先驱的来龙去脉："《易经》的卦辞、爻辞，大概在这个时代得到系统整理，它虽然是占卜记录，但是已经孕育着哲学因素。商朝末年的箕子总结夏朝文化和商朝文化的成果，在《洪范》'九畴'中阐述了'五行学说'、'天人感应学说'、'王道学说'，这三大学说都成为中国传统哲学的重要组成部分。周朝初年的政治家周公，则继承和发展了箕子的思想，成为儒家的先驱。"其后的孔孟流脉一看便知。

三 纵横比较，推论谨严

国学要见出特色，与其他学问，与其他文化相比较自不可少。本书既有历时的纵向比较，更有与域外文化的横向比较。在比较中精审推论，有层次，有章法，可谓严谨有序。

如，在传统哲学部分，辨析东西哲学的不同："世界主要有三大传统哲学体系。西方传统哲学的社会基础是海洋商业文明，注重对外征服，包括探求自然和征服自然；印度传统哲学的社会基础是森林文明，注重人的内心体验；中国传统哲学的社会基础是小农生产和家国同构的政治体制，注重生产实践，注重伦理和政治。"三言两语，在比较中就把我国实践性、伦理政治性哲学揭示无遗。自然对中国哲学有了进一步的理解，同时也会引发对另外两类哲学去一探究竟的兴趣。传统文学部分，对中西文学的差异也有类似的比较："至于西方文艺中源于古希腊的'日神精神'（超越现实的理性追求）、'酒神精神'（反理性的感情冲动）、'命运悲剧'、'性格悲剧'以及'浮士德精神'等，在中国传统文学中十分罕见。"

而在谈到文学的风格与差异时，本书用的就是历时比较："文学主题和风格差异。中国传统文学大多数都受儒家、道家或佛学的熏陶。如：忧国忧民、自强不息、建功立业，忠孝仁义、道德自律、安贫乐道的思想，文以载道的主张，温柔中和的风格，都出于儒家；养生复性、傲视王侯、逍遥游仙的思想，讴歌自然、天马行空、虚实相生的意境，都出于道家；因果报应、人生无常、慈悲平等、精进求法、普度众生的主题，则出于佛学。此外，还有出于墨家的'侠义精神'，出于流氓无产者的'江湖义气'，出于市民的享乐主义。"

在论到"儒家"时，本书推论可谓滴水不漏，完全经得起推敲："'儒'，就是以执行礼仪为职业的术士。《说文解字》说：'儒，柔也，术士之称。从人，需声。'徐灏注：'人之柔者曰儒，因以为学人之称。'胡适《说儒》云：'儒有柔弱之义，乃周对殷商遗民的蔑称。殷商士人，入周后多沦为执丧礼的傧相，并因懂礼制而成为周人教师。'孔子曾担任执丧礼的傧相，又以精通礼仪而广收门徒，所以他创立的学派称为儒学。《汉书·文志》总括儒家特点说：'游文于六经之中，留意于仁义之际，祖述尧舜，宪章文武，宗师仲尼，以重其言。'"以上运用文献进行印证式推论，文献足，推理明，讲严谨。

四　独抒己见，金针度人

本书最大特点是有自己的看法，不人云亦云。正如作者自己在本书所说："不少专题内容深奥，笔者自己先弄懂，再用通俗的语句表达出来，决不以艰深的词句掩盖知识的浅陋。"而对杜甫"沉郁顿挫"本书解释道"'沉郁'主要是指内容的深厚、情感的浓郁，'顿挫'主要是指艺术表达的曲折变化，语言的千锤百炼。"这可以说是对"沉郁顿挫"最通俗、最精准的概括。对对联这种只有在汉字圈才有的文化现象，则直接提出自己的观点："对联实际上是一种特殊的诗歌体裁。"

又如，对"王者之制，道不过三代，法不贰后王"的"后王"的理解，本书认为："'后王'是指夏、商、周三代的禹、汤、文、武。这就实际上跟孟子说的'先王'一致。"这种解释，不同于常人，自出机杼，又让人有豁然开朗的感觉。

独抒己见还表现在能言人所不能言，见人之所未见。如对于一段大家耳熟能详的话："五亩之宅，树之以桑，五十者可以衣帛矣。鸡豚狗彘之畜，无失其时，七十者可以食肉矣；百亩之田，勿夺其时，数口之家可以无饥矣；谨庠序之教，申之以孝悌之义，颁白者不负戴于道路矣。七十者衣帛食肉，黎民不饥不寒，然而不王者，未之有也。"实际上蕴藏了《孟子》的经济理论，"孟子王道经济理论的核心是'制民之产'，当权者要关心农民，不违农时；同时要积极发展商业，维护商人的利益。"

独抒己见还表现在全书贯穿的对民族传统文化的整体性认识："笔

者认为，可以西方'文艺复兴'为分水岭而把中西文化交流历史划分两大阶段。'文艺复兴'前，基本上是中国文化处于领先而影响西方，特别是中国的四大发明推动了西方的进步。'文艺复兴'后，西方政治制度和科技迅猛发展，中国明王朝闭关自守而造成文化落后，西方文化以先进姿态传入中国。"

全书在给人结论的同时，更多地在于启发人的思维，授人以渔，金针度人。本书强调"要'知世论人'，尊重古人，不苛责古人；又要'怀疑一切'（马克思最喜欢的格言），通过自己的思考而决定取舍。"

又如在如何利用查考工具书，全书贡献了很好的意见："第一，应该由近及远，由今及古。先查近人编的东西，有必要再追溯古人编的东西。如：一般性的词语及古代文化知识，不如先查《辞源》（侧重文言文)《辞海》（侧重百科知识)《汉语大词典》《汉语大字典》《中国人名大辞典》《中国古今地名大辞典》等新编的工具书。第二，查哪部工具书就应该熟悉哪部工具书的性能。可以：一看序跋，了解编撰背景；二看凡例，了解体例，掌握使用方法；三看有无补遗、勘误、附录，了解有关问题。这样，才能更好利用。第三，尊重而不要盲从。工具书不可能不受到当时科学水平的局限，我们要及时关注新的信息。此外，现代网络技术一日千里，查考信息十分方便，应该充分应用。但是，有些信息，一定要寻找权威的工具书和原著核对，避免以讹传讹。"真是既细致绵密，又要言不繁，易于读者明了掌握。

基于舜文化的本土性与根源性思辨

——陈仲庚的舜文化研究特色

单就著作而言，陈仲庚先生40年的学术活动，呈现的主要代表作有《寻根文学与中国文化之根脉》（2000年10月），《寻根文学与舜文化根源性地位》（2011年），《舜文化传统与和谐境界》（2011年），《虞舜大典》（2011年近现代卷，主编之一），《中西文化比较》（2015年），《本土文学：溯源与评论》（2016年）。2017年，陈仲庚先生在临近耳顺之年，同时被批准成为中国作家协会会员和中国文艺评论家协会会员，可说是对著者丰硕学术成果及其创作实绩的高度认可与褒掖。

从以上书名就可以看出，文学与文化是著者关注与研究的两个重要对象。文学是本土文学，文化则是文化传统。这里，笔者从著者的书名中拈出两个关键词，可作为其40年学术活动的浓缩精华：一是本土，二是根源。进一步说本土文学与文化根源，其实是著者最为聚焦最为用力的两个方面。在研究理路上，对本土文学的文化挖掘溯源到了文化传统的根源，对文化根源的寻觅又通过讨源与沿波寻流，观照于本土文学的各个层面。文化的根源与文学的本土性探讨在这里自然会师，并融汇为一。

一

对文化传统，对文化根源性的研究，著者其实起于对本土文学的研究，而且这种研究首先是一种全球化视野下、立足于世界文学的本土文学研究。正如著者在《本土文学：溯源与评论·自序》中所说：

"面对世界文学,中国文学是本土;面对中国文学,湘楚文学是本土;面对湘楚文学,永州文学是本土。"①

在《寻根文学与中国文化之根脉》和《寻根文学与舜文化根源性地位》二书里。寻根文学就是作为世界文学的本土文学而成为研究对象来观照审视的。笔者饶有兴味地发现,著者在中国本土大地上别出心裁地选取了东西南北的四位寻根文学流派的实力作家来展开文化溯源。这四位作家一是北京的阿城(原籍重庆,出生于北京)、陕西的陈忠实、湖南的韩少功、山东的莫言。

众所周知、寻根文学最初的一个显著特点是形式上学习西方现代派各表现手法,内容上追寻民族文化之根脉。而当他们深入写下去的时候,突然发现西方现代派玩熟了的那些表现手法,在中国传统文艺中都能寻找到相似的根源,而且与传统文化有机结合在一起。于是乎有人提出,中国新时期的寻根文学在思维的根底里究竟是受拉美超现实主义影响大,还是受《庄子》《楚辞》《山海经》等作品影响大的问题。因为我们发现,越是上溯到古老的表现文艺传统,与西方现代派表现手法、拉美魔幻现实主义手法相通的特质也就越多。现代西方及拉美魔幻文艺的表现诸手法几乎可以在《庄子》《楚辞》《山海经》找到相似的东西,那些"谬悠之说,荒唐之言,无端崖之辞",其变形、夸张、幻化、象征、意识的流动等无不与它们相通。贾平凹说自己"屈原主要学他的神秘感,庄子学他的哲学高度"②。

陈仲庚先生于此则有其更为独特的见识。论韩少功则清理楚文化的本质特性(一种刚柔相济,原则性与灵活性的结合),把楚文化的野性思维(合一人神,想象世界与现实世界的统一)与中国传统经典文化传承相结合,进而概括出楚文化思维模式与韩少功的"东方优势",认为寻根作家们不仅从文化上进行寻根,也在从精神上进行寻根。论阿城则认为阿城的完整性就是楚文化精神特质的体现,在表现手法上是"用儒写道",即将水火不容的两种性质的文化兼容在自己

---

① 陈仲庚:《本土文学:溯源与评论》,中国社会科学出版社 2016 年版,第 2 页。
② 贾平凹等:《关于小说创作的答问》,《当代作家评论》1993 年第 1 期。

的作品中，而兼容水火正是楚文化的特质。因为一方面祝融崇拜是火神崇拜，并在这一精神照耀下取得辉煌业绩，另一方面楚人栽植水稻，水耕火耨，又形成了楚人的水性特质。"楚文化似乎出现了二流并进的趋势：偏重于火性刚性的屈原精神和偏重于水性柔性的老庄哲学。"①

陈忠实的《白鹿原》给了著者追寻"仁"的本真与"仁"在发展过程中被撕裂的极好个案。亲亲废弃与尊尊风行的结果，导致传统断裂，"其实质也就是将仁学一分为二，并推向两个畸形的极端，而这一登峰造极的结果，又是从 20 世纪初演化过来的，《白鹿原》恰好揭示了这一演化过程。"② 对莫言的解剖，著者抓住《檀香刑》的侠匪异欢，《丰乳肥臀》的匪性狂欢，《红高粱家族》的侠匪同欢，来溯源狭义的真原及其被阉割，探寻种的退化和拯救，更显得意味深长。

正如评论家陈晓明先生所说："很显然，还没有人像陈仲庚一样从考证楚文化的源流入手，真正从中国传统文化的演变来研究寻根文学。他的研究无疑是在另辟蹊径而且有独到之处的。"③

二

有了这种世界文学视野之下本土文学的文化传统的溯源，则对于中国文学视野之下的永州本土文学的文化传统溯源，于著者而言也就显得驾轻就熟。永州是一块厚重的传统文化宝地。从舜帝操琴《南风》，到屈原"就重华而陈词"。从柳宗元的"山水游记"，周敦颐的"濂溪一脉"到叶蔚林的《没有航标的河流》，流风余韵，迁客骚人代不乏人。新时期、新世纪，永州本土文学更是蔚为大观。作为永州本土评论家，对永州本土文学的评论推介自然成为著者题中应有之义。

于是我们读到，《从〈南风歌〉到〈种树郭橐驼传〉》里，著者发

---

① 陈仲庚：《寻根文学与中国文化之根脉》，中国文联出版社 2000 年版，第 119 页。
② 陈仲庚：《寻根文学与中国文化之根脉》，中国文联出版社 2000 年版，第 191 页。
③ 陈仲庚：《寻根文学与舜文化根源性地位》，湖南人民出版社 2011 年版，第 4 页。

掘出中国民本思想发展演变的三个阶段。在《"愚辞歌愚溪""文者以明道"》里，我们明晰了柳宗元在永州的文学思想。在《"隔"与"不割"的山水美》中追寻到山水美发现者——元结的文化意义。在对叶蔚林《九嶷传说》的评论中找寻到了接续中国人赖以生存的那一缕文化命脉。

然而，著者笔墨用得更多的是对活跃在当今文坛的新生代和后新生代永州本土作家的关注。这种关注虽然角度不一，但聚焦的还是背后的根源性文化对作品带来的影响以及根源性文化营造的艺术意蕴。具体来说，对本土作家的关注，主要呈现为以下三大类别。

一是小说。著者评论的笔触，在《本土文学：溯源与评论》里涉及杨克祥、李长廷、胡功田、魏剑美、王青伟、陈茂智、肖献军等作家。

陈仲庚先生认为杨克祥小说中虽然没有仁义礼智信之类，写的是山里汉子和水上船夫。但这种表现山的坚韧和水的柔情的情节和意境营造，不正也体现出火水相容的楚人文化特质吗？对胡功田《瞎子·亮子》的评价则抓住爱情文化的现代超越与原始回归问题进行追问，于才子佳人爱情模式中翻出"开光"的新意味。对魏剑美《步步为局》的评价则从人物形象特色入手，点出小说作者所塑造官场赌徒文化的根源性劣根文化，认为小说把官员当赌徒来写是一个少见的尝试。

王青伟《村庄秘史》、李长廷《爷爷的陀螺》、陈茂智《归隐者》、肖献军《湘妃怨》等小说实际上都可以当作文化小说来看待，其传统文化的氛围更加氤氲。在著者看来《村庄秘史》所谓历史的迷失，实际上是某种文化的迷失，而老湾新修族谱，正寓意着清廉、伦理、和谐等"民族文化精神的根脉正在延续——民族性与现代性的结合"。① 这才是实现强国之梦，复兴之梦的正确途径。《爷爷的陀螺》看似一个童话，实为一则文化寓言。著者指出父子矛盾是一个从疏离到回归的过程，祖孙矛盾是一个从接受到叛逆的过程，职业转换则是

---

① 陈仲庚：《本土文学：溯源与评论》，中国社会科学出版社 2016 年版，第 216 页。

一个由无知蔑视到窃取投机的过程。所以人们要追问究竟是人玩陀螺，还是陀螺玩人。人类社会有时不正如此吗？著者认为《归隐者》"立意要给现代人找到一方精神家园"，但客观上提出了"一个如何进行精神救赎的问题。……它只能存在于人类自我救赎的过程中"。① 可谓慧眼独具。《湘妃怨》则是一种"悲怨声中开创出太平盛世"的政治牺牲与政治奉献。

二是杂文报告文学。杂文家魏剑美的创作，在著者看来是给人有痼疾的灵魂剜了一剑，这痼疾正是传统文化中的负价值部分。报告文学家刘翼平《脚手架》反映的是人心的坚强和脆弱，唐曾孝的《北游记》则是舜帝感召下的匹夫之责。

三是诗歌。著者评论的主要是永州诗坛三位重量级诗人，杨金砖《寂寥的籁响》，著者重视有加，以《心底的困惑与生命的本原》《为葆有那一缕温馨的诗意》两篇评论论述。黄爱平的诗作则从瑶乡诗人的心灵足迹角度进行了"潜入土地"的探索。蒋三立的《在风中朗诵》，著者借《庄子》"御风而行"来评析，从历史的回响、时俗的喧嚣、精神的孤寂等方面揭示人们孤寂中享受的永恒。

三

文学的文化溯源，必带来对文化根脉的刨根究底。陈仲庚先生早在 2000 年出版的《寻根文学与中国文化之根脉》一书中在对仁孝的探究中就溯源到舜帝。而舜帝恰恰又因南巡道崩苍梧之野，藏精于九嶷山。他与王田葵、蔡建军等人一道开始竖起了舜文化的旗帜，提出了舜文化概念。从此舜文化开始进入人们的学术视野。经过积淀与积累，终于由本土文学而开始了对传统文化的探寻，舜文化的研究可以说从当初简单的诗文传说故事研究走向了跨学科的交叉领域，古史研究、文明起源研究、文化研究、精神史研究、伦理研究、政治研究、和谐社会研究、旅游经济研究、文学民俗研究、民族研究遍地开花，历史学、考古学、伦理学、宗教学、哲学、人类学、民俗学、文艺学

---

① 陈仲庚：《本土文学：溯源与评论》，中国社会科学出版社 2016 年版，第 244 页。

等学科的理论和方法无处不在。王田葵先生的《舜文化传统与现代精神》更是意欲建立起一种舜文化的学术体系、理论基础。而古代、近现代《虞舜大典》的编撰更是将这种研究高度地、全方位地展示了出来。于是有了后来的著者主编的《舜文化研究文丛》十部，其中就包括陈仲庚先生自己的《寻根文学与舜文化的根源性地位》《舜文化传统与和谐境界》两部专著。

《寻根文学与舜文化的根源性地位》由文学的寻根而溯源到舜文化的核心价值与实践途径在于"诚"以修身、"孝"以齐家、"中"以治国、"仁"以平天下，"和"以育万物，舜文化中的尧舜之道、孝感天地具有文化始源的意义，舜文化因而具有根源性地位。

《舜文化传统与和谐境界》一书继往开来，以"德自舜明"张目，分析了舜帝时代的"观风"传统，"解愠""阜财"的民本思想、诗教传统、士人心态等，进一步申论舜文化始源意义的"诚""孝""中""仁""和"等对于人格培养、心境和谐、家庭和谐、社会和谐、世界和谐、宇宙和谐的意义与境界。

陈仲庚牵头整理的《虞舜大典》（近现代卷）皇皇八大册，在笔者看来，成为一部百年来舜文化学术研究的"总集"。具体来说有如下几个特点[①]：

一是一部以人物为核心，以辨析源流为鹄的选本。一部大典，名之"虞舜"，自然以虞舜这个人物为核心来辑录整理文献。全书收录文献资料始于1912年，止于2011年，举凡有关舜帝的文献资料，均有甄别的分门别类加以选录。

二是一部选题新颖，视角独特，文献与理论有机结合的选本。说其选题新颖，是因为在建构和谐社会的今天，在数字时代的今天，人们开始转换创造性的复归再生传统文化，该怎样以当代的眼光审视我们所居住的这个多元文化的星球？在当今国学热中，作为舜文化能够给我们提供一些什么样的启示？带着这些疑问，所以辑录整理者在收录文献时才会强调，"我们应该放开眼光，提高境界，加大力度，增强

[①] 潘雁飞：《一部百年来舜文化学术研究的"总集"》，《云梦学刊》2012年第5期。

学术思想，把重点放在虞舜时代的背景和虞舜文化的价值研究上，用现代的科学思想和手段，重新审视司马迁和崔述提出的论题，在中华民族的历史源头、思想源头、道德源头等方面探索出新的材料和思想，将我国的远古历史研究推向一个新的阶段。"①

三是一部择优选精，汇成一帙的选本。如前所述，辑录整理者虽然网罗放佚，搜罗了各种论文和专著。但并不是一概而论，全盘照收照录。辑录整理者还是有一个择优选精的过程。

除此而外，陈仲庚先生还具有宏阔的别开生面的全球化视域，横通直通的融通比较方法。为了使自己的学术路径有章可循，有据可依，他在长期讲授"中西文化比较"课程的基础上，编著了《中西文化比较》一书。站在宏阔的全球视野角度，利用横通直通的比较方法，将西方文化与中国文化加以对照比较。究其大者，有河谷农耕与海岛商贸、和谐稳定与激浪勇进、俗人神话与神人俗化、长生久视与灵魂永生、实用智巧与理性玄想等中西文化关键点、关节点、对应点、对照点相比较，其比较结论科学求实，令人信服。最后提出了中国走向世界与世界走向中国的相向而行、和谐而动的交流会通之道，极具前瞻意义。可以说时下大数据时代国家所施行的民族优秀传统文化的弘扬与传播，早几年前著者就已经思辨性的预见并开始提倡了。

---

① 谢玉堂、唐之享：载《序》，陈仲庚等辑录整理《虞舜大典》，岳麓书社 2011 年版，第 2 页。

别开生面写"新"得

——《中国古代小说艺术史》的艺术

长期以来,小说史的研究难以逾越鲁迅先生的《中国小说史略》。对小说艺术的研究虽然五彩纷呈,然多为作品艺术鉴赏式的单篇,或个别专题的论述,从小说艺术史的角度系统的探讨中国古代小说艺术的生成、发展及其特质,却鲜有人问津。

积十多年小说教学和研究的思考,刘上生先生有感于中国古代小说艺术的绚烂及系统小说艺术史的缺失,矢志开拓,精心撰著了我国第一部《中国古代小说艺术史》(马积高序,湖南师范大学出版社出版)。我有幸较早的阅读了全书。总的感觉便是用来做本文题目的七个字。

"别开生面"是就全书的体系而言。"新得"是就全书的内容而论,因为其中多有新见迭出的研究心得,所以我称之为"新得"。

先看"新得"。本书作者无论是对中国古代小说艺术发展的宏观把握,还是对各种小说艺术方式、形式发展历程的具体阐述,以至对某一代表性文本,某一文本的某个别方面的细微分析,都显示出非同一般的学术眼光。这种由于新颖的视角和思维方式而带来的对传统学术观点的新突破,由于探索他人尚未涉足的研究领域而获得的新发现,以及由于作者独具慧眼、高屋建瓴,或洞幽烛隐而对小说历史材料的新解读,都体现出一种睿智和才情,处处闪现着真知灼见。

如在宏观把握方面,作者开宗明义把认识中国古代小说的特殊性作为研究古代小说艺术发展的逻辑起点,并精辟地概括出:"在古代中国文化和文学土壤上形成的两种小说观念——史家'小说'观念和文学小说观念，两种小说文体——作为文章类别和典章形态的'小说'和作为叙事性文学体裁的小说，两种小说语体——文言小说语体和通俗小说语体，它们的先后出现和长期并存，是这种特殊性的基本内容。"在此基础上，作者揭示出古代小说艺术发展的四组基本动因——渊源与传统；观念与实践；创作与接受；继承与创新和两组基本矛盾——历史意识与文学意识的矛盾，创作意识与接受意识的矛盾，并从独特的角度阐述了古代小说文学体制和文学意识不断走向自觉（经历文体自觉、语体自觉、主体自觉和新变自觉等历史阶段）的发展道路。

  本书的重点是清理古代小说各种艺术方法形式的发展规律和线索，在这方面，作者用力甚勤，"新得"尤多。以人物艺术而论，作者不同意以欧洲叙事文学理论从类型说到典型说的发展解说中国古代小说的流行观点，认为古代小说人物艺术，经历了一条从特征化向个性化不断进步的具有民族特色的发展道路，而在这一发展过程中，特征表现与个性描写的某种程度的结合，又成为贯穿始终的特点。并通过人物艺术三阶段的具体论述，建立了完整的古代小说人物艺术动态网络系统（见第三章第167—168页），使这一长期争论的问题得到了较为圆满的解决。关于传奇艺术，作者揭示出从特立到对峙，以至实现二者融合，是传奇类型完成和传奇艺术成熟的道路。而传奇结构从召唤到包容；传奇叙事技巧从全知到限知演进，则是类型确立后传奇艺术继续发展的轨迹，在幻想、讽刺、语言、结构艺术诸章节中，我们都可以看到作者这类异乎前人或常人的精彩论述和卓越史识。

  作为宏观研究的基础，本书的"新得"还大量渗透在对小说代表性文本或个别艺术问题的微观分析中，它显示出作者精细入微的审美鉴赏和鞭辟入里的理性思辨能力。这一点在《古代小说艺术的高峰——〈红楼梦〉》一章中尤其得到出色的发挥。如作者运用系统论方法研究《红楼梦》的表意艺术，把它分解为解说性、隐喻性、预示性三个系统，每一子系统中又有若干构成要素，并由表及里地揭示它们与写实系统的内在联系，以及对古代小说表意艺术的创造性发展。在探索《红楼梦》的意境创造时，作者提出"诗画情境"和"诗事情境"两个基本概念，并探究其内在结构，如把"诗画情境"分解为聚合、叠加、递进、辐射等意象结构类型，结合典型情境描写鉴赏，深入揭示《红楼梦》艺术魅力的奥秘和对古代叙事抒情两大文学传统融合创新的成就。这些分析，都可谓新颖独到，令人叹赏。

还应该指出，本书的可贵之处不仅仅在于作者所提出的大量的令人耳目一新的观点，还在于这些观点并非有意标新立异，或凭空结撰，而是来自对古代小说艺术发展历史材料的科学考察和充分论证，因而具有很强的逻辑力量。细读全书，当知此言非谬。

次就体系而论之。因为全书新见迭出，要把新见有序有机的串连起来，显示出小说艺术史的发展演变轨迹，没有适当的体系，是难以负载如此多的"新得"的。著者艺术地解决了这一难题，全书采用纵横交织的结构，计八章。首章导言，论古代小说的特殊性及发展动因；第二章次论古代小说的发展道路，以此为纬；第三章至第七章论人物艺术、幻想艺术、传奇艺术、讽刺艺术、语言艺术等的发展线索，以此为经，并将写实、结构、意境、风格、审美形态等艺术内容融入相关章节中，第八章论《红楼梦》，把这一艺术高峰视为古代小说艺术的总结。同时采取点面结合的手法，先清理每一种艺术方法形式的发展线索，如"古代小说幻想艺术的发展"一章。著者披源及流地探索了幻想艺术的神话渊源、类型、萌芽和宗教影响之后，就幻想艺术自身的基本特征和发展趋势清理出来的线索是：形象世俗化—境界混一化—构思意念化；就幻想艺术主体创作清理出来的线索是：汉魏六朝的世俗宗教幻想—唐传奇的文人艺术幻想—明清小说幻想艺术的融合与创新。在具体论述时，著者又尽可能把重点放在代表其主要成就的最优秀作品上，在"幻想艺术的高峰"这一节中，神魔幻想艺术，重点分析了《西游记》《封神演义》；灵怪幻想艺术，重点分析了《聊斋志异》；讽喻幻想艺术重点分析了《西游补》《镜花缘》。点面结合、点线结合，构成了古代小说幻想艺术发展的立体全程图卷。

著者之所以能建立这样一个属于自己的体系，并能在这样的体系里负载如此丰富新颖的内容，正在于著者自身的深厚功力及其研究方法的正确运用。用马积高先生的《序》中所说的话来讲，就是"著者在研究过程中体现出了清代学者章学诚提出的直通横通的要求",即纵横比较法。既有历史的比较，以见出前后联系和发展变化，又有不同地区、不同民族、不同国家的比较，以见出同类事物的联系、区别和交互影响。同时，著者论的虽是小说艺术，实际上还涉及了与之相关的经济、政治、哲学、宗教、民俗以及别的文学样式等。正因如此，著者才能有效地汲取国内外理论研究的新成果，从新的角度来审视总结中国古代小说的艺术经验和教训，以别开生面的体系融载自己的研究"新得"，以用来警醒现实的小说创作。

总之，本书体大思精，堪称古代小说艺术史研究的开山之作。其重要价值自毋庸置喙。

故里文化与乡愁滋味

——《乡愁的滋味》散文文化特色

作家郑山明《乡愁的滋味》① 通过对自己熟悉的湘南山村的反刍式的咀嚼回忆,以那些年、那些事、那些人为轴,捡拾起串串民间的、乡野的、时代的珍珠,为我们描述了一部湘南田野民俗志,绘就了一幅自然与人文相交织的生态画卷,谱写了一曲人性实录的灵魂之歌,抒发了一缕九曲回肠的乡愁情结。

郑山明《乡愁的滋味》散文集,我是一口气读完的。读的过程中不时感觉眼眶发热与湿润。其实我是一个较为理性的读者,不轻易感动的。之所以如此,是熟悉的山村,是那些年、那些事、那些人重又浮现在脑际,自自然然像过电影一样又过了一遍,唤回了记忆中的风俗,记忆中的人,记忆中的情,记忆中的小河,记忆中的乡愁。

一 一部湘南田野民俗志

习俗是民族或族群发展过程中相沿久积而成的喜好、风俗、习惯和禁忌,主要表现在饮食、服饰、居住、婚姻、生育、丧葬、节庆、娱乐、礼节、生产等方面。本书中"那些年","那些事"虽然不全面,但大致较集中反映了这些内容。如饮食的如《酿酒》《喝酒的故事》《喝茶》等,节庆的如《过年》,服饰如《织布》《裙子》,居住的如《建房》,婚姻如《恋爱》《成亲》,娱乐有《娱乐》《看电影》,生产较为集中,有《春耕》《双抢》《抗旱》《摸鱼》《烧窑》

---

① 郑山明:《乡愁的滋味》,东方出版社2017年版。

《打石灰》等。

由于作者的视角是"那些年""那些事",实际上多为作者少年、青年所经历、所见、所闻,现在以回忆的形式流诸笔端,记忆如水流潺潺,汩汩滔滔,自然而出,或浪花飞溅,或涟漪轻漾。仿如田野考察的民俗志,既是湘南一些族群的真实习俗记录,反映习俗的相沿久积而形成地域性、社会性、稳定性特点,又能看出习俗随历史发展的变迁,也能看出特定年代在习俗上的时代烙印。

像《过年》一文里,就有过年杀猪的习俗、磨豆腐习俗、拜年与敬酒的习俗,这里有亥日不杀猪的禁忌,有师傅"杀豆腐"的绝招,有"除夕交响曲"的热闹,有"醉是过年的内涵"的敬酒之风的感悟。

《打石灰》写出一种生产风俗的发展与消失,《娱乐》则白描年关习俗在"那些年"由舞龙耍狮到革命戏剧排演的变迁。

虽然作者记载的这些古老习俗和新变习俗本身,还显得有些粗糙、低端、俗气,但从作者自然行文来看,能感到多样、丰富、鲜活。无疑地,这对于我们认识20世纪中后期湘南农村的风俗有着民俗志的意义,这些散文为我们提供了不可多得的第一手民间资料,是当时民俗的真实记录。它让我们看到了湘南农村古老与新变,浅层与深层、内在潜能与外显强力且又丰富多彩的民间文化层面。

二 一幅湘南人文与自然相交织的生态画卷

通过对民间风俗志的记录,作者以热爱家乡的执着深情,在字里行间更是描绘了一幅幅山水田园与农村社会生活的人文生态画卷。

人和自然的关系是人类存在的基本关系,文明的存在和发展依赖于生态。农业收获与否往往与自然生态相契合。"那些年","那些事"里的农村山水、农村状况虽然不够富裕,社会生产力水平不高,但无论四季往返,雨旱变幻,还是生产劳作、日常生活与休闲娱乐,作者笔下的一幅幅人文生态画卷均跃然纸上。

《下雨》写"守信"的春雨、"挟雷带电"的夏雨、"值钱"的秋雨、"轻飘飘"的冬雨,既有自然节令变幻的特点,又总是与农民们的希冀、欣喜、埋怨、愁苦、祥和、自然等情绪连接在一起，并形成自然与人交织成的一幅画：

"在冬雨飘飞的季节……家家户户围坐火塘边取暖，一边惬意地看着窗外的雨丝在空中曼舞……

窗外的冬雨耐心地下个不停，成了喝酒最好的理由和陪衬。酒壶里的酒倒入杯中，冒着丝丝热气……喝着喝着，外面的冬雨悄然换成了雪沙子，飘落在窗台的塑料布上发出沙沙声响。"

《打石灰》里写道：

"乡民一边撒石灰，一边往后退，一簇簇白色的烟雾依次在他的面前升腾，仿佛是腾云吐雾的神仙。站在远处看打石灰，就像一团白云在绿油油的田野上慢慢漂移，使古朴的乡村平添一份田园牧歌式的诗情画意。"这里的诗情画意与农人丰收的期望融合在了一起。

《村街》写村民的休闲：

吃完饭之后，"拿一把大蒲扇又回到街上，找一张石凳坐下，一边摇着扇子，一边叨着家常。这时候，街道不再是某一类人的世界，而是大家的世界，男女老少都会涌到街上来，共同分享这温馨的时光……"

可以说这样的纯美的乡村风光画面，本书俯拾皆是。作者散文集里绝少有完全的自然风景，自然中必然有人的活动和人的精神渗入，虽然有些活动、有些精神并不都显得崇高，却是自然、健康、清新、韵律的。所有的画面体现人与自然和谐为一体，呈现出一幅幅人文精神与自然风景相交织的生态画卷。

三　一曲人性实录的灵魂之歌

文学当然离不开写人，散文亦然。写人免不了刻画人性，人性有丑恶，有善美。在那个年月里的"那人"中，作者用散文的白描实录了人性种种。

《开会》里写那个年代的最主要的"文化生活"是男女交媾，"每个村总有一些成家的男女婚外幽会"。这种俗称的"偷人"固然有悖伦理道德，然而当时民兵小分队抓"现行"的设计，公开捆绑、押解、游街、戏台批斗、审判"犯罪嫌疑人"式的做法，既反映了时代的荒谬，也体现了荒谬时代之下偷窥后再公之于众的人性险恶。《裁缝》不经意间将缝衣针插进领袖像胸部而招致"公捕""专政"，亦同样显示出时代的悖谬。

本质并不坏的"木鱼脑壳"则是被人性恶利用的典型，在那个年代不自觉的成了"心狠手辣"的知名人物。而他后来所遭到的报复（鸡鸭被人毒死）以及死时的清冷，也反映出村民将时代错误归于个人的愚昧和麻木。这实际上是一个时代的痛。

《恶媳》有民间文学故事的特质，只不过随着时代的发展，恶婆婆变成了恶媳妇。"雷劈的报应与那道闪电在她脑海里劈开了一条向善的通道。"使她脱胎换骨变成了最孝顺的儿媳。作者呼唤人性善回归，急切之情跃然纸上。

对人性美弘扬的篇章在《高长子》一篇里最为明晰。作者用简笔画勾勒了一位可以"感动永州""感动中国"的好老师形象。他善于鼓励、引导学生，他给三好学生、优秀学生发空墨水瓶和火柴盒做奖品，在物资极度困乏的年代，这种奖品比一张奖状纸更能起到奖励的效果："每个学生都为了得到墨水瓶或火柴盒而用心读书。""高长子"平等对待学生，无论优劣，在人格上都一视同仁。作者写到他将两个苹果切成二十多片分给二十多个学生的细节，令人动容。以致"多年以后，每当他们啃着又大又香的苹果时，总觉得味道不如那一小片苹果香甜"。

《秀秀》是本书最长的一篇散文，也可以当作一篇"小说"来读，当然这是用实录的笔法写下的。故事的情节并不新奇，可以说很老套。一个家庭倒霉的童老师，被下放到秀秀的村里当老师。就有了与秀秀的自然恋爱，也有了童老师家庭平反后对秀秀的忘恩负义。在波澜不惊的叙述里，秀秀的纯朴、恬静、真诚、柔美的人性刻画的自然流畅而有韵味。其实在那个年代，我们没必要站在道德制高点上谴责男方，这事无论在谁身上，情节的发展可能都是这样。这就是当时的历史。知青返城大潮中不知发生了多少这样的故事！我们欣喜的是对于秀秀这样的女子在现实生活中是以喜剧的形式证明了自己不向命运低头，而不是像众多的小说那样以悲剧收场。

四 一缕九曲回肠的乡愁情结

作者以"那些年""那些事""哪些人"来结构自己的散文集，并命名为《乡愁的滋味》，我以为很是贴切。一个"那"字，把我们带向了远方，这不仅是时间的远方，也是空间的远方。这"远方"就是童年、少年时代的故乡记忆。这种记忆往往在上了年纪之后变得异常清晰，这或许就是漂泊的"游子"乡愁渐起渐浓的根源。作者的自序《遥望乡愁》正是这样的夫子自道：乡愁是家乡：小溪、井水、山路、劳作的乡亲、水牛的影子、小伙伴、祖辈的坟茔、平常的日子、琅琅书声、捣衣声、纺纱声、婴儿的哭声……正因为这样，"乡愁才成为生命的泉源、心灵的滋养、情感的归宿、快乐的方向"。

据说大自然界有一种珍贵的大马哈鱼，在太平洋里长大之后，会不顾路途遥远和艰辛，充满渴望、充满理想、充满自由地千里甚至万里迢迢准确洄游到它诞生的淡水江河中，它们坚守在故乡产卵，并悄然死去，完成生命的最终夙愿——叶落归根。有学者认为，只要考察大马哈鱼千里洄游返乡的现象，就可以找到乡愁产生的答案。因为大马哈鱼对故乡有一种不可磨灭的记忆，这种记忆信息储入基因，通过遗传而被传递。

人的一生，恐怕也有洄游一样的生物学记忆——故乡的乡愁情结。你的童年少年在哪里，往往乡愁就会在哪里。但作为万物之灵的人，还有精神意义上的乡愁。因为故乡已不再是儿时的故乡，一切都在变化、异化，正如作者所说："每年重回故里，都会痛切地感受到童年和少年时代经历的一些美好事物，大都已随风而逝，踪迹难寻。"所以作者自然感发了乡愁，并对往日的美好、美德像牛反刍一样不断咀嚼回味，成为这一部包含着绵绵不绝的乡愁的文字，同时也表达了儿时美丽乡愁的哀婉之情，自然感人至深，同时也找到了安放灵魂的地方！这或许是作者散文最大的文化意义和精神意义。

湘妃怨：历史可能的一个横切面

肖献军历史小说《湘妃怨》① 以历史载籍为基础，通过艺术虚构刻画了二妃作为怨女的形象，具备了两性情爱的坚贞、家庭和谐的德能、天下的责任等特性，对历史的进程起到了举足轻重的作用，超越了历史载籍中主要由男性创造历史并推动历史的所谓实录现象。小说对二妃显性幸福中隐含着的怨情忧思做了艺术地揭示，较为成功地刻画了蛮荒时代历史可能的一个横切面。

一 典籍：男女作用的失衡现象

一部二十四史，女性入史者远远少于男性。这大概是男权社会使然。但平心而论，历史不独是男性创造，女性所起的作用在历朝历代都大得很，只是因为男女地位的落差，使得女性少见于载籍。即便有也是负能量多于正能量，即便是正能量的，也不过是寥寥数笔，一带而过。这大概从父系氏族社会开始，中国历史的开篇尧舜时期的记载中便奠定了基础。我们且将《尚书》《史记》《孟子》中的比较翔实的材料列表如下：

	因	果
舜与家庭	父顽、母嚚、弟傲，皆欲杀舜	克谐，以孝顺适不失子道
舜与妻室	尧以二女妻舜，以观其内（地位、贫富落差大）	尧二女不敢以贵骄事舜亲戚，甚有妇道

---

① 肖献军：《湘妃怨》，团结出版社2014年版。

续表

	因	果
舜与他人	（尧）与九男与处，以观其外。（舜）耕历山、渔雷泽、陶河滨	一年所居成聚，二年成邑，三年成都
舜与社会政治	舜举八恺，主后土，揆百事。禹平水土，弃播百谷，垂为共工，益为虞，龙主宾客	莫不时序水土平、百谷茂、百工功、山泽辟、远人至
舜与法治	象以典刑，流宥五刑，鞭作官刑，扑作教刑，金作赎刑。眚灾肆赦，怙终贼刑	流共工于幽州，放驩兜于崇山，窜三苗于三危，殛鲧于羽山，四罪而天下咸服
舜与自然	舜入于大麓，烈风雷雨	不迷
舜与礼乐教化	举八元，布五教于四方，契敷五教，夔典乐，教稚子	父义、母慈、兄友、弟恭、子孝、内外平成、百姓亲和；直而温，宽而栗，刚而无虐，简而无傲；诗言志，歌永言，声衣永，律和声，八音能谐，毋相夺伦，神以人和

女性的地位只限于家庭内部。只有"尧二女不敢以贵骄事舜亲戚，甚有妇道"。十余字，而"尧以二女妻舜，以观其内"云云，叙述角度与目的也是男性主导的。

而早期文学中的诗歌，虽然有些演绎，但也没有跳出男性主导的规律。如《楚辞》中的《离骚》先后五次提到舜或与舜有关的物事而未言及二妃：

（1）彼尧舜之耿介兮，既遵道而得路。

（2）济沅湘以南征兮，就重华而陈词。

（3）朝发轫于苍梧兮，夕余至乎县圃。

（4）百神翳其备降兮，九疑缤其并迎。

（5）奏《九歌》而舞《韶》兮，聊假日以媮乐。

《天问》，有大段且较完整的舜帝青年时的故事。也只有"尧不姚告，二女何亲？"两句。《湘夫人》算是演绎得最详细的，将舜与二妃上升为爱情，但聚焦点仍是湘君，而非"湘夫人"，但毕竟开始了爱情演绎的先例。张京华以学术的深邃眼光说："二女、二妃、湘妃，不过为舜氏之家事，大舜之私情，而自三闾屈子以下士大夫每加青睐，再三致意不已，圣贤才子，皆寓情深。"此后《列女传·有虞二妃传》确定湘妃的"元始地位"，由二妃故事可管窥中国传统的政治性征[1]，张京华似乎首先发现了女子在中国政治中的特殊而重要的地位。

二 湘妃怨：女人的不可承受之重

肖献军长篇历史小说《湘妃怨》正好将中国古代女人的这种政治性征做了形象的演绎。小说叙写尧之二女萌芽于爱情，而背负的却是不可承受的政治之重。小说除引子、尾声外凡五章，分别由初识、下嫁、迫害、摄政、禅位五章组成，除初识始于萌芽的爱情之外，后四章始终交织着爱情与政治，在某种程度上爱情似乎从属于政治。二女完全成了历史的主角，历史似乎在按照她们的计划前行。

上述载籍的男性视角开始从属于女性视角。历史的每一次进程，二女（甚至还有其他女人，如巫医壬女、舜妹敤首）在这里都起着决定性作用。

在《下嫁》一章中，二女由被动、不情愿从属于政治转为主动为政治而下嫁，其中固然有初识时爱情萌芽的冲动，但在心甘情愿中她们已自觉挑起承继父亲帝尧稳固天下的责任，培育大统继承者的责任。如在二女对话中，娥皇就说得很直白："我们至少知道了公子是心存仁厚之人，也是一个极为孝顺之人，这一点对于部落和家庭来说都极为重要。"在写给尧的信中也说得很直接："自受命以来，女儿日夜兼程……公子重华，本颛顼之后，有先世遗风，勤勤勉勉，心地宅

---

[1] 张京华：《湘妃考》，湖南人民出版社2011年版。

仁，父慈子孝，邻友睦亲，以利安元元为己任，虽世之士大夫无与比也。"① （下文没注明出处者皆引自本书，不再一一说明。）

在《迫害》章中，无论是修仓廪、淘井、还是喝酒的阴谋，二女与女魃都有预感，能洞察先机，事先做好准备与防备。如果《下嫁》章是对虞舜的发现与培养，《迫害》章就是对敌人的防患与对虞舜的保护。在本章中，作者发挥了作为小说虚构性的特征，通过创造性的想象，改变了"父顽、母嚚、弟傲"的实质。父亲虽然对自己的儿子有所怨恨（妻子产后大出血而死），但还不至于虎毒食子的地步。父亲之所以一次又一次的欲置舜帝于死地，其实是被壬女药物控制使然。壬女背后又是三苗大将灵控制使然。象则是一个被动的服从者，但在服从的时候也有自己的意见，就是要求壬女决不能害二女。而二女即便预感到了二者的阴谋仍然是一次又一次地感化壬女和象，在派象为先锋的征三苗之战争中，表面看来是像有勇有谋，实质背后是二女对壬女母子的感化所取得的成功。其目的不仅在爱舜而兼及舜的家庭成员，更重要的是要完成帝尧交给的政治任务。

即便在帝尧之后，二妃也在继续完成帝尧的遗命。《禅位》章中，丹朱之乱，靠的是娥皇的智勇与感化，与禹的暗斗、虞舜的南巡也是二女的谋略。

二妃的行为既有爱的自觉自愿，然而更多的是政治性的责任。因而在幸福着的时候，也怨情怨思不断。

在母亲仙逝之后，她们哀怨："父皇，你为什么要我们下嫁，为什么不把我们早点接过来，为什么让母后一个人孤零零地走了！"

在帝尧下令不让丹朱回平阳（即便是自己死后），她们也悲愤地说："父皇，您都已经把哥贬谪到丹水四年了，难道还不解恨？他可是您最疼爱的儿子！"

在帝尧驾崩之时，帝尧噙着眼泪向她们道歉说："父皇对不起你们！""父皇让你受委屈了！"二妃满含怨思，却只能说："这些都是我们应该做的，我们不感到委屈！"而这不言之痛，只有她们内心才

---

① 肖献军：《湘妃怨》，团结出版社2014年版。

能真正体会其中的苦辛!

此外,在这个男权社会里,她们还要忍受再也不能受孕的白眼。她们为了舜帝增加子嗣还要主动地为舜帝纳癸比为次妃,等等。二妃真是担当了女人不能承受之重的政治责任。正如作者在自序中所说:"我们从中可以发现二妃本事的可悲、可叹、可怨性。小说以《湘妃怨》为题,实际上是试图还原一个逐渐以男权为主导的社会里,女人被动地卷入政治纷争中,并最终沦为斗争牺牲品的悲剧命运,揭示湘妃由道德模范向怨女形象转变的本质原因。"可以说作者是向这方面做了极大努力的。二妃的怨女形象基本上树立起来了!可以说作者改编了一个道德模范的故事,也改编了一个凄婉的爱情故事,在二妃身上融入了最沉重的政治责任,抒写了如泣如诉的无尽怨情怨思!

小说这一定位,实际上整体符合历史上天子之女的普遍性特征。她们要么下嫁大臣,成为天子控制大臣的政治工具,要么远嫁番王和亲,以求得一时的和平。天子女儿的爱情已经变得无足轻重。所谓皇帝的女儿不愁嫁仅仅是一种高高在上的"势"而已。而"皇帝的女儿"则是彻头彻尾的政治附属品、牺牲品。

三 真相:历史可能的一个横切面

然而小说叙写的湘妃怨情,是否是历史的真相,我们大可不必深究。当然作者为了体现历史小说的历史性,基本采用了历史典籍和各类野史的记载,虽然审视采用描写的视角有所改变,但基本材料还是言之凿凿有据。如作者不仅基本采纳了《尚书》《孟子》《史记》相关记载,对于《山海经》《列女传》《楚辞》《礼记》《古本竹书纪年》《舜子变》及其一些地方传说、民间故事均有所采纳。同时根据文学创作的规律做了可然性的必要构思。也许这不足以再现那个时代宏阔的历史画卷,但至少作者为我们勾勒出了一个也许是真相的历史可能性的一个横切面。通过这个横切面我们是可以认识一些历史可能的真相的,尽管这不是全部,——事实上也无人能做到全部!但也值得指出,一是小说叙写怨情似乎还不是很到位,有些头重脚轻。舜为摄政王和南巡应是写怨情的重点,但作者用笔甚少,倒是初识舜、考察舜用去了大量笔墨，显得有些不协调。下卷应该浓墨重彩地渲染，却显得力有未逮。二是文学感染力以及洞察的穿透力还不够。作者本意要写出男权社会女人的怨情怨思。视角虽然占据了一定的高地，但还不够宏大。营造情绪与气氛艺术性弱了一些，虽然尽力为情造文，但动人之处不够、不多。三是全书基调的古朴意蕴不足。四千余年前蛮荒的味道不明显。总感觉到现代式话语的描摹意味浓了些，使人感到不是写的是那个时代，仿佛是后世发生的耳熟能详的宫廷故事。

"和"的历史底蕴与"和"的现代张力
——论阳明山传统"和"文化的现代转化

"和"从其渊源看，实际上是多样的和谐，在儒家多显现为人际与社会的和谐，在道家多预示为人与自然的和谐，在佛家则偏重于人自身灵与肉的和谐。永州阳明山从其"阳和"的本名来看，具备了"阳和"的性格，在当代社会它与台湾阳明山机缘巧合，可以从文化创意角度培育成为一座"和美"之山。

一 "和"的历史渊源

"和"的概念最早出自《国语·郑语》，是西周末年的史伯提出来的。他认为"百物"都是"先王以土与金、木、水、火杂"而生成的；大自然，乃至于人类社会，不同民族、种群、不同文化、不同意识形态，都是由于不同的"他"物相互作用、和合演化而来的，所以"和"是事物产生、发展的根本法则，"和实生物，同则不继"。史伯还进一步对"和"与"同"的含义作了精辟的辨析："以他平他谓之和，故能丰长而物归之。若以同裨同，尽乃弃矣。"这就是说，"和"是指众多不同事物之间的和谐，矛盾诸方面的平衡，亦即事物多样性的统一。只有以"他"来平服，即两个以上不同性质的事物聚集、组合在一起，才能产生新事物。相反，"同"则是指无差别的同一。"以同裨同"是把相同的事物加在一起，简单地重复，只有量的增加而没有质的变化，那么就不可能产生新事物，世界也就"尽乃弃矣"[①]。

---

① 方克立：《"和而不同"：作为一种文化观的意义和价值》，《中国社会科学院研究生院学报》2003年第1期。

春秋时期齐国的晏婴继承和发展了史伯关于"和与同异"的思想。他以"和羹"、"和声"为例生动地说明了相反相济、相反相成的道理："和如羹焉、水、火、醯、醢、盐、梅以烹鱼肉，燀之以薪，宰夫和之，齐之以味，济其不及，以泄其过。君子食之，以平其心。声亦如味，一气、二体、三类、四物、五声、六律、七音、八风、九歌，以相成也；清浊、小大、短长、疾徐、哀乐、刚柔、迟速、高下、出入、周疏，以相济也。君子听之，以平其心，心平，德和。"（《左传·昭公二十年》）

厨师将鱼肉放在盛满水的锅里，加上各种调料，用火烹煮，就能做出美味的羹汤；乐师用各种乐器把不同的音调配合起来，就能奏出和谐的乐曲。只有通过"济其不及，以泄其过"的综合平衡，才能收到多样性统一的"和羹"、"和声"的功效。"若以水济水，谁能食之？若琴瑟之专一，谁能听之？"没有差异的绝对同一，就如同"以水济水"，做不出可口的羹汤，或如"琴瑟之专一"，奏不出动听的乐章一样，所以说"同之不可也如是"（《左传·昭公二十年》）。无论是史伯还是晏婴，他们对"和而不同"的认识都带有形而上层面的哲学意味。道出了事物发展变化的一个规律性的东西。

二 "和"与儒释道

儒家创始人孔子在《论语·子路》诸篇中也谈到了"和而不同"问题。他说："君子和而不同，小人同而不和。"其弟子有子也说："礼之用，和为贵。先王之道斯为美，小大由之。有所不行，知和而和，不以礼节之，亦不可行也。"明显的把"和"的思想用于人际与社会关系。而《礼记·中庸》更是由人际上升到人的天性与身心的角度来谈"和"的功用："喜怒哀乐之未发，谓之中；发而皆中节，谓之和；中也者，天下之大本也；和也者，天下之达道也。致中和，天地位焉，万物育焉。"

朱熹在《朱子语类》卷四十三回答"和而不同"时认为：

问："诸说皆以'和'如'和羹'为义，如何？"曰："不必专指对人说。只君子平常自处亦自和，自然不同。大抵君子小人只在公私之间。"淳录云："君子小人只是这一个事，而心有公私不同。孔子论君子小人，皆然。""和是公底同，同是私底和。如'周而不比'，亦然。周是公底比，比是私底周，同一事而有公私。"

《朱子语类》卷六十三回答"中和"时说：

以性情言之，谓之中和；以礼义言之，谓之中庸，其实一也。以中对和而言，则中者体，和者用，此是指已发、未发而言。以中对庸而言，则又折转来，庸是体，中是用。如伊川云"中者天下之正道，庸者天下之定理"是也。此"中"却是"时中"、"执中"之"中"。以中和对中庸而言，则中和又是体，中庸又是用。

王阳明心学则认为：

直问："戒慎恐惧是致和还是致中？"先生曰："是和上用功。"曰："《中庸》言致中和，如何不致中，却来和上用功？"先生曰："中、和一也。内无所偏倚，少间发出，便自无乖戾，本体上如何用功？必就他发处，才着得力。致和便是致中，万物育便是天地位。"直未能释然，先生曰："不消去文义上泥，中和是离不得底。如面前火之本体是中，火之照物处便是和。举着火，其光便自照物，火与照如何离得？故中和一也。"

在朱熹这里，"和而不同"犹如"周比"关系，"中和"是体用两截的关系。而到王阳明这里体即用，用即体，已庶几难以分出。他还认为"良知即是未发之中"（《传习录》卷二《答陆原静书》），也就是说在日常生活的良知之中便可以达到"和"的境界。

道家"和"的思想主要来源于老庄。《老子》第二十九章说："人法地，地法天，天法道，道法自然。"《庄子·齐物论》说："天地与我并生，万物与我为一。"《天道》篇说："夫明白于天地之德者，此之谓大本大宗，与天和者也，所以均调天下，与人和者也。与人和者，谓之人乐；与天和者，谓之天乐。"可见，道家的和谐思想可归结为"道法自然"天人和谐论，因为从此出发，道家强调返璞归真，淡化名利，看淡生死，政治上倡导无为而治。人作为宇宙一分子必须顺应自然，从属大化，才能超越世俗的是非、名利，净化心灵，求得精神的平静，达到物我两忘，于是人与自然不再冲突对抗，恢复了人与自然的和谐状态。

佛教的和谐思想在于其"因缘和合"的缘起论，以及中道圆融观。与儒道比较，佛教的和谐观，更注重人自身灵与肉的和谐。缘就是因缘、条件；起就是生起、发起。佛教认为，宇宙人生的生发无不是依托于各种"因缘"和合而成。缘起理论表明世间万物都是一种因缘而起的和合共生关系，即"因缘和合"。

"中道观"指不偏不倚的中正之道，又称中路。《大宝积经》云："常是一边，无常是一边，常无常是中，无色无形，无明无知，是名中道诸法实观。我是一边，无我是一边，我无我是中，无色无形，无明无知，是名中道诸法实观。"《佛说摩诃衍宝严经》也说："真实观者，谓不观色有常无常，亦不观痛想行识有常无常，是谓中道真实观法。"这里讲的实际上是佛教修行的方法论，也就是从过去的各种偏激极端的方法转向"中道"的方法。

后来佛教进一步发展了"圆融观"思想。圆者周遍之义，融者融通融和之义，它要求人们破除偏执，圆满融通。如天台宗建立起一种包容一切、圆融无碍的理论体系，华严宗则提出了法界"圆融"思想：法界缘起，圆融自在。

由此可见，释家的因缘和合、中道圆融的和谐观，虽然都谈到了天人、人际关系，但更侧重于身心关系的和谐。在身心关系上，佛教提出了"心净则佛土净"（《维摩诘经》），认为只有内心的平和清净才有外在的和谐安宁；佛教还提出了著名的"六和敬"思想：身和同住，口和无诤，意和同悦，戒和同修，见和同解，利和同均。现代佛教则提出了"心灵环保"，以心灵清净来促进自然的清净。佛教主要是从净心修性出发，以心灵和谐来促进世界和谐。佛教认为只有内心平和与安定,才有外在的和谐与安宁。内有不和(不平)的心因,外有不平(不和)的事缘,彼此相互影响,推波助澜,才会形成种种冲突、暴力和战争。中国化的佛教—禅宗认为,外部的"净"来自心"净",外在的"和"来自心"和"①。

三 阳明山的"阳和"性格

在我看来,永州双牌境内的阳明山便具备了"和"的性格。何以如此?其理由如次。

从历史看,阳明山刚好浸润了儒释道"和"的精神、"和"的风骨。阳明山自然风光秀丽,历史文化底蕴深厚。阳明山之名见于载籍,始于清康熙九年《永州府志》:"阳明山,去县治百里,在黄溪之尾。然山麓险绝,游者相望咫尺,无径可达。山最高,日始自阳谷出,山已明,故谓之阳明焉。"其得名完全依据自然风光。但我以为其先前在明代时的山名则更富于文化内涵。明洪武《永州府志》,隆庆《永州府志》在"山川志"与"人物志"都记载州府东南百里左右有零陵"阳和山",为德安人王真人修炼场所(封懿德真人),元初赐观"万寿宫"的事迹。

按"阳和"一词最早出现于《史记·秦始皇本纪》:"维二十九年,时在中春,阳和方起。"记录始皇帝东游巡视。"阳和"这里指春天的暖气。在后世的运用中,"阳和",有时借指春天,如南朝宋刘义庆《世说新语·方正》:"虽阳和布气,鹰化为鸠,至于识者,犹憎其眼。"《旧唐书·于志宁传》:"今时属阳和,万物生育,而特行刑罚,此谓伤春。"元萨都剌《雪中妃子》诗:"疑是阳和三月暮,杨花飞处牡丹开。"有时借指温暖,如唐陈子昂《谏刑书》:"狱吏急法,则惨而阴雨;陛下赦罪,则舒而阳和。"道家则多用来指阳气,如晋葛洪《抱朴子·至理》:"接煞气则凋瘁于凝霜,值阳和则郁蔼而条秀。"唐方干《除夜》诗:"煦育诚非远,阳和又欲升。"《素问》亦云:"发生之纪,是谓启陈,土疏泄,苍气达,阳和布化,阴气乃随,生气淳

---

① 叶小文:《刍议儒释道之"和"》,《宗教学研究》2006年第6期。

化，万物以荣。"因此意又可指祥和之气，如唐李白《古风》之十四："阳和变杀气，发卒骚中土。"唐杨巨源《上裴中丞》诗："政引风霜成物色，语回天地到阳和。"《云笈七签·卷六十一诸家气法部·六》云："东方一气和泰和（一气者，妙本冲用，所谓元气也。冲用在天为阳和，在地为阴和，交合为泰和也。）则人之受生，皆资一气之和，以为泰和，然后形质具而五常用矣。故《老子》曰：'万物负阴而抱阳，冲气以为和也。'"

由上引文献，我们至少可以断定，"阳和山"之名与此地的风景秀丽有关，与南方的气候有关，与道家修炼场所有关，可能很早就是湘南著名道场，只不过到王真人时方记入载籍。而山名改为阳明，除清康熙《永州府志》所载自然原因外，推测也许与明嘉靖和尚秀峰禅定于此有关。不仅日出阳谷使山得明，恐怕学佛者的开悟坐化也是一种心地的透彻大光明。清康熙《永州府志》卷二十四《外志》载：秀峰"筑庵于黄溪之阳明山，山高与云齐，及见日出，故以'阳明'名之。秀峰修行数十年，得漕溪正传。"这样的记载与他后来的明心见性，与他的涅槃，应还是有些因果联系的，佛法里的智慧本身就是一种如日之光明，可以照彻天宇人心的。这样的文本暗示意味很强。

其实大儒王阳明也写过一篇有名的《象祠记》，那是他被贬为贵州龙场驿丞时所作，本来与阳明山无任何关联。但在这篇有名的文章里，他慨叹了阳明山一带的有庳："'胡然乎？有庳之祀，唐之人盖尝毁之。象之道，以为子则不孝，以为弟则傲。斥于唐，而犹存于今；坏于有庳，而犹盛于兹土也，胡然乎？'我知之矣：君子之爱若人也，推及于其屋之乌，而况于圣人之弟乎哉？然则祀者为舜，非为象也。意象之死，其在干羽既格之后乎？不然，古之骜桀者岂少哉？而象之祠独延于世，吾于是盖有以见舜德之至，入人之深，而流泽之远且久也。"榜样的力量无穷，考之舜的行事，舜生活在一个"父顽、母嚚、弟傲，皆欲杀舜"的不和谐家庭里。舜所做的（"克谐，以孝"）实质上是使个人与家庭、个人与婚姻、个人与社会、国家与百姓、人类与自然，个体的灵与肉等方面，都通过我们自身的努力，由不平衡（一种失衡）发展到平衡，由不和谐发展到和谐的过程。

台湾佛光山开山星云大师写过一篇《佛光山的性格》①，笔者也想套用此一说法。因了阳明山的自然风光，加之其深厚的文化底蕴，阳明山一样具有了灵性和性格。有人间的性格，有文化的性格、有教育的性格、有大众的性格、有慈悲的性格、有喜乐的性格，有融合的性格。如果要一言以蔽之，笔者以为这性格就是"阳和"：是一种温暖的祥和之气；是让人心灵得以休憩的和谐之境；是有容乃大的圆融之性。

四 "和"文化的培育与"和"文化的创意

所幸今日，阳明山的管理者在无意间接近了她的性格。阳明山"和"文化旅游节已一连举行十三届。2006 年的"和谐社会与和美家庭"，2007 年的"世界因和而美"，2009 年的"绿色双牌、和美阳明"，2010 年的"和美阳明，魅力永州"，2011 年的"两岸阳明山，杜鹃传真情"，2012 年的"两岸阳明山，和美一家亲"，2013 年的"生态阳明山，和美两岸情"，2014 年的"海峡两岸情，和美一家亲"，2015 年两岸阳明山"合璧"，主题仍为"海峡两岸情，和美一家亲"，2016 年的"和美一家亲"，2017 年的"健康中国，魅力河山"，2018 年和文化节则有十大和谐主题，2021 年则以"锦绣潇湘·和美双牌"为主题。虽然在创意上没有打开视野，但还是接近了阳明山的性格。至少是抓住了阳明山"和"的特点。

未来阳明山"和"文化的创意关键，是打开视野，不同流俗，有自己的特色，有自己的唯一，以及别人不能复制的品牌优势。

那么，阳明山的文化创意该从何入手呢？笔者不揣浅陋，认为应从如下几个方面进行创意：

一是提炼并抓住阳明山的"性格"，阳明山是一座自然之山，也是一座"万和之山"，其自然景色中蕴涵文化，文化中透视出自然的天地灵气，是"锦绣潇湘"内在心脏的一个独特之点——因为锦绣就是色彩鲜艳、质地精美的丝织品，比喻事物的美好，本身便隐

---

① 星云法师：《佛光山的性格》，《法音》1989 年第 2 期。

含了人文的内涵，而潇湘便是自然的象征。阳明山本身便是天人合一的产物。

　　二是不要刻意挖掘台湾阳明山与永州阳明山的所谓历史渊源或是新编没有来由的"民间故事"。"和合"一个重要的方面就是机缘，也就是佛教所谓的缘起论。在某一个时候因为台湾有一座阳明山，永州也有一座阳明山，就是因为名字相同，二者结缘了，成为兄弟山了。而且一年又一年在培育"和美"的文化，国台办高层来了，台湾国民党高层也来了，大家在逐渐认同这样的"和"，这就够了，不要再找其他的理由了。十年二十年，一百年后它的渊源就有了，它的历史，它的文化也就有积淀了。正如台湾佛光山一样，它原本是一座荒山，但机缘来了：星云大法师1967年开山至今也就是五十余年，你看它已成为台湾地区最大的佛教道场，成为"人间佛教"的圣地。星云法师2013年11月7日去了一次广东佛山，他说："中国寺庙、佛像很多，以佛命名的，只有佛山。"所以他来了，而且一定要来，这就是机缘。

　　三是要用特色"和"文化资源构建特色文化生态旅游区。没有特色和个性就没有差异化竞争优势，就会缺乏发展的驱动力、持续力。它的特色在哪里，如果九嶷山是一座道德之山，阳明山就是"和美"之山，天地人和，天地之和，人际之和，身心灵与肉之和，可以分门别类建设不同"和"的生态功能公园。要将创意设计与阳明山的生态资源自然结合、无缝结合，造成虽由人工却宛如天开的效果，同时也要接地气，要促进传统文化资源与现代文化资源融合。阳明山正在培育的"和"文化本身便是一种融合，今后还可以进一步加大不同文化资源的共生共融。

　　四是不仅要培育文化，也要培育市场品牌。"和"文化如何细化，"和"文化品牌如何推广，很值得研究。"和"文化节办了十多届，但还只是流传于小圈子里，也就是说其大众品格还没有得到充分发掘。除了政府行为推广，更要通过品牌传播转换成为大众的口碑传播。这就必须使品牌有特色、特别、特殊之性，才能积聚人才、人气、人缘。品牌传播推广应有这么三个阶段，首先通过广告或品牌推广活动召唤人气，进而让人们慕名而来，最后让人感到"就是人们想去的地方"，让人有一种心的归属感，心的栖息感。正如中央小城镇会议所指出的那样："要传承文化，发展有历史记忆、地域特色、民族特点的美丽。""要依托现有山水脉络等独特风光，让城市融入大自然，让居民望得见山、看得见水、记得住乡愁。"

五是把握好"乡土开发"与"乡土保持"的平衡之道，将文化生态旅游由浮光掠影升华为深度的文化旅游。作为城市周边的名山，能利用自然环境、人文景观和民风民俗来吸引游客，也可通过城乡合作的方式将原先只能在城市中才能欣赏的各种活动引入乡村民居，让远离城市的游客依然可以与城市文化元素"亲密接触"，还能将本土文化和传统艺术形式与现代化科技手段结合。它不仅可以提高文化生态旅游的吸引力，还能有效保护本土文化资源，如历史遗迹、民俗活动、传统手工艺品等。

舜皇山人文旅游的创新、创意与创品牌

自然在文明的演进中会日益彰显其人文性特点。"舜皇山"三字就既体现了"山"的自然性和"舜皇"的人文性。在舜皇山神奇的山水之间，因为历史的积淀，其本身便已是自然山水与人文文化、人文教化的天然组合，你分不出哪是自然山水，哪是人文文化和人文教化，它们已亲密无间地融为一体，自然山水中就是人文文化和人文教化，人文文化和人文教化也是自然山水。

我们研究文化是为了认识文化现象，了解人类或其中一个民族的深层心理积淀，研究文化更是为了保护文化，弘扬、传承文化中的优秀成分。而保护与弘扬传承优秀文化都要靠文化保护与文化创意来实现。如何进行文化保护，在保护中发展文化、弘扬文化，开展人文旅游是一个首要选项，除可以传播、传承、弘扬传统文化，还可以开展经贸往来，发展经济，带来社会效益和经济效益。

做好人文旅游，首先又有一个文化创意与人文旅游开发问题。在今天人文旅游作为绿色产业方兴未艾，很多人只注意到可以发展经济，殊不知这是一个绿色、生态、环保的系统性文化问题。它贯穿了"创新、协调、绿色、开放、共享"五大发展理念的每一个环节。

笔者以为，要做好舜皇山的人文旅游，应有条不紊，正确处理如下八个方面的问题。

一是定位问题。人们只欣赏他们喜欢的事物，对于不喜欢的东西看得越多反而越感厌恶，不但没有美感，反而更觉得丑陋。一个定位准确的旅游品牌引导人们往好的、美的方面体会，就是希望消费者感受、思考和感觉该旅游品牌不同于其他竞争者的旅游品牌的一种方式。

换言之，即指为某个特定旅游品牌确定一个适当的市场位置，使之在消费者（游客）的心中占领一个特殊的位置，当旅游需要突然产生时，随即想到该旅游品牌，就像在炎热的夏天突然口渴时，人们会立刻想到红白相间、清凉爽口的"可口可乐"一样。所以，旅游品牌定位的目的在于创造鲜明的人文旅游品牌个性，塑造独特的旅游品牌形象，从而满足目标消费者的需要。

中国名山很多，同质化现象日趋明显，舜皇山以什么来吸引游客，市场定位在哪里？个人以为应着眼于舜皇山身后的自然与历史文化积淀。定位应是如下"四个山"的有机结合与融合：生态之山——绿色养生文化；人文之山——传统文化、红色文化；经贸往来之山——经贸文化交流；休闲之山——休闲文化。

二是挖掘问题。定位不是简单的贴标签，需要名实相符。这就需要我们进行文化挖掘。挖掘文化可以从不同角度，角度越多越好，面越宽越好。一句话：多多益善。但核心要围绕"四个山"来挖掘：如生态养生文化挖掘：就应包含迤逦独特的自然景观（女英溪），丰富独特的动植物（方竹），负氧离子，等等；传统文化的挖掘：舜的传说，德文化之乡的浸润，红色文化的艰辛与乐观精神；经贸往来文化的挖掘：山下独特的大庙及庙前的固定时日（八月十二日）的庙会文化带来的经贸往来，以及中心文化与边缘文化的交流碰撞；休闲文化挖掘：漂流与本土游耕文化，农耕文化体验；等等。

三是提炼问题。文化挖掘只是达到了对相应文化收集整理的地步。这里还有一个去粗取精的提炼问题。应根据社会需要，民众需要、游客需要、客户需要等多种角度来提炼，而不是哗众取宠，故作新奇、惊奇。换句话说，生态文化要从有益于身心来提炼，传统文化、红色文化要考虑传统文化中的积极因素、正能量因素，如舜德与红色文化是核心元素，要找到其一脉相承点：舜一路南巡是化民，红军一路长征是救民，二者统一均是为民。经贸往来文化挖掘要着眼于南北东西文化交流碰撞，以及经贸往来对形成大庙镇繁华与热闹的重要性角度进行。休闲文化要与现代新型休闲相结合，与复古休闲相结合。着重体现体验式休闲的有效性和持久性。

在文化挖掘中,切忌短平快和立竿见影的功利性。要着眼于山水城乡、生态城乡、文化城乡、特色宜居城乡角度来进行提炼。要考虑社会文明度、经济富裕度、环境优美度、资源承载度、生活便宜度、公共安全度六条标准,因为对于物质宜居性和精神宜居性而言——不仅要有物质上的丰富和便利,还要有文化上的充分保障;不仅是身体的宜居,更是精神的宜居,这实际上是张扬了以文化为基础把山水城乡打造成人们精神家园理想的追求。所以提炼要立意高远。

四是升华问题。升华是文化旅游创意产品的核心,重点在"创意"上。创意是创造意识或创新意识的简称,是一种通过创新思维创新意识,进一步挖掘和激活资源组合方式进而提升资源价值的方法。创意是传统的叛逆,是打破常规的哲学,是一种文化底蕴。

所以舜皇山人文旅游品牌创意,要注意将文化生态旅游、文化创意产品由浮光掠影升华为深度的文化感受、文化体验。要以舜皇山为核心引爆点,以紫水、湘江、芦洪江、石期河"四水",紫溪市、芦洪市、大庙口、白牙市"四镇"为辐射,营造辐辏式山水城乡、古镇景区,众多景点则以星罗棋布方式相连接。城乡记忆以古代遗址、历史街区、民俗信仰、民间艺术、市井生活、商贸交流、传统建筑、民风民情等有形无形的方式存在着,人们可以通过它们来读取城乡演进的年轮,舜帝的众多传说,以及舜皇山的历史积淀。乡土与古镇记忆是地方发展的灵魂和象征,它不仅代表了一个地方的过去,也孕育了未来。升华就是将生态文化创意的重心放在建设上,从生产制造旅游产品转到文化消费体验旅游品牌上来,转到全域旅游理念上来。

五是呈现问题。文化呈现包含两个方面的内容。一个是艺术呈现,即用戏剧、诗歌、小说、音乐、美术、建筑、书法、影视、实景演出等一切艺术形式来再现舜皇山整个景区的自然生态,以及厚重的历史文化。要有次序地推出民间故事系列、戏剧系列(包括傩戏)、小说系列、音乐系列、影视系列、实景演出系列等艺术作品。为舜皇山起到传播、推介、推广的目的。另一个就是各种形式的文化创意活动和文化创意形式。如果将之与旅游相结合，将会起到口碑传播的作用。烙上城乡符号和地域特色文化的文化符号产业、产品、空间形态等不仅是城乡文化的主体，也应具有文化体验的消费功能。如各种形式的文化博览园，不仅同质化，而且没有了新意。如果我们设置创意出体验式的文化部落保护区，让现代社会的人们在一块地盘上体验庙会文化、狩猎文化、游耕文化、农耕文化，体验古代历史文化街区，就能够收到既保护文化又发展文化旅游的目的。

假如我们把舜帝驻跸舜皇山3—6年的传说加以认可，则山下的舜帝大庙也就自然可以理解，我们可以通过创意再现舜帝上古时舜皇山及其周边是雏形国家文化中心的景象，"大"古通"太"，二字意思相同，大庙也即"太庙"，舜帝长期驻跸之所，建"太庙"祭祀祖先不是也在情理之中吗？后世农历八月十二日赶庙会的习俗也就顺理成章了。那么舜皇山的大庙及其庙会的恢复就应在不失传统生态的基础上，再突出现代社会游客的体验式感受。

六是品牌（推广）问题。文化创意不仅要培育文化，也要培育市场品牌。文化资源如何细化和整合？文化品牌如何推广？除了政府行为推广，更要通过品牌传播转换成为大众的口碑传播，要进行大数据传播。这就必须使品牌有特色、特别、特殊之性，才能积聚人才、人气、人缘。品牌传播推广应有这么三个阶段，首先通过广告或品牌推广活动召唤人气，进而让人们慕名而来，最后让人感到"就是人们想去的地方"，让人有一种心的归属感、心的憩息感。

舜皇山人文旅游一定要有品牌观念。品牌是品名、品记、品类、品位、品质、品德、品行的相乘，是一种有机结合与融合。唯其如此才会形成品牌资产。其中品记是品牌的标记，是指品牌中可以被识别，但不能用语言简洁而准确地称呼的部分。如符号、标志、图形、图案和颜色等，舜皇山人文旅游应尽快设计出自己的品牌标记，以利于推广。品类是指品牌所涵盖的产品类别，即该品牌具有哪些类别的产品，具体到舜皇山而言，应该从全域旅游角度，细分旅游文化产品，以应对目标旅游消费者。品味是指品牌所涵盖的产品的文化底蕴、审美情趣以及品牌传播所形成的品牌形象与品牌个性。品质是反

· 127 ·

映品牌形象的一个公认的重要元素。品质好坏几乎成了品牌形象的代名词，品德是指营销者在品牌宣传中所倡导的文化、价值观念与经营理念。舜皇山人文旅游倡导什么样的旅游文化观念、价值观念会决定其品牌的导引效应。品行则是指品牌营销推广者的管理行为、广告宣传行为、公共关系行为、销售行为、服务行为等旅游公司组织行为和员工个人行为在社会上的表现给公众和消费者留下的印象，给品牌留下的积累。过去旅游开发往往忽视了这重要一环，只是坐吃祖宗自然遗产，结果人文旅游始终走不出去，形成不了品牌。

七是特色问题。走特色发展之路，避免同质化现象是舜皇山人文旅游重要的卖点。目前一些地方人文旅游开发建设项目雷同、发展形式雷同，跟风模仿几乎成了城乡人文旅游定位及创意的通病，如古城商铺开发，名山庙宇香火开发、附会编造人文故事等，不一而足。

要知道，只有具有个性特色的山水城乡文化建设才是真正的创意文化产业，才是最美的山水城乡。古希腊哲人亚里士多德说："人们来到城市是为了生活，人们居住在城市是为了生活得更好。"用这话移论山水城乡人文旅游开发照样适用。如舜皇山区独特各异的农耕、游耕、节庆、服饰、饮食起居、医药、婚丧、建筑、语言文字、宗教信仰、神话传说等民俗风情构成了文化创意产业所依托的多彩的文化资源，舜皇山有独特的喀斯特地貌景观、溪流中的巨型鹅卵石景观、原始次森林景观，等等，使得舜皇山在自然资源和自然风光上也呈现多姿性和丰富性。将多姿的自然景观和多彩人文景观的巧妙结合，发展多型的创意文化产业是这一区域的魅力所在，也是特色所在。

八是凸显历史文化记忆问题。凸显历史文化记忆是人文旅游品牌创建的核心内容。有论者认为，当今流行的城乡文化创意通病在于"四有四没有"：有绿化（变成了简单的草坪），没山水；有建筑，没诗意（韵味品位）；有规划，没特色；有指标，没（文化）记忆。而大批伪造的记忆却被注射进城市或乡村的躯体。具有民族风格和地域特色的城乡风貌正在消失，城乡面貌越来越变得杂乱无章，失去了方向。舜皇山自然生态文化丰富多彩，山、水、石、林巧合成景，岩、泉、树、藤自然成趣，四时花开不断，气候宜人，其山水、诗意、建筑、林木融合无间。更重要的是其人文景观与自然合二为一,"山"是自然的,"舜皇"则是人文的,舜皇山及其周边城乡众多地名无不是体现这样的"二合一",如:树德湾塘、龙井、九龙岩、天子山、大王岭、八旗田洞、七星伴月、舜峰石刻、城墙石、舜皇岩、延门口、女英溪、娥皇瀑布等,无不如是。这是在规划与建设中,我们要特别注意的,对于已有不妥的建设和创意,是必须通过文化研究加深认识后,在发展文化创意产业时要及时纠错的。

儒家文化下的文学意蕴

一种礼制和一章诗的意味

《诗经·大雅·行苇》之"四鍭如树"中"树"字的训释,如果从语源学角度、互文角度、射礼文化角度去考察,完全可以做出一种新释:"如树"实际上是"不中质"的形象说法,它与上文"既均"(中质)互文见义,即"既均""如树"均包含有"中质"和"不中质"两种情形。这样解读可以还诗摇曳多姿,隽永有味的本来面目,并能深入认识先秦射礼文化的丰富内蕴。

《诗经·大雅·行苇》第三章曰:"敦弓既坚,四鍭既均,舍矢既均,序宾以贤。敦弓既句,既挟四鍭。四鍭如树,序宾以不侮。"历来解诗者虽然对诗所描写的内容究竟是大射、宾射还是燕射、乡射,有不同的看法,然而无论如何诗是写"较射"过程则无甚分歧,这八句描述的是射礼中挽弓、引射、中质的几个步骤则殆无疑义。一般人所理解的白话大意正如流传较广的陈俊英《诗经译注》所译:"雕弓拉起劲儿大,利箭匀直质量佳。放手一箭就中的,各按胜负来坐下。雕弓张开如满月,箭儿上弦准备发。箭箭竖在把子上,败者也不敢怠慢他。"①

但个人认为,这种理解微有偏差,偏差之处在于对"四鍭如树"的"树"字的理解上。自毛诗以来,对"树"的训释都是辗转为训。如《毛传》释"四鍭如树":"言皆中也。"孔颖达疏曰:"其四鍭皆中于质,如手就树之然。"②《毛传》省略了辗转为训的过程,孔氏则加

---

① 程俊英:《诗经译注》,上海古籍出版社1985年版,第530页。
② (汉)郑玄笺,(唐)孔颖达疏:《十三经注疏·毛诗正义》,北京大学出版社1999年版,第1087页。

以补充完整。这个解法对后人影响极大，似乎成了千古不刊之论。疑古虽自宋人开始，他们也没有提出异议，如朱熹《诗集传》仍然还是承接孔氏之言，谓"树，如手就树之。言贯革而坚正也。"但他在分析诗意时，已开始有"不以中，病不中者也。射以中多为隽，以不侮为德"的精彩之论。① 只可惜其对"树"的训释，仍落入窠臼。即便到了疑古极盛的乾嘉时期也没有改易之新论。如马瑞辰《毛诗传笺通释》就进一步引述书证将辗转为训发挥得淋漓尽致："《方言》：'树，植立也'，树之言竖，《广雅释诂》：'竖，立也。'射之中质有如竖立于其上者，故曰'如树'。"② 由上引述分析，我们可以看出这个辗转为训的详细过程：树—植—竖—立—中质如竖立于其上。在这样一条训释链里，我们总感觉到在最后一个环节上有突兀而来的转折意味，训释得并不是那么顺畅自然。

个人这样说，并不是反对辗转为训的训诂方法，事实上在训诂历史中通过辗转为训的方式考释古诗文之疑难，发千古之幽微，使古诗文疑难之处涣然冰释的例子比比皆是，自不容我辈置喙。问题是如果通过辗转为训的方式仍然让人感到不顺畅、不自然或仍然有疑惑，就值得再斟酌了。

《行苇》这八句诗，如果我们不用辗转为训的方式来理解而又能达到意思明晓，且顺畅自然的话，个人以为完全可以放弃上述辗转为训的解释。我们先来看看"树"字意义的语源初始意义及演变意义。

关于"树"字的系统使用，较早的文献当属《尚书》《周易》和《诗经》。《尚书》"树"字出现凡四次，它们分别是《商书·说命中第十三》："树后王君公"（立君臣上下）；《周书·泰誓下第三》："树德务滋"（立德务滋长）；《周书·毕命第二十六》："树之风声"（立其善风，扬其善声）；《周书·康王之诰第二十五》："乃命建侯树屏"（立诸侯，树以为蕃屏）均为"立"的意思。虽然前三篇过去认为是伪

---

① 朱熹：《诗集传》，文学古籍刊行社影印宋刻本 1955 年版，第 131 页。
② 马瑞辰：《毛诗传笺通释》，中华书局 1989 年版，第 891 页。

古文尚书,不能作为较早文献的例证,但从其句式的运用来看,应该是较早的语言运用材料,而且其用法与"康王之诰"亦近似。况且随着考古材料的大量发现,人们越来越多地认为,所谓"伪古文尚书",或许成书较晚,但它大量运用了先秦的语言材料则是有可能的。所以我们这里还是把它当作较早的文献来看待。《周易》只在"系辞下"中有"不封不树"之言,其"树"即"种树"意,此句是"不积土为坟,不种树以标其处"的意思。而《诗经》中"树"字出现凡十一次,现列示如下:

《鄘风·定之方中》:"树之榛栗,椅桐梓漆,爰伐琴瑟。"

《卫风·伯兮》:"焉得谖草?言树之背。"

《郑风·将仲子》"将仲子兮,无逾我里,无折我树杞。"(复沓二次:"将仲子兮,无逾我墙,无折我树桑。""将仲子兮,无逾我园,无折我树檀。")

《秦风·晨风》"山有苞棣,隰有树檖。"

《小雅·鹤鸣》:"爰有树檀,其下维萚。"(复沓一次:"爰有树檀,其下维榖。")

《小雅·巧言》:"荏染柔木,君子树之。"

《大雅·行苇》:"四鍭如树,序宾以不侮。"

《周颂·有瞽》:"设业设虡,崇牙树羽。"

分析这些"树"字的用法,实际上就是两个意思,一个是种植、栽种意。如"树之榛栗"、"言树之背"、"无折我树杞"(孔颖达疏:无折我所树之杞木)、"君子树之"、"爰有树檀"。另一个是植立、竖立意。如"崇牙树羽"(置羽)、"四鍭如树"、"隰有树檖"(树檖,树,直立的样子,形容檖)。虽然将"树杞""树檀"解为杞树、檀树也可通,如余冠英《诗经选》就说:"树杞就是杞树,就是柜柳。"但"树"作为木类之总名,毕竟是从动词发展而来的。王力先生认为:"树、竖同源。'树'在《广韵》中有臣庚切,常句切上、去两读。上声一读义为'扶树',是动词;去声一读义为'木总名',是名词。这反映了'树'字通过声调变化由动词分化出名词词义的语言演变事实。'竖'字与动词词义的'树'同音。'竖立'与'树立'义近。二字同源。"① 这是极深刻的见解。由此可见先秦诗文中"树"的语源意义实质上就是读上声的动词词义。所以《经籍籑诂》辑录的"树"字条，先秦诗文例句几乎全是"立""种"二义。而有"中质"意义的诗文极为罕见，不仅先秦如此，后世亦然②。

那么，再回到"四鍭如树"的训释上来，个人认为对"树"的训释由"植"训到"竖""立"即可，没必要生硬的扯上"射之中质有如竖立于其上者"或是"其四鍭皆中于质，如手就树之然。"，进而硬是不自然的增忝出一个"中质"的义项来。为何这么说？因为"四鍭如树"并不是射中靶的之意，恰恰相反，"如树"其实是没有"中质"之意。树者，竖也，立也。就"竖"、"立"之意来说，它是一种顶天立地的"纵"之象，乃是箭头插于地，箭尾朝天之形象化描述，与射中靶的"横"而"中质"之象相反。因而"有如竖立于其上者"也好，"如手就树之然"也好，都是一种"纵"之象，而非"横"之象。箭射"中质"，箭身应保持"横飞"之象而箭头插入"侯"（所射布，即鹄的或曰"质"）中，如不中，箭身则随箭头下落，而箭头"如树"插入地。这种解释实际上已使诗意一目了然。只不过囿于千百年来所形成的思维定式我们可能还会感到有些许牵强。为了更好地说明这种解释的正确性，以及这种训释更符合诗的本来意义，我们姑且再从互文的角度来作进一步的申述。现将《行苇》三章八句两两对举重新列示如下：

敦弓既坚（弓好）……………………敦弓既句（张弓）

四鍭既均（箭好）……………………既挟四鍭（上弦）

舍矢既均（舍矢中质）………………四鍭如树（舍矢不中）

序宾以贤（以中之多寡序贤）………序宾以不侮（中质少者或不中者亦不侮）。

很明显，前四句与后四句两两对举成文，而且互文见义。如果我们把它缩成四句，实际上是"敦弓既坚且句，四鍭既均且挟。舍矢既

---

① 王力等：《王力古汉语字典》，中华书局2000年版，第1310页。
② 阮元：《经籍籑诂》，中华书局1982年版，第1057页。

均或如树,序宾以贤或不侮。"其意义可大致概括为:"张开强劲的雕弓,将匀直的利箭上弦。一发射或中或不中,按那射中次数的多寡排列贤能,射不中者也不怠慢他。"前两句意思连贯递进,后两句意思相反相成。当然,压缩成如此四句,意思虽然显豁明了,但毕竟味同嚼蜡,缺少诗味;而分成八句,以复沓手法出之,加之以互文见义,自然就显得摇曳多姿,让人感觉诗意盎然,诗韵悠长,诗味自然耐人咀嚼。实际上这种互文法,于《诗经》中所在多有。《大雅》中亦不少见,如《大雅·常武》首章:"赫赫明明,王命卿士,南仲大祖,大师皇父。"是互文,说的是天子在太祖庙任命南仲为卿士,皇父为大师。如果用散文笔法就是"王命南仲为卿士于大祖,王命皇父为大师于大祖。"又如《大雅·卷阿》九章:"凤皇鸣矣,于彼高冈。梧桐生矣,于彼朝阳。"姚际恒论云:"诗意本是高冈朝阳,梧桐生其上,而凤凰栖于梧桐之上鸣焉;今凤凰言高冈,梧桐言朝阳,互见也。"①可见,我们说《行苇》这八句是互文也算不得是无中生有,从诗本身的意味来看更不显得突兀、不自然、不和谐,而是恰恰相反。

如果我们再从射礼文化角度来作进一步考察,更可以理性地认识到,将这八句诗看成互文见义,将"如树"解释为"射不中质"是更合情合理的。按古之射礼一般认为有大射、宾射、燕射、乡射四种②,将祭择士为大射,诸侯来朝或诸侯相朝为宾射,宴饮之射为燕射,卿大夫举士后所行之射为乡射。《礼记·射义》云:"是故古者天子以射选诸侯、卿、大夫、士。射者,男子之事也,因而饰之以礼乐也。故事之尽礼乐,而可数为,以立德行者,莫若射,故圣王务焉。"那么,天子为何以"射"选贤也就容易明白了,因为在"射"的过程中,特别容易看出一个人的贤能与否,因为"故射者,进退周还必中礼,内志正,外体直,然后持弓矢审固;持弓矢审固,然后可以言中,此可以观德行矣。"又说"故心平体正,持弓矢审固;持弓矢审固,则射中矣。"还说"射者,仁之道也。射求正诸己,己正而

---

① 姚际恒:《诗经通论》,中华书局1958年版。
② 清人朱大韶认为无所谓宾射,只有三种。见其《实事求是斋经义》。

后发,发而不中,则不怨胜己者,反求诸己而已矣。"①《行苇》一诗究竟是大射还是宾射、燕射,古来多有争议,本书不想搅入这种争论之中,但不管是哪一种"射",有两点是明确的,一是"射"的目的是选贤以立德行。换言之,选贤任能本是儒家的一个主导思想,周代的先王乃至文武周公是系统的开其端者;二是无论哪一种射礼,均有一个"射"的程序。何况无论大射、宾射、燕射亦如乡射之礼②,各种射礼的程序在主要方面均是一致的。《礼仪》中所载大射、燕射、乡射之礼的描述虽不一定完全可靠,况且加之古礼烦琐,其程序也难以考实。但在先秦诗文中还是可以看出蛛丝马迹的,我们可以将这些古诗文留下的射礼痕迹与《仪礼》相印证。像《行苇》一诗便是这种痕迹的遗留,这八句"较射"的过程描写和结果描写都是确确实实的。胡承珙《毛诗后笺》分析云:"所言献酢之义,肴馔之物,音乐之事皆与《仪礼·燕礼》有合。则其因燕而射,亦如燕礼所云,若射则大射正为司射是也。"王先谦《诗三家义集疏》则说:"盖公刘举射飨之礼,出行有此故事,诗人美之,因以名篇。"虽然胡氏从古文诗序说,以肯定"周家忠厚"之诗旨,王诗用今文三家诗遗说,以申述诗是写"公刘仁德"。角度不一,但对"较射"选贤立德之事实还是认可的。"较射"既为事实,则"较射"之程序也应是一致的。所以《礼记·射义》说:"古者诸侯之射也,必先行燕礼;卿大夫之射也,必先行乡饮酒之礼。故燕礼者,所以明君臣之义也;乡饮酒之礼者,所以明长幼之序也。"而射必有靶的,当时亦称为"侯",《小雅·宾之初筵》就记载得很明白:"大侯既抗,弓矢斯张。射夫既同,献尔发功。发彼有的,以祈尔爵。""大侯既抗"就是把靶的"侯"举起。"笺云:举者,举鹄而栖之于侯也。《周礼·梓人》'张皮侯而栖鹄'。"③

---

① (汉)郑玄笺,(唐)孔颖达疏:《十三经注疏·礼记正义》,北京大学出版社1999年版,第1643—1648页。
② 《仪礼·燕礼》。
③ (汉)郑玄笺,(唐)孔颖达疏:《十三经注疏·毛诗正义》,北京大学出版社1999年版,第878页。

"侯，人之形类也，上个象臂，下个象足。中人张臂八尺，张足六尺"①，又《仪礼·乡射礼》曰："凡侯，天子熊侯，白质；诸侯麋侯，赤质；大夫布侯，画以虎豹；士布侯，画以鹿豕。"可见"较射"的目的就是要射中所谓的"侯"，而郑玄笺曰："侯，谓所射布也"，是用布所做成的人形或动物形象，它们是竖立于地上的，那么射中者自然为"均"（皆中也，箭头横插"侯"上之象），而不中者则为"如树"（箭脱靶而竖插于地之象）。

有感于此，个人认为在训释《诗经》或古诗文时有两点应特别注意，一是要首先从语源学角度来考释词义，如果语源学的初起词义能说通，就没必要辗转为训，生硬加上多余的衍生词义，那样反倒湮没了诗的本来诗意，从而成为赘疣。二是要从写法上，也就是要从诗的角度去审视所训释词义的合理性，也就是说这种训释是否是有"诗韵"，有"诗味"的，是否合于诗歌本性的摇曳多姿、悠长韵味。三是要看是否与具体的文化语境相契合。《毛传》之训释由于去古未远，训解词义虽然胜义迭出，多合于诗旨。然而由于它尊王美王的用诗观所形成的习惯性思维定式，解诗从美教化出发，一味强调诗歌内容的完美无瑕，以求自圆其说，从而造成词义训释上的白璧微瑕也是无法避免的。"四鍭如树"的训释就是一个典型，这是因为解诗者要突出天子身边的贤士之"既多且能"所使然，所以回避了"不中质"的话题。故后世读者于此细微处当不可不察。

---

① （汉）郑玄注，（唐）贾公彦疏：《十三经注疏·仪礼注疏》，北京大学出版社1999年版，第244页。

"在宗载考"与《小雅·湛露》的诗旨

《湛露》"天子燕诸侯"的无异议诗旨，因对"在宗载考"的不同理解而有了不同的意蕴，但这实际上是对诗的"原始使用义"和"发展使用义"的混淆，如果能廓清不为人注意的"朝正"的内在"燕礼"含义，再结合作诗和用诗的流变特点去训释，就前者言之，全诗之旨乃是天子在理朝之正殿宴饮同姓诸侯；就后者而言，由于历史文化的积淀，诗旨因用诗的不同而显得多元。

《诗经·小雅·湛露》一诗，自《毛诗》小序说："天子燕诸侯也。"鲁、齐、韩三家诗，郑笺和后来朱熹《诗集传》均无异议。可以说古来有关诗旨的理解基本一致，他们认可的依据一般是《左传·文公四年》（公元前 623 年）卫宁武子的一句话："昔诸侯朝正于王，王宴乐之，于是乎赋《湛露》，则天子当阳，诸侯用命也。"但由于后人对诗中"在宗载考"理解不一，导致近人、今人对诗旨的理解有了些微的差异，廓清其中的疑义，无疑对诗旨的进一步把握有较大的帮助，更重要的是我们还可以结合用诗的特点以弄清这类仪式诗歌内在的流变性规律。

"在宗载考"出自本诗第二章。全章云："湛湛露斯，在彼丰草。厌厌夜饮，在宗载考。"争议的最初伏笔实际上是《毛传》"夜饮必于宗室"的训释，《郑笺》《诗集传》在继承性的训释中而露其端倪。郑笺云："载之言则也。考，成也。夜饮之礼，在宗室同姓诸侯则成之，于庶姓其让之则止。"朱熹《诗集传》申述说："夜饮必于宗室，盖路寝之属也。考，成也。"三家均训"宗"为"宗室"，但《毛传》总言"宗室"，郑玄强调是同姓之宗室，朱熹强调是"路寝之属"，已有些

"在宗载考"与《小雅·湛露》的诗旨

微的不同。所以清人姚际恒在他的《诗经通论》中则训"宗"为"宗庙",并释"载"为"再","考"为"击打"之"击",且将"宗"与"寝"将以区分①。于是乎,后人对"在宗载考"的训释就有了完全不同的看法,在诗旨的理解上就有了不太相同的把握。稍后于姚氏的方玉润在肯定了"天子燕诸侯"的说法后,则指出了毛传、郑笺的相牴牾之处,《毛传》统言诸侯,郑氏则谓宴同姓,认为《毛传》解"宗"为"宗室"乃是"宗子之室"。他引姚氏"宗庙"的训释否定了郑氏的"宴同姓"之说,也嘲笑了朱熹"路寝"之解。进而得出这是一首"美中寓戒"的诗,告诫宴会时诸侯臣子要记得:"君恩愈宽,臣心愈谨,乃可免愆尤而昭忠敬,讵可恃宠以失仪乎?"②而今人王利民则依据姚氏释"考"为"击"(即"考钟",击打乐器),推出"赋《湛露》,就是在宴会上乐师朗诵《湛露》,并不是为天子宴会诸侯而作《湛露》,赋诗、用乐与作诗不同。《湛露》当是一首描述贵族们夜饮的诗"③。

关于对本句"考"的不同训释还有今人于省吾、林义光、高亨三位先生,前二人主要从出土文献角度加以考释。于省吾在《泽螺居诗经新证》认为考、孝二字在此诗中通用。④ 林义光《诗经通解》认为:"考,祭享也。彝器言享孝者一作享考。"⑤ 二人分别从多个金文彝器中找出了"考"和"孝"的实例,且都认为可以相通,可谓言之凿凿。今人高亨先生亦近似,也认为"考"为祭享之意,只不过他是从书面文献中找证据,他说:"考,《左传·隐公五年》:'考仲子之宫。'服虔注:宫庙初成,祭之,名为考。按考即所谓落成之礼,行此礼时,必宴请宾客。在宗载考,言在宗庙中举行宫庙落成之礼。"为此高先生把诗旨确定为:"贵族举行宫庙落成之礼,宴请宾客,宾客

---

① 姚际恒:《诗经通论》,中华书局1958年版。
② 方玉润:《诗经原始》,中华书局1986年版,第355页。
③ 王利民:《诗经二雅选评》,陕西师范大学出版社1989年版,第403—404页。
④ 于省吾:《泽螺居诗经新证》,中华书局1992年版,第28页。
⑤ 林义光:《诗经通解》,中华书局2012年版,第193页。

作此诗来阿谀主人,并表示感恩之意。"① 这样一来,由祭享出发,推出的结论终于远离了《毛传》的意思。

考察归纳这些争论,可以看出对"在宗载考"的训释有这么几个特点。一是对"宗"的训释分歧较大。有释为"宗庙"、"宗室(宗子之室、大宗之庙、同宗)"、"路寝(君主听朝理事正殿)"之说;二是对"考"的训释意见不一,有"成"、"孝(包括祭享之说)"、"敲击"之说;三是"载"也有不同的解法,或释为"则",或释为"再"(唯姚际恒释此义);四是由此引申出的诗旨也就有了不同的内涵,无异议的"天子燕诸侯"之说便有了多种讲法:

(1)如果是天子燕诸侯,那是燕同姓呢?还是包括了异姓?

(2)贵族举行宫庙落成典礼,宴请宾客。

(3)《湛露》不是天子宴会诸侯时作,只是在宴会上朗诵早已写成的《湛露》诗,则《湛露》只是一首描写诸侯夜饮的祝酒诗或助兴诗。

(4)如果承认是天子燕诸侯,那么宴会的地点是在宗庙?还是在"路寝"正殿?这些问题还是上述研究者已经提出的,如果我们把"宗"与"考"的不同训释进行新的排列组合,在那些随意解诗者眼里不知还要生出多少"富有新意的新说"来!

笔者以为,解决这些问题除了训诂之外,还得从诗歌本身及诗歌与音乐与燕礼的结合入手,才能确定哪种训诂于诗歌本身是最恰切的。因为就《湛露》一诗而言归根结底这些歌词是用于"礼"的,而非用于天马行空的玄想的,也不是用于审美鉴赏的(尽管客观上有此功用,主观上能得此享受,但目的不在此)。所谓"礼之初,始诸饮食。"②但不归结于饮食,燕饮作为一种人际聚会形式,除酒足饭饱之外,其目的在于用诗与乐的形式在宴会上完成由酒食享受上升到对"礼"这种社会人际规范形式的自我认同和潜移默化。所谓"礼义立则贵贱等矣,乐文同则上下和矣。"③"宴饮中

---

① 高亨:《诗经今注》,上海古籍出版社1980年版,第241页。
② 郑玄注、孔颖达疏:《十三经注疏·礼记正义》,中华书局2009年版,第2654页。
③ 郑玄注、孔颖达疏:《十三经注疏·礼记正义》,中华书局2009年版,第3315页。

'礼'对'酒'的规范,'乐'对'醉'的防范,实际完成的是对宴饮活动的意义的澄明。"也是"对'令德'、'令仪'的申戒与号召"①。明乎此,我们再根据前引《左传·文公四年》(公元前623年)卫宁武子的话便完全有理由可以确定本诗是用于"燕礼"的,那么是不是只用于"天子燕诸侯"呢?这要从此诗原始使用意义(作诗目的)和发展使用意义(用诗目的)两个方面来看。提出"原始使用意义"和"发展使用意义"两个概念,是基于诗歌的创作动机和形成以后的用诗情况而言的。就先秦人们而言,从文艺心理学的角度看,"不喜欢把文艺和实用分开,也犹如他们不喜欢离开人世实用而去讲求玄理。'文'只是一种'学',而'学'的目的都在'致用'。"②所以除了创作动机的"原始使用意义"以外,还有"发展使用意义"。

先就"原始使用意义"而言,如果我们认为宁武子追述的"昔诸侯朝正于王,王宴乐之,于是乎赋《湛露》,则天子当阳,诸侯用命也。"是历史事实,那么"天子燕诸侯"的诗旨便可以完全确定,这从"朝正于王"便可以看出来,何谓"朝正"?这是古今研究《湛露》一诗的学者们所忽略了的细节。

《周礼·春官·大宗伯》曰:"春见曰朝,夏见曰宗,秋见曰觐,冬见曰遇。"《左传·文公四年》杜预注:"朝而受政教也。"又《左传·文公六年》孔疏:"其岁首为之,则谓之朝正。"则"正"除了"受政教"外当还有"正月"的意思。"昔诸侯朝正于王"于《左传》中仅一见,而且是追述,可见《湛露》一诗作于西周当是铁的事实,那么其诗旨是"天子燕诸侯"就毫无疑义了。春秋礼崩乐坏不再有"朝正于王"之大事,故《左传》中不见有记载,而代之以诸侯"朝正于庙",即诸侯以"朝享之礼"亲自祭祀本国宗庙,如《左传·襄公二十九年》:"春,王正月,公在楚,释不朝正于庙也(因为鲁襄公在楚国,所以这年没能朝正于庙)。"既确定了是"天子

---

① 李山:《诗经的文化精神》,东方出版社1997年版。
② 朱光潜:《文艺心理学》,安徽教育出版社1996年版,第68—87页。

燕诸侯"的诗旨,也就可以排除后世所谓宫庙落成典礼宴请宾客之说。

那么另一问题"燕"的地点应在何处呢?个人以为朱熹别具慧眼,他的"路寝之属"应是确解。其理由有三。其一,诸侯朝正于王,其目的是"受政教",这样的"燕礼"担负着"明君臣之义"的重任①,是一种君臣政治性活动。这种政治性活动宜于在天子政殿举行。其二,举行燕礼时"膳宰具官馔于寝东"②,又《礼记·王制第五》孔疏云:"'燕礼'者,凡正享食在庙,燕则于寝,燕以示慈惠,故在于寝也。燕礼则折俎,有酒而无饭也,其牲用狗。谓为燕者,《诗毛传》云:'燕,安也。'其礼最轻,升堂行一献礼,毕,而说屦升堂,坐饮以至醉也。"这些都明确昭示燕礼在天子政殿即"路寝"举行,何以《湛露》不言"寝",而言"宗",这就要从王宫整个布局来看,张衡《西京赋》云:"政殿路寝,用朝群群。"薛综注云:"周曰路寝,汉曰政殿",陈奂《诗毛氏传疏》亦云:"路寝居宫之中央,右社稷而左宗庙。"所以这是一个建筑整体,诗以一"宗"字泛指而已。所以解"宗"为"宗室"(宗子之室,或同宗族之人),或解为"宗庙"(祭祀祖先的庙宇)都不够确切。其三,我们还可以从后世群臣朝会看出周制"朝正于王"在正殿举行的一些痕迹。据《晋书·礼志下》记载"汉仪有正会礼,正旦,夜漏未尽七刻,钟鸣受贺,公侯以下执贽来庭,二千石以上升殿称万岁,然后作乐宴飨。"正旦,便是古时的正月初一,也是《春秋》所谓"王正月"的首日,此日行正会礼,本身便有尊王的意味,实际上是百官对皇帝至高无上地位的膜拜,也是天子"湛露"施恩的日子。关于这一点《晋书·王导传》也有记载:"及帝登尊号,百官陪列,命导升御床共坐。导固辞,至于三四,曰:'若太阳下同万物,苍生何由仰照!'帝乃止。"《世说新语·宠礼》亦有基本相同的故事。这实际上是古"朝正于王"的变异,但有一些根本的东西没变,如正

---

① 郑玄笺,孔颖达疏:《十三经注疏·礼记正义》,中华书局2009年版,第3495页。
② 郑玄注,贾公彦疏:《十三经注疏·仪礼注疏》,中华书局2009年版,第2202页。

月朝会、在正殿举行燕飨、施恩性政治活动等。通过上面的分析，则天子在宗庙燕享诸侯、抑或宫庙落成典礼之说、抑或一般的祝酒助兴之说自然不能成立了。

接下来的问题是天子燕诸侯究竟是"同姓"还是包含了异姓？这要从周的分封制说起，《左传·昭公二十八年》云："昔武王克商，光有天下，其兄弟之国者十有五人，姬姓之国者四十人，皆举亲也。夫举无他，唯善所在，亲疏一也。"说明当时"朝正于王"主要以同姓诸侯为主，特别是正月之"朝"，更可能只包含同姓诸侯，加之是"厌厌夜饮"，则同姓诸侯的可能性更大。故以诗的原始意义而论，"燕同姓"的推论更合情合理，所以《毛诗正义·湛露》郑笺云："夜饮之礼，同姓则成之，其庶姓让之则止。"今人陈子展先生的"天子夜饮同姓诸侯，当是此诗的本义"说法，也更接近诗的原始使用意义。但他认可式的引了胡承珙《毛诗后笺》"宗室即谓同宗"的说法则显得差强人意①。解决了上述问题，则关于"考"字的训释也就迎刃而解了，"考"在此诗中解为"孝"、"享祭"不可从，因为是燕诸侯，而非举行祭祀大典，解"成"则语法不顺，姚际恒解为"击"也就最合诗意："'考'，击钟也。《唐风》：'子有钟鼓，弗鼓弗考。'再考钟，所谓金奏《肆夏》也，入门、客出及燕之时皆用之。"② 姚氏较好地说明了天子燕诸侯时奏乐击钟的盛况和具体的演奏方式。所以就这四章诗的辞章而言，第一章偏重于宴饮的和乐气氛；第二章以宴饮的地点暗示宴饮的要义（君臣之义）；第三章、第四章则是宴饮达到的效果，宴饮者（诸侯）外在风姿上"莫不令仪"，内心人格则"莫不令德"。而更妙的在于这些内涵不见痕迹的依附于兴象之中："首章不言露之所在，二章三章不言阳，末章并不言露，皆互见其义。"③

再看诗的"发展使用意义"，如果将《左传·文公四年》卫宁武

---

① 陈子展：《诗三百解题》，复旦大学出版社2001年版。
② 姚际恒：《诗经通论》，中华书局1958年版。
③ 陈奂：《诗毛氏传疏》，商务印书馆1930年版，第35页。

子的话引用更全面一点,我们就可以更清楚地看到《湛露》一诗随着历史的发展已赋予了不同的含义,有了不同的使用场合。这段史实的全部是这样的:"卫宁武子来聘,公与之宴,为赋《湛露》及《彤弓》。不辞,又不答赋。使行人私焉。对曰:'臣以为肄业及之也。昔诸侯朝正于王,王宴乐之,于是乎赋《湛露》,则天子当阳,诸侯用命也。诸侯敌王所忾,而献其功,王于是乎赐之彤弓一、彤矢百、玈弓矢千、以觉报宴。今陪臣来继旧好,君辱贶之,其敢干大礼以自取戾?'"这段话说明了二个意思:一是鲁文公四年时,已无"朝正于王"之事,用于天子燕诸侯的《湛露》及《彤弓》被用于燕国君(诸侯)之臣或他国来使,正如无"朝正于王",则国君只"朝正于庙"一样是同一个道理;二是卫宁武子的"不辞,又不答赋",既是站在尊王的立场上觉得作为"陪臣"不配享受这种规格,同时也是对鲁文公称霸野心的一种敲打,当然也以"臣以为肄业及之也"的妙语给了鲁君台阶下。这实际上是极其高超完美的外交应答。就第一个意思而言我们看到由于"礼崩乐坏"(实际上在春秋是一种"礼"的滑坡,并非无"礼"),朝堂之音已经下滑至诸侯,随着时间的变迁还有可能下滑至陪臣乃至民间。就第二个意思而言,虽然卫宁武子站在尊王高度(也是"礼"的高度)以"不辞,又不答赋"的"不礼貌"(实质上是对"周礼"的自觉认同)方式表达了反对在诸侯宴会场所赋《湛露》的态度,但他毕竟已无法阻止当时的"礼坏乐崩",除了鲁国国君为宁武子赋《湛露》外,《论语》中记载的季氏"八佾舞于庭"也是很好的例证。故孔子说"天下有道,则礼乐征伐自天子出;天下无道,则礼乐征伐自诸侯出"。邢昺疏曰:"'孔子曰:天下有道,则礼乐征伐自天子出'者,王者功成制礼,治定作乐,立司马之官,掌九伐之法,诸侯不得制作礼乐,赐弓矢然后专征伐。是天下有道之时,礼乐征伐自天子出也。'天下无道,则礼乐征伐自诸侯出'者,谓天子微弱,诸侯上僭,自作礼乐,专行征伐也。"[1] 这很好地说明了礼乐征伐的

---

[1] 何晏等注,邢昺疏:《十三经注疏·论语注疏》,中华书局2009年版,第5477页。

下滑情况，诗作为礼乐之一部分自然也是如此。

其实中国的诗歌除了审美鉴赏外，始终与用诗分不开，这就好像一个词语，在不断的使用过程中，由于历史的文化积淀，除了本义，还具有了丰富的引申义、比喻义一样。一首诗或一章诗、一句诗，也会因为具体场合运用的语境、文化氛围、人物的不同而赋予其新的意蕴。由于用诗的传统，后人用诗可能就会把同一首诗运用于不同场合，越是到后世其运用的场合就可能越广泛。从这个意义上而言，用于宫庙落成典礼或贵族乃至朋友祝酒助兴的场合自然也会发生了，正如《韶》乐也许因舜的南巡可能散落于民间，用于民间礼仪，唐宫廷教坊音乐经过不知多少代一变而为今天的丽江古乐一样。其实就诗乐舞而言，其本初就是源自民间，文人士子为了一定的"礼"的目的将之雅化而为用，最后社会历史的发展又使得它重新融入民间，进而结合孕育新的诗乐舞形式。这实在是一个规律性的东西。只不过后来诗完全分化出来纯粹担负了言志抒情任务而已。但一直到今天，在一些隆重庄重的礼乐场合，其乐舞总还是有一定"诗"的内容与之相配的。

至于今天，我们完全将《湛露》作为文学作品来进行审美鉴赏，是因为它不用再背负沉重的"明君臣之义"的包袱。所以我们也就可以展开想象的翅膀说周围环境"最外是萋萋的芳草，建筑物四周遍植杞棘等灌木，而近处是扶疏的桐、梓一类乔木，树木尚且挂满果实"，"周围的丰草、杞棘和桐椅，也许依次暗示血缘的由疏及亲，然而更可能是隐喻宴饮者的品德风范"。① 因为是审美想象，也许作者未必然，而读者何必不然呢？

感此，笔者认为，就"在宗载考"的训释而言，也有一个随历史文化发展的"动态"变化规律问题。从作诗目的，也就是作诗的原始使用意义看，"宗"应为"路寝"之属，"载"为"再"，"考"为"敲打"或"演奏"之意。全诗之旨写的当为天子在理朝正殿宴饮同姓诸侯。而从后人用诗的目的，也就是发展使用意义来看，关键词"宗"

---

① 姜亮夫等：《先秦诗鉴赏辞典》，上海辞书出版社1998年版，第351页。

可以有多解，或宗庙，或宗室，或宫殿均可，"考"也可训为"祭享"或是"敲打""成"等，"载"则可以随关键词的训释不同可以灵活变化，训"再""则"均可，只要语法通顺就行。因为就发展使用意义而言，全诗的诗旨也随着后世使用的地点、时间、范围、尊卑、场合的不同而有了上述后人所理解的不同诗旨了。后人产生争论乃是因混淆了诗的原始使用义和诗的发展使用义所致。

封建社会君臣和谐张力的失衡与重构

——《世说新语》"宠礼·元帝正会"考论

就封建社会而言，君权的至高无上，臣子的无条件忠心，是君臣构成和谐张力的表现形式，但在特殊的历史文化氛围中，这种和谐的张力会因失衡的不和谐而需要重新建构，《世说新语》中反映的晋室南渡情形便是这一文化信息的写照，而"宠礼"门中的"元帝正会"条便是这种历史真实的精粹、典型、集中的艺术传达。

"宠礼"在我国封建社会历史中是一种常见的文化现象，一般是指帝皇对臣子或嫔妃的特殊礼遇，也有表现朋友同事之间的特殊礼遇的。志人小说《世说新语》更是将其单列一门，艺术的凸显其在历史文化中的重要性。宠礼，其具体含义是什么？检索群书，古今学人论者寥寥，今人杨勇先生在他的《世说新语校笺》中于"宠礼"门下作注，"谓礼遇宠异也。"① 杨勇先生是在校笺《世说新语》的特殊语境下做此规范的，但我们仍然感到有嫌笼统，而且在读完宠礼门六则小故事后，也觉得并不尽然如此。一种社会现象的存在总会有其丰富的历史文化信息，"宠礼"究竟该如何破解？本文拟从宠礼的文化语源现象入手，以首篇"元帝正会"为对象，对这种社会现象做出某种形式的解读，以期廓清"宠礼"的历史文化含义。

那么首先何谓"礼"呢？《礼记》曰："夫礼者所以定亲疏，决嫌疑，别同异，明是非也。礼，不妄说人，不辞费。礼，不逾节，不侵侮，不好狎。"又说"礼从宜"。看来"礼"便是一种社会秩序规范，

---

① 杨勇：《世说新语校笺》，中华书局 2006 年版，第 649 页。

其核心是"宜",是适宜的规范,是人际和谐规则。因而《礼记正义》说"夫礼者,经天地","理人伦","礼者,理也"①。

而"宠"又是什么呢?考其语源,"宠"最早出于《周易·师》"九二"《象》传中,谓"在师中吉,承天宠也"。(《易·师》九二爻:"在师中,吉,无咎。")孔颖达疏:"承天宠者,释'在师中吉'之义也。正谓承受天之恩宠,故中吉也。"②《九家易》认为:"二非其位,阳主升,当升于九五,武王受命而未即位。虽当为王,尚在师中,为天所宠,事克功能,故吉无咎。"③ 由此分析,这里的"宠"仍然为"宜",盖周武王做的乃是一种顺应历史潮流的自然大势,因而合"礼"。于此可见"宠"与"礼"在此形成了一种和谐的张力:大自然(或"上天")对合"礼"、得"宜"者的特别的眷顾和恩惠。

但是,"天"(上天)之恩宠后来分化,其中一条路径下降演绎为人君所有,即所谓皇上的恩眷(皇恩),亦称为"天恩"。"礼"也由"本于大一"(《礼运》)、"经天地"而走向"理人伦"。于是乎上天的"恩宠"与"人王"之"宜"(礼)的关系,因了人间天子代天"理"民,而转换为"人王"的"恩宠"与"臣民"之"宜"(礼)的关系。"礼"完成了它向社会伦理、规范、秩序的彻底转化。二者如果形成和谐的张力,则君臣其乐也融融,如果二者形成非和谐的张力,则君臣就会猜忌、提防,甚而会带来权力的某种微妙的异动。事实上,上述两种情形在表面上均难以实现。因为提防和猜忌心理所滋生的帝王之术总会使君王以某种有效的方式来驾驭("势")群臣,而伴君如伴虎的畏惧心理则会使群臣即便受宠也会"居宠思危",即便功高盖世、权倾朝野也会想到"为人臣者,宠有孝弟长幼顺明之节,通有补民益主之业,此两者,臣之分也"④。这就是说,面子上,君王即便有所猜忌和提防也要维持表层的"和谐"张力,臣子自身即便"圣眷正隆",也要表现出"诚惶诚恐",显示"号居贵宠,常思危

---

① 郑玄笺,孔颖达疏:《十三经注疏·礼记正义》,中华书局2009年版,第2653页。
② 王弼等注、孔颖达疏:《十三经注疏·周易正义》,中华书局2009年版,第49页。
③ 李鼎祚:《周易集解》,中国书局2016年版,第73页。
④ (汉)司马迁:《史记·赵世家》。

惧"的心态，以使君主放心。否则，"无所不畏，若乃不畏，则人可畏之训"①。《世说新语》"宠礼"门首条"元帝正会"，便是在打上东晋时代特有烙印基础上的一种君臣恩遇的历史性的展示。因为该条故事简短，且将全文引述如下②：

> 元帝正会，引王丞相登御床，王公固辞，中宗引之弥苦。王公曰："使太阳与万物同晖，臣下何以瞻仰？"

故事虽极其简短，但蕴含的政治文化信息量却大得惊人，它极其典型地再现了君臣之间如何围绕君臣关系的"和谐张力"这个轴心所展开的智慧角力。

就故事内容分析，王导的得宠其来有自，可谓水到渠成。从王导自身行为努力这个角度看，据《晋书·王导传》记载，在元帝即帝位前，当时元帝以琅邪王出镇下邳，导为安东司马，军谋密策，知无不为；又为司马睿献策出镇建康，因吴人不附，乃笼络江东士族顾荣、贺循等，参与军政府事，"由是吴会风靡，百姓归心焉。自此之后，渐相崇奉，君臣之礼始定"。永嘉五年（311年）汉刘曜攻陷洛阳，中州士族避乱江东者众，乃劝司马睿收罗其贤能，与之共图国事，于是尤见委任，建武元年司马睿即晋王位，王导出任臣相，军谘祭酒，次年晋王称帝，进骠骑大将军，仪同三司。时人有"王与马共天下"之说，朝野号称"仲父"。正因为此，才会出现"元帝正会"这一幕。其实这种小说家言在《晋书·王导传》中亦有类似记载："及帝登尊号，百官陪列，命导升御床共坐。导固辞，至于三四，曰：'若太阳下同万物，苍生何由仰照！'帝乃止。"再从元帝行事角度看，早在即帝位前，他与王导便已素相亲善，倾心推奉，契同友执，《晋纪》记载："导与元帝有布衣之好，知中国将乱，求为安东司马，政皆决之。"后来更是言听计从，所以晋中兴之功，王导实居其首。作为九五之尊的帝王从驾驭群臣的需要出发自然要演这样一出戏，虽然共坐"御床"

---

① 孔安国传，孔颖达疏：《十三经注疏·尚书正义》，中华书局2009年版，第502页。
② 余嘉锡：《世说新语笺疏》，中华书局2007年版，第850页。

有演戏之嫌，但元帝对王导宠礼有加是不争的事实，《晋书·王导传》还记载了一则"宠礼"故事："导简素寡欲，仓无储谷，衣不重帛。帝知之，给布万匹，以供私费。导有羸疾，不堪朝会，帝幸其府，纵酒作乐，后令舆车入殿，其见敬如此。"

个人认为，看一种社会文化现象，要有历时性的观点，即文本纪录之内容之语境为当下语境，一朝一代为时代之语境，古往今来为历史语境。从历史语境来看，我们尽可以说是由于汉魏以来英雄辈出而使得门阀士族地位日隆、权位日尊，从而导致帝王崇拜的式微。但从当下语境来看这实在是帝王与权臣之间的一种"和谐"烟幕的智慧角力。由于元帝与王导的从"布衣之好"、"契同友挚"的平等关系到"圣主"与"宠臣"的尊卑关系之演绎，使得他们原本和谐的张力变得不再和谐，"功高震主""权倾朝野"现象的出现一方面使得帝王夜不能寐，必须小心提防，因而作出一种宠"势"来加以驾驭笼络，另一方面，伴君如伴虎（或"鸟尽弓藏，兔死狗烹"、"可以共患难，难以共富贵"）的心态又使得王导要"居宠思危"，以一种"退"势来保住家庭和自身的高枕无虞。如此一来，双方的小心进退和"演戏"便造成了一种新的"和谐张力"。除了这种普遍性的君臣心理外，王导之饱学明"礼"与及深谙君臣相处之道的细密心思，也是他终其一生享尽"宠礼"的原因。据《晋书·王导传》记载，王导历元帝、明帝、成帝三朝，为政清廉，善处兴废，领导南迁门阀，联合江左士族，调和方镇矛盾，稳定了东晋偏安局面，因而德高望重。这除了政治手腕之外，与其戮力恪尽人臣之道、重礼明教也有很大的关系。《晋书》的纪、志、传及载记中计有50篇文章涉及王导，《世说新语》一书中则计有84则故事涉及他，其中孔门四科14则，其中德行2则，言语6则，政事4则，文学2则，其余22门共70余则。这些记载均以正面肯定为主，一是褒扬其德，二是展现其能，三是凸显其廉。如《世说新语》方正门第23则故事说[①]：

---

① 余嘉锡：《世说新语笺疏》，中华书局2007年版，第282页。

封建社会君臣和谐张力的失衡与重构

元皇帝既登阼，以郑后之宠，欲舍明帝而立简文。时议者咸谓："舍长立少，既于理非伦，且明帝以聪亮英断，益宜为储副。"周、王诸公并苦争恳切，唯刁玄亮独欲奉少主以阿帝旨。元帝便欲施行，虑诸公不奉诏，于是先唤周侯、丞相入，然后欲出诏付刁。

周、王既入，始至阶头，帝逆遣传诏，遏使就东厢。周侯未悟，即却略下阶。丞相披拨传诏，径至御床前，曰："不审陛下何以见臣？"帝默然无言，乃探怀中黄纸诏裂掷之。

由此皇储始定。周侯方慨然愧叹曰："我常自言胜茂弘，今始知不如也！"

可见，王导在大是大非问题上是颇能以封建社会的"礼"为核心为中轴来处理事务的。这类故事在《晋书》中亦有记载，可以互相印证。特别值得指出的是，《晋书·王导传》反复强调了他对"礼"的重视。下面是其中的两则材料，一是群臣拜山陵事，二是上书议办学校事[①]：

（群臣拜山陵）自汉魏以来，群臣不拜山陵。导以元帝睠同布衣，匪惟君臣而已，每一崇进，皆就拜，不胜哀戚。由是诏百官拜陵，自导始也。……

（上书议办学校）夫风化之本在于正人伦，人伦之正存乎设庠序。庠序设，五教明，德礼洽通，彝伦攸叙，而有耻且格，父子兄弟夫妇长幼之序顺，而君臣之义固矣。……

自顷皇纲失统，颂声不兴，于今将二纪矣。《传》曰："三年不为礼，礼必坏；三年不为乐，乐必崩。"而况如此之久乎！先进忘揖让之容，后生惟金鼓是闻，干戈日寻，俎豆不设，先王之道弥远，华伪之俗遂滋，非所以端本靖末之谓也。殿下以命世之资，属阳九之运，礼乐征伐，翼成中兴。诚宜经纶稽古，建明学业，以训后生，渐之教义，使文武之道坠而复兴，俎豆之仪幽而更彰。

[①] 房玄龄：《晋书》，中华书局1974年版，第1748—1753页。

他对封建伦理之倾心维护，于此可见一斑。我们便可以理解，王导在"宠礼"门"元帝正会"中的表现了。这里既有"居宠思危"的心理，也有君臣名分不可逾越的因素在焉。君臣二人所演之戏，既是相互防备的不和谐张力的表现，也是他们建构起新的信任和谐张力的努力，是在打破了旧有平衡和谐关系之后建立新的平衡和谐关系的努力。因了这种努力，君臣才会重又其乐融融，建立起新的互信机制，王导才能历元帝、明帝、成帝三朝。

这样的文化信息带给我们什么样的启发呢？从历史语境看，首先可以看到"圣主隆恩"式的驾驭群臣的帝王之术。君主为了自己的江山永固，必然要仰仗能人、贤士和功臣（开国君主杀戮功臣的御国之术不在本文讨论的范畴），这可以凸显"礼贤者"的圣君形象，所以朝野才会以王导号为"仲父"，流传"王与马共天下"之说（当然这里也有王氏家族自身显赫、权倾朝野的原因）；其次可以看出君臣名分的重要性，即便是在越名教而任自然的魏晋时期，名分上的君臣之义是极其重要的。也就是说君权的神圣和至高无上，臣子的恪尽忠心和鞠躬尽瘁才是君臣关系的和谐张力，逾越不得（传统论者常拿阮籍母丧食肉饮酒作为不守礼法之代表，殊不知母丧食肉正是守礼之举："固丧礼也，"又或曰嵇康、阮籍不与司马氏合作乃不忠君的表现，殊不知他们忠的恰是曹魏集团）。在"元帝正会"故事中，"正会"本身便是一种礼仪形式，《晋书·礼志下》记载"汉仪有正会礼，正旦，夜漏未尽七刻，钟鸣受贺，公侯以下执贽来庭，二千石以上升殿称万岁，然后作乐宴飨。"正旦，便是古时的正月初一，也是《春秋》所谓"王正月"的首日，此日行正会礼，本身便有尊王的意味，实际上是百官对皇帝至高无上地位的膜拜。故事里王导明显处于一种两难处境之中，升坐"御床"是僭越，不从皇帝旨意是不忠，都是大逆不道之事。妙就妙在王导以一句尊王的"使太阳与万物同晖，臣下何以瞻仰？"的马屁话语化解了危机。于此我们可以发现第三个文化层面的启发，那就是在这种所谓的君臣和谐张力中始终隐藏着臣子之"畏"，正如前人评价《诗经·湛露》一诗所说的那样："君恩愈宠，臣心愈谨，乃可免愆尤而昭忠敬，讵可恃宠而失仪乎？"① 对于饱学明"礼"的王导来说这种道理他是再清楚不过的了。

  当然，这种历史语境下的真实的历史文化信息在《世说新语》中是通过巧妙的语言艺术形式来完成话语言说的，它是正史所难以比拟的，因而我们才会说它是真实历史的艺术的、集中的、精粹的、典型的表现。只要比较一下《世说新语》中的"元帝正会"条与《晋书·王导传》的记载就不难看出这一点（引文见上文），其中两则材料里，时间不一致，《世说新语》是在正旦新年这一天，《晋书》则在司马睿"登尊号"这一日（太兴元年三月癸丑）；朝廷礼仪不一致，《世说新语》为正会礼（以贺新岁的方式来贺帝王），凸显帝王之尊，《晋书》则为登基大礼，描述一种史实；元帝行为方式不一致，《世说新语》为"引王丞相登御床，王公固辞，中宗引之弥苦"，看出情感之强烈，《晋书》为"命导升御床共坐"，体现帝王的尊严，一个"引"字，一个"命"字，意味大不一样；王导话语不完全一致，《世说新语》是"使太阳与万物同晖，臣下何以瞻仰？"体现君臣有别，《晋书》是"若太阳下同万物，苍生何由仰照！"，强调帝王的至高无上，一个是"同晖""瞻仰"，一个是"下同""仰照"，语气意味相差亦极大。从两书的成书时间看，我们有理由认为，《晋书》用的是《世说新语》的材料，我们也可以据此推定，《世说新语》可能是民间话语的流传，《晋书》则是官方话语的演绎。从二者风格特色看正史显得庄重典正，突出了帝王的庄重与矜持，《世说新语》则呈现出戏剧化的特点，语言儒雅得体，整体气韵上，清微简远，隽永玄胜，更具生活的亲和感。二者表达的不失礼仪和建构君臣之间信任"和谐张力"的目的是高度一致的。但二者给人的审美感受，情感体味却大相径庭，从这也可看出民间话语或小说家言的艺术魅力。正是从这个意义上，我们所说《世说新语》宠礼门"元旦正会"条，不仅是文化信息的历史真实，也是历史语境下美的艺术传达。

---

① 方玉润：《诗经原始》，中华书局1986年版，第355页。

周敦颐诗歌的思心与诗心

周敦颐诗歌研究者寥寥，这与他的理学研究形成了极大的反差。但如果结合周子的人生境界来解读他的"思心"和"诗心"，很容易看出在他那古雅的自然舒畅和理趣盎然的诗歌风格中自有一种"性焉安焉"的至情至性，在宋诗这大江大河中，有他这涓涓细流的汇聚之功。

钱钟书先生曾说"整个说来，宋诗的成就在元诗、明诗之上，也超过了清诗。我们可以夸奖这个成就，但是无须夸张、夸大它。"①周敦颐（1017—1073）理学思想研究历来热闹，且硕果累累，而对其诗歌的整体考察罕有人及。我们无意夸大周子诗歌在宋诗史上的地位，但对其诗歌作一个整体扫描，给出一个大致轮廓似乎还是必要的。

周子一生经历主要处仁宗、英宗二世。其所处宋诗的历史时代究竟在一个什么样的坐标点上？我们看看与周敦颐相同、相近时代的几位带标志性诗人的生卒年就可以一目了然：欧阳修（1007—1072）、梅尧臣（1002—1060）、苏舜钦（1008—1049）、邵雍（1011—1077）、王安石（1021—1086）、苏轼（1037—1101）、黄庭坚（1045—1105）。欧、梅、苏上承宋初王禹偁关心现实的精神，主张大量创作以反映国计民生为传统的古体诗，以配合当时的政治改革运动，是变革诗风、改革诗风的鼓吹者、实践者，也是宋诗风格的奠基者。王安石一生大部分时间与周子同时，而他又与苏轼一道相继主盟诗坛，至此，宋诗

---

① 钱钟书：《宋诗选注》，生活·读书·新知三联书店2002年版，第10页。

堂庑始大。王安石是宋诗风格的确立者，苏、黄则先后使宋诗蔚为大观，此后诗坛无出此二家。周子诗歌创作则正好介于欧阳修、王安石之间，且互有交集，是宋诗风格确立动态过程中的一条涓涓细流，加之其理学鼻祖的思辨之心，诗里又明显的呈现出一些理趣，使得其议论有似欧、王，其理趣又有异于他们的特点，即便是与他生卒年相近的邵雍也只是有几分形似，在本质上仍然有所差异，周子不像邵雍那样议论过于直白，寡然少味。个人以为，从宏观上来看，看周子诗歌应站在这样一个坐标点上来审视观照。

周子诗歌数量究竟有多少？清康熙张伯行刊的《周濂溪集》收诗28首，文渊阁四库全书《周元公集》收诗28首。二书收诗有26首相同（只是有些题目不一致），《周濂溪集》中《题酆都观二：读英真君丹诀》和《按部至春州》不见收录于四库全书《周元公集》，《周元公集》中的《天池》《宿崇圣》不见收录于《周濂溪集》。故二书相加实际上收诗30首。1998年北京大学出版社出版《全宋诗》则收周子诗歌33首，另三首是从周子集外辑录收入，其中《暮春即事》《读易象》从清邓显鹤《沅湘耆旧集》辑出，《题清芬阁》从影印《诗渊》辑出。钱钟书氏《宋诗纪事补正》又从《永乐大典》辑出周子诗歌五首，分别是《永嘉薛师董同兄笾从友刘仁愿同来》和《怀古四首：为知己魏卒元长赋兼呈王永叔宗丞戴少望》。因而，周子诗歌现在我们能看到的实际上只有这38首。即便如此，其中也有部分诗歌的著作权有争议或存疑。如《暮春即事》《后村千家诗》就定为南宋末叶采作；《天池》亦见于朱熹《山北纪行十二章之五》。那么周子一生是否就只写了38首诗歌呢，很显然不会是这样。周子友人潘兴嗣在《濂溪先生墓志铭》中就说过周子"尤善谈名理，深于《易》学，作《太极图》《易说》《易通》数十篇，诗十卷，今藏于家。"可见十卷诗绝不至于只有38首，其诗作有一部分已经散佚当是无疑的了。

周子诗歌的题材和内容主要表现为以下几个方面。一是寻胜记游题咏之作，它们分别是《书仙台观壁》《游山上一道观三佛寺》《喜同费君长官游》《和费君乐游山之什》《剑门》《行县至零都邀余杭钱建侯拓四明沈几圣希颜同游罗岩》《同石守游》《治平乙巳暮春十四日同宋复古游山巅至大林寺书四十字》《题冠顺之道院壁》《题浩然阁》《仙都观》《宿山房》《按部至潮州题大颠堂壁》《按部至春州》《题惠州罗浮山》《天池》《宿崇圣》《题清芬阁》①；二是赠别忆人之作，计有《万安香城寺别虔守赵公》《江上别石郎中》《忆江西提刑何仲容》《赠虞部员外郎谭公昉致仕》四首；三是家居咏志或即景写意之作，有《濂溪书堂》《思归旧隐》《夜雨书窗》《石塘桥晚钓》《书春陵门扉》《春晚》《牧童》《任所寄乡关故旧》八首；四是读书悟道之作，有《读英真君丹诀》《暮春即事》《读易象》三首；五是迎客与怀古咏史之作，有《永嘉薛师董同兄筮从友刘仁愿同来》和《怀古四首：为知己魏卒元长赋兼呈王永叔宗丞戴少望》。其中寻胜记游题咏和家居咏志或即景写意类占了他诗歌的绝大部分，特别是寻胜记游一类在 38 首诗歌中有 18 首之多。这大概与他那"到官处处须寻胜"（《书仙台观壁》）的情结有关，当然这也是古代士大夫的一种共同心理。但所有这些诗，并不只是简单的游山玩水式的记游、唱和，也不是百无聊赖的即景抒情，更不是泛泛而谈友谊别情。实质上周子每一首诗歌均呈现出向心式的、辐辏式的情感指向，这是他诗歌的一个主题核心，这种情感皈依和指向实即周子的人生境界。虽然学界对周子的人生境界论各有高见，但个人认为其核心无非是"性安"二字。周子曾说："性焉安焉之谓圣。"② 朱子之"性者，独得于天；安者，本全于己"的解释可谓最近"性"与"安"之旨。此"独得于天"之性即尧舜之性，也即孟子性善之性。何谓尧舜之性？《孟子·尽心上》云："舜之居深山之中，与木石居，与鹿豕游。其所以异于深山之野人者几希。及其闻一善言，见一善行，若决江河，沛然莫之能御也。"又云："无为其所不为，无欲其所不欲，如此而已矣。"在孟子眼里，尧舜之性与"野人"相异者只在于其善于从善言，从善行而已，所以孟子认为只要去

---

① 按周敦颐诗歌诗题传世各本并不一致。本文所采用的诗题依据是 1998 年北京大学出版社出版傅璇琮（等）主编《全宋诗》第八册校勘后之诗题。另从《永乐大典》辑出的五首诗的诗题则依据辽宁人民出版社 2003 年出版钱钟书著《宋诗纪事补正》而定；本文所引用的周敦颐诗句亦依据以上二本。

② 周敦颐：《周子通书》，上海古籍出版社 2000 年版，第 32 页。

做,便人皆可以为尧舜①,由此门人而有"孟子道性善,言必称尧、舜"之说②。"本全于己"之"安"可以用周子自己的话来解说,周子说:"颜子'一箪食,一瓢饮,在陋巷,人不堪其忧,而不改其乐。'夫富贵,人所爱也。颜子不爱不求,而乐乎贫者,独何心哉?天地闲有至贵至爱可求,而异乎彼者,见其大、而忘其小焉尔。见其大则心泰,心泰则无不足。无不足则富贵贫贱处之一也。处之一则能化而齐。故颜子亚圣。"③ 据清康熙张伯行辑《周濂溪集》卷九记载周子之教程子:"每令寻仲尼颜子乐处,所乐何事?",程颢亦有所谓"周茂叔窗前草不除去,问之,云:与自家意思一般。"还说见到周敦颐以后,"吟风弄月以归,有'吾与点也'之意。"可见,周子之"性焉安焉"就是本性自然,依己性安而行之,是一种不论贫贱、富贵的处之泰然的功夫。所以在他的诗歌里直指人心人性的句子在在皆是:如寻胜记游题咏类有:"虽然未是洞中境,且异人间名利心。"(《行县至零都邀余杭钱建侯拓四明沈几圣希颜同游罗岩》),"野鸟不惊如得伴,白云无语似相留。"(《同石守游》),"钦想真风杳何在,偃松乔柏共萧森。"(《仙都观》),"关上罗浮闲送目,浩然心意复吾真。"(《题惠州罗浮山》);家居咏志和即景写意的有:"饱暖大富贵,康宁无价金。吾乐盖易足,名濂朝暮箴。元子与周子,相邀风月寻。"(《濂溪书堂》),"闲方为达士,忙只是劳生。"(《思归旧隐》),"钓鱼船好睡,宠辱不相随。"(《石塘桥晚钓》),"有风还自掩,无事昼常关。开阖从方便,乾坤在此间。"(《书春陵门扉》)等;读书悟道的如"闲坐小窗读周易,不知春去几多时。"(《暮春即事》),"书房兀坐万机休,日暖风和草色幽。"(《读易象》),"子自母生能致主,精神合后更知微。"(《读英真君丹诀》);迎客怀古的如"缚屋匡庐老不归,晨云夜月手能挥。两山夹直春风布,一水洄回鼓瑟希。"(《永嘉薛师董同兄筮从友刘仁愿同来》),等等。这些诗句很容易让人体会

---

① 《孟子·告子下》:"曹交问曰:'人皆可以为尧、舜,有诸?'孟子曰:'然。'"
② 《孟子·滕文公上》。
③ 周敦颐:《周子通书》,上海古籍出版社2000年版,第38页。

到无欲、至诚、无我的"吟风弄月"的沂水之乐和"一箪食,一瓢饮"的孔颜之乐!

有这样一种"性焉安焉"的人生境界,由此出发便有了恬适、惬意、心安的人生,也有了"老子生来骨性寒"(《任所寄乡关故旧》),"时清终未忍辞官"(《游山上一道观三佛寺》)的为官生涯,更有对历史的深刻洞察和本质的把握:"英愤气不磨,今为亘天虹"(《怀古四首》其二),"天地有大经,圣贤实先觉。一身万事则,激厉为忠朴"(《怀古四首》其三)。所以清张伯行在《周濂溪集·序》里综合朱熹与黄山谷的话叹道:"故当其出,则政事精绝,宦业过人;当其处,则胸怀洒落,如光风霁月。"①

当然以上所论,只是就周子诗歌主要内容和核心主题立论,也即是本文题目所谓的"思心",只不过这"思心"不像他的《通书》那样是用灵颖、跳跃的思辨来言说,而是通过机趣、感性的"诗心"来艺术表现的。实际上围绕这核心"思心",他的诗歌内容还涵盖了许多方面。如抒写自己清廉为政的"事冗不知筋力倦,官清赢得梦魂安"(《任所寄乡关故旧》);关心民生疾苦的"丈夫才略逢时展,仓廪皆无亟富民"(《按部至春州》);倾诉友情的"别离情似长江水,远亦随公日夜流。"(《江上别石郎中》);表达对山水宁静之美的喜悦的"田间有流水,清泚出山心。山心无尘土,白石磷磷沈。……书堂构其上,隐几看云岑。倚梧或欹枕,风月盈中襟"(《濂溪书堂》);怀古咏史借以抒怀的"男儿无英标,焉用读书博"(《怀古四首》其三);即景写意体现闲适心境的"花落柴门掩夕晖,昏鸦数点傍林飞"(《春晚》);等等。如此看来周子诗歌内容亦较为广泛,只不过这广泛的内容总是围绕一个"性安"的核心而已。

周子诗歌"思心"的成功表现在于他"诗心"的娴熟运用,这种运用体现在自己对诗艺的准确把握上。从而使之形成了平易舒畅,理

---

① 朱熹《朱子语类》:"濂溪在时,人见其政事精绝,则以为宦业过人;见其有山林之志,则以为襟怀洒落,有仙风道骨,无有知其学者。"《周濂溪集》卷九载黄庭坚的评价说:"茂叔仕宦三十年,而平生之志,终在丘壑……人品甚高,胸中洒落,如光风霁月。"

趣盎然，古朴雅正的诗歌风格。周子有自己的文艺观，也是自己文艺观的实践者。他在《吉州彭推官诗序》里称赞彭推官的诗"其句字信乎能觑天巧而脍炙人口矣"[1]。实际上也是他自己的诗歌主张之一；在《通书·乐下》里他还表达了对于音乐与歌词的看法："乐声淡则听心平，乐辞善则歌者慕，故风移而易矣。"强调的是有了"淡而不伤，和而不淫"的乐曲，还要有与之相适应的内容健康（善）的歌词，淡而和的乐曲虽然能起到"淡则欲心平，和则躁心释"的作用，但真正做到移风易俗还得靠内容健康，表达恰到好处的歌词[2]。这虽然是谈音乐与歌词的关系，但也可以移论其诗；在《通书·文辞》中又说："文所以载道也。轮辕饰而人弗庸，徒饰也；况虚车乎！文辞，艺也；道德，实也。笃其实，而艺者书之，美则爱，爱则传焉。"[3]而如果一味重文辞，则："不知务道德而第以文辞为能者，艺焉而已。噫！弊也久矣！"还说："彼以文辞而已者，陋矣！"[4] 将周子谈诗、谈词、谈文三者加以综合，我们可以看出周子的文艺观有这样几个方面：一是主张自然天巧，脍炙人口；二是主张平淡和乐；三是文以载道，内容至善。在他的诗歌中虽然"文以载道"不像他的《通书》那样明显，但从上述他"性安"核心主题的揭示，我们还是能明显地感觉到这一点。这也就是他诗歌理趣盎然的一个重要原因，这种理趣的产生实际上是"以文为诗"的一种反映，周子诗歌不仅在关键处发议论，也有了全篇均是议论的诗歌，如《怀古四首》就是如此。这与当时的文坛领袖欧阳修以文为诗，善发议论有一致相合处。但是其理趣因思辨的机趣而异于欧阳修，欧阳修的议论更多是形象化的议论，诗味更浓一些。如欧阳修的《飞盖桥玩月》："天形积经清，太德本虚静。云收风波止，始见天水性。"如果与周子几乎相始终的邵雍比较，邵诗则显得道学味更浓些，有些类似魏晋之玄言诗，周子诗歌则显得情感更真挚自然些。将三人以文为诗的特点加以概括，个人认为

---

[1] 周敦颐：《周敦颐集》，中华书局1990年版，第54页。
[2] 梁绍辉：《周敦颐评传》，南京大学出版社1994年版，第351页。
[3] 周敦颐：《周子通书》，上海古籍出版社2000年版，第39页。
[4] 周敦颐：《周子通书》，上海古籍出版社2000年版，第39页。

欧是形象的议论，周是情感的议论，邵是义理的议论。而他那"平淡和乐"的主张则使得他的诗歌古朴雅正，舒畅平易，有的诗歌甚至不脱唐人风味。如《春晚》一诗"花落柴门掩夕晖，昏鸦数点傍林飞。吟余小立阑干外，遥见樵渔一路归。"即便是略发议论的《牧童》也显得那么的清新、自然、可人："东风放牧出长坡，谁识阿童乐趣多。归路转鞭牛背上，笛声吹老太平歌。"至于"精舍泉声清漕漕，高林云色淡悠悠"（《万安香城寺别虔守赵公》），"野鸟不惊如得伴，白云无语似相留"（《同石守游》），"一日复一日，一杯复一杯。青山无限好，俗客不曾来"（《题冠顺之道院壁》），"松乔新道院，鹤老旧渔矶"（《赠虞部员外郎谭公昉致仕》），"恰似钓鱼船，篷底睡觉时"（《夜雨书窗》），"闲坐小窗读周易，不知春去几多时。"（《暮春即事》）等佳联、佳句都给人一种古雅平淡，淡而有味的情致，像是闲坐饮茶，慢慢出味，自有一种悠闲的韵致。

但也不容否认周子诗歌在诗艺上并非臻于至境，他的一些诗歌也似乎有些寡淡或流于肤浅，如其《怀古》四首的一些议论就显得有些大众化、一般化、了无新意。即便他的那些写得较好的诗，如果用后人对好的"宋诗"的高要求、高标准来衡量，也还是差强人意。所以周子诗歌只能说是"宋诗"风格形成动态过程中的一条浅浅潺潺的细流，但正是这样像它一样的众多的细流汇成了"宋诗"这有异于"唐诗"的大江大河，使宋诗不仅超越元诗、明诗，也超越了清诗。所以周子诗歌对宋诗风格形成的奠基辅助之功是不能抹杀的，他对理学诗歌的开山之功是不能视而不见的。

附:

周敦颐诗校注

校注说明

周敦颐（1017—1073），字茂叔，号濂溪，道州营道县（今湖南道县）人。周子初因母舅龙图阁学士郑向任，为分宁（修水）主簿，调南安军司理参军，移桂阳令，徙知南昌，历合州判官、虔州通判、永州通判。熙宁初代理邵州知州，不久擢广东转运判官，提点刑狱。所到之处，都很有实绩。晚年以疾求知南康军，因家庐山莲花峰下。峰前有溪，以营道故居濂溪名之，学者因称濂溪先生。熙宁四年冬以病请求解职，熙宁五年离开官署归隐九江。熙宁六年（1073）六月七日，病逝九江，享年五十七岁。周敦颐为宋代理学创始人，程颢、程颐出其门下。宁宗嘉定十三年（1220）赐谥元公，理宗淳祐元年（1241）从祀孔庙。著有《太极图说》《通书》等。《宋史》卷四二七有传。清代学者黄宗羲在他的《宋儒学案》中评论说："孔孟而后，汉儒止有传经之学，性道微言之绝久矣。元公崛起，二程嗣之……若论阐发心性义理之精微，端数元公之破暗也。"可见他的理学思想在中国哲学史上起了承前启后的作用。

周敦颐诗，历来不受重视，研究者寥寥，与其理学思想的研究形成极大的反差。其诗目前亦不见校注本。北京大学出版社1998年版《全宋诗》（简称北大本）收周敦颐诗33首，仅有简单的校勘，且有校无注。有感于此，个人在北大本校勘基础上，重新以清康熙张伯行刊《正谊堂集·周濂溪集》为底本（简称张本），校以北京图书馆出版社影印宋刻本《元公周先生濂溪集》（简称宋刻本），清乾隆董榕辑《周濂溪集》（简称董本），台湾商务印书馆影印文渊阁《四库全书·周元公集》（简称四库本），邓显鹤重编之《周子全书》（简称邓本），清张伯行辑《濂洛风雅》《沅湘耆旧集》，清厉鹗编《宋诗纪事》，钱钟书《宋诗纪事补正》等诸本。其中北大本《全宋诗》第八册所收周敦颐诗为佟培基先生整理，校注者在重新校勘中，对北大本校勘正确者直接加以采用，不再一一说明，错校者据诸本直接改正，亦不另加说明。同时对每一首诗作了较详细的注释，部分诗考释其写作年代，无法考释者则暂付阙如。另外，辽宁人民出版社、辽海出版社2003年出版的钱钟书《宋诗纪事补正》还从《永乐大典》辑出周敦颐诗5首，本校注本将之作为"附录一"置于卷末，并作简单注释。《求索》1988年第4期发表了谢先模《周敦颐佚诗三首一文》，谢氏从清道光六年版江西《奉新县志》中录出周敦颐佚诗《百丈寺》3首，本校注本将之作为"附录二"置于卷末，并作简单说明。本校注本采用校勘记和注释合一的方式，按序列入每首诗之下，不再校、注分列。特此说明。

书仙台观壁[①]

到官处处须寻胜，惟此合阳[②]无胜寻。赤水[③]有山仙[④]其古，跻攀聊足到官心。

[校注]

① 四库本题作《游赤水县龙多山书仙台观壁》。（宋）度正《濂溪先生周元公年表》："先生年四十四，被台檄按赤水县簿书，与其县令游龙多山，有诗刻石。"张本注："先生在合阳，沿外台檄按临赤水县簿书，与将仕郎赤水令费琦游龙多，唱和八首。"据此，诗作于嘉佑五年庚子（1060年）。宋刻本此诗后载费诗一首云："先生旧隐寄烟岑，丹灶仙台暂访寻。自叹不如鸡犬幸，偶沾灵药换凡心。"

② 合阳，为当时合州治所。合州，今重庆合川。

③ 赤水，县名，隋置，元省，故治在今重庆合川县西。又《庄

子·天地》"黄帝游乎赤水之北，登乎昆仑之丘而南望，还归遗其玄珠。"

④ 宋刻本注："晋冯盖罗上升处。"相传西晋永嘉三年（309年）有广汉仙人冯盖罗在山上炼丹，一日全家17人飞升仙去。唐后武则天称帝时曾"钦敕"山僧在山上建放生池，唐玄宗时山僧曾"奉旨醮祭"。历来为佛教、道教名山及川中风景游览地。

游山上一道观三佛寺[①]

琳宫金刹[②]接林峦[③]，一径潜通竹树[④]寒。是处尘埃[⑤]皆可息，时清终未忍辞官。

[校注]

① 四库本题作《经古寺》。宋刻本此诗后载赤水令费琦诗云："岩扉相望路纡盘，杉桂风高夏亦寒。游遍陡忘名宦意，恨无生计可休官。"

② 琳宫，仙宫。这里是道观殿堂之美称。《初学记》卷三引《空洞灵章经》："众圣集琳宫，金母命清歌。"金刹，本为佛地悬幡的塔柱，此指佛寺。

③ 林峦，董本作"林峰"，宋刻本作"峰峦"。

④ 树，张本、四库本作"径"，据董本改。

⑤ 埃，宋刻本、董本作"劳"。

喜同费君长官游[①]

寻山寻水侣[②]尤难，爱利爱名心少闲。此亦有君吾甚乐，不辞高远共跻攀。

[校注]

① 宋刻本、四库本题作《喜同费长官游》。费君，当为赤水令费琦。宋刻本此诗后载费诗云："平生癖爱林泉处，名利萦人未许闲。不是儒流霁风采，登山游骑恐难攀。"

② 侣，陪伴，结伴。

和费君乐游山之什[①]

云树岩泉景尽奇，登临深恨访寻迟。长楼[②]未得于何记，犹有君能雅和诗。

[校注]

① 宋刻本、张本题作《和前韵》，据四库本改。此诗和费氏诗，当为"唱和八首"之一。

② 长楼，犹高楼。"楼"，董本作"栖"。

剑门[①]

剑立溪峰信险深，吾皇大道正天心[②]。百年外户都无闭，空有关名点贡琛[③]。

[校注]

① 宋刻本、张本注"出《刘禹卿集》、《剑门铭诗集》"。剑门，或称剑门关，在四川剑阁县的剑门山，为古蜀道要隘。剑门山峭壁断处，两山相峙如门，故名剑门。

② 正，《濂洛风雅》作"当"。天心，犹天意。《书·咸有一德》："克享天心，受天明命。"

③ 点，《濂洛风雅》作"典"。贡琛，进贡宝物。

万安香城寺别虔守赵公[①]

公暇频陪尘外游，朝天仍得送行舟。轩车[②]更共入山脚，旌旆且从留渡头。精舍泉声清漕漕[③]，高林云色淡悠悠。谈终道奥[④]愁言去，明日瞻思[⑤]上郡楼。

[校注]

① 宋刻本注出《庐陵集》，四库本题作《香林别赵清献》。万安，今江西万安县，香城寺，当地寺名。按：当地只有香林寺，而无香城寺，当为"香林寺"之误。宋刻本注云："别本云：清献自虔州赴召，舟至造口，同游香林寺，石刻可考。《大成集》以为万安香城，非也。"可能这是讹误之源。

赵公，即时任虔州知州的赵抃。诗写于赵抃将离任虔州（今赣州）

知州职时，赵抃比周敦颐早来虔州，也比周敦颐早离虔州，他被召回朝廷充侍御史知杂事。他们在虔州相处得亲密无间，周敦颐送赵抃离任，自然依依不舍。宋刻本周子诗后载赵抃和诗："顾我入趋朝阙去，烦君出饯赣江头。更逢萧寺千山好，不惜兰舟一日留。清极到来无俗语，到通何处有离忧。分携岂用惊南北，水阔天高万木秋。"赵抃（1008—1084），字阅道，衢州西安人。进士及第，为武安军节度推官。景祐初（1034），累官殿中侍御史。弹劾不避权幸，时称"铁面御史"。历益州路转运使，加龙图阁学士，知成都，一琴一鹤自随，为政简易。神宗立，擢参知政事，与王安石不合，再知成都，蜀郡晏然。以太子少保致仕。其诗谐婉多姿。卒谥"清献"。著有《清献集》十卷。诗当作于嘉祐七年壬寅（1062）。

② 轩车，有屏障的车，古代大夫以上所乘，后亦泛指车。

③ 漕漕，水流声。

④ 道奥，学问、学识之深奥处。

⑤ 瞻思，缅怀、思念。

行县至雩都邀余杭钱建侯拓四明沈几圣希颜同游罗岩①

闻有山岩即去寻，亦跻云外入松阴。虽然未是洞中境，且异人间名利心。

[校注]

① 四库本题作《同友人游罗岩》。行县，谓巡行所主管之县；雩都，今江西于都县东北；罗岩，又称罗田岩，其地一山名，亦名善山，属丹霞地貌，有岩洞。宋时山上建有华严禅院。张本注"嘉祐八年正月七日刻石"。诗当作于嘉祐八年（1063）癸卯。度正《濂溪先生周元公年表》："八年癸卯。先生年四十七。正月七日，行县至雩都，邀余杭钱建侯拓、四明沈几圣希颜游罗岩，题名，并有诗刻石。沈公者，邑令也。因建濂溪阁于善山，顶有'高山仰止'亭。四月壬申朔，英宗登极，以恩迁虞部员外郎，仍判虔州，追赠父爵郎中。五月作《爱莲说》，沈希颜书，王抟篆额，钱拓上石，即十五日事也。"

按：此诗写作月日他本及年表皆作"正月七日"。唯宋刻本题注为"嘉祐八年五月七日刻石"。联系度正《濂溪先生周元公年表》"五月作《爱莲说》",且是以碑刻形式发表之事实,况正月七日为人日,年节尚未结束,行县可能性较小。则此诗写作时间当从宋刻本"嘉祐八年五月七日刻石"之说,他本恐系字形相近而讹传。

同石守游①

朝市②谁知世外游,杉松影里入吟幽。争名逐利千绳缚,度水登山万事休。野鸟不惊如得伴,白云无语似相留。傍人莫笑凭栏③久,为恋林居作退谋。

[校注]

① 宋刻本作《同石守游山》。

② 朝市,本为早市,也指朝廷,这里泛指尘世。唐张祜《金山寺》诗:"因悲在朝市,终日醉醺醺。"

③ 栏,张本作"兰"。凭栏,身倚栏杆。唐崔涂《上巳日永崇里言怀》诗:"游人过尽衡门掩,独自凭栏到日斜。"从下句看,有用此诗意。

江上别石郎中①

落叶②蝉声古渡头,渡头③人拥欲行舟。别离情似长江水,远亦随公日夜流。

[校注]

① 郎中,宋时称职事人员或亲随。

② 落叶,宋刻本作"叶落"。

③ 渡头,《宋诗略》作"沙滩"。

忆江西提刑何仲容

兰自①香为友,松何枯尚②春。荣来天泽重,殁去绣衣新。尽③作百年梦,终归一窑尘④。痛心双泪下,无复见贤人。

[校注]

① 自,四库本作"似"。

② 尚，宋刻本、张本、四库本作"向"，据《沅湘耆旧集》改。

③ 尽，宋刻本作"画"，据《沅湘耆旧集》改。

④ 窨尘，坟墓。

治平乙巳暮春十四日同宋复古游山巅至大林寺书四十字①

三月山方②暖，林花互照明。路盘层顶上，人在半空行。水色云含白，禽声谷应清。天风拂襟袂③，缥缈觉身轻。

[校注]

① 四库本题作《游大林》，大林寺，在今江西九江市南庐山大林峰南。宋复古，名迪善，时任江南西路转运使。又度正《濂溪先生周元公年表》：英宗治平二年乙巳（1065年），"先生年四十九。自虔赴永，道经江州。三月十四日同宋复古游庐山大林寺，至山巅，有诗纪焉。"

② 山方，四库本作"山房"。《宋诗纪事》作"僧房"。据钱钟书《宋诗纪事补正》：《宋文鉴》卷二十三引此诗作"山房"。

③ 襟袂，《宋诗纪事》作"襟袖"。宋刻本作"巾袂"，钱钟书《宋诗纪事补正》：《宋文鉴》卷二十三引此诗作"巾袂"。

题冠顺之道院壁

一日复一日，一杯复一杯。青山无限好，俗客不曾来。往事已①如此，朱颜安在哉。寄语②地上客，历乱竟谁催。

[校注]

① 已，四库本作"一"。

② 语，四库本作"与"。

题浩然阁

刘侯戴武弁①，政则心吾儒②。士茂先兴学，子贤勤读书。猷③为莫不善，才力盖有余。西北方求帅，浩然宁久居。

[校注]

① 刘侯，所指何人，待考。武弁，武冠。

② 指文治心仪儒家之仁政。

③猷，谋划、计划。

题酆都观：仙都观①

山盘江上虬龙活，殿倚云中洞府深。钦想真风②杳何在，偃松乔柏共萧森。

[校注]

①一题为《仙都观》。宋刻本与下二首共同题为《题酆都观三首刻石观中》。张本注："三首刻石观中。"四库本作《题酆州仙都观》。酆都观，又名景德观、白鹤观、仙都观，在今重庆市丰都县东北平都山。酆都，唐段成式《酉阳杂俎·玉格》："有罗酆山，在北方癸地，周四三万里，高二千六百里，是为六天鬼神之宫……人死皆至其中。"本谓罗酆山洞天六宫为鬼神治事之所，后用以附会重庆市丰都县。隋时置县。张本注："三首刻石观中。"

③钦想，犹想慕；真风，纯朴的风俗。晋陶渊明《感事不遇赋》："自真风造逝，大伪斯兴。"

题酆都观：读英真君丹诀①

始观丹诀信希夷②，盖得阴阳造化机。子自母生能致主③，精神合后更知微。

[校注]

① 一题为《读英真君丹诀》。宋刻本、张本注："三首刻石观中。"

② 希夷，《老子》："视之不见名曰夷，听之不闻名曰希。"何上公注："无色曰夷，无声曰希。"后因以指虚寂玄妙之境界。

③ 致主，犹致君，辅佐国君，使其成为圣明之主。唐李频《长安书情投知己》诗："致主当齐圣，为郎本是仙。"

题酆都观：宿山房①

久厌尘坌乐静元②，俸微犹乏买山钱。徘徊真境③不能去，且寄云房④一榻眠。

[校注]

① 四库本题作《宿山房》。宋刻本、张本注："三首刻石观中。"

② 坌，四库本作"氛"。静元，犹静一，心神安定，专一不变。

③ 真境，本为道教之地，这里指纯净清幽之地。唐王昌龄《武陵开元观黄炼师院》诗之三："暂因问俗到真境，便欲投诚依道源。"

④ 云房，僧道或隐者所居之房屋。唐韦应物《游琅琊山寺》诗："填壑踬花界，叠石构云房。"

按部至潮州题大颠堂壁^①

退之自谓如夫子^②，原道深排释老非^③。不识大^④颠何似者，数书珍重更留衣。

[校注]

① 四库本题作《题太颠堂》。按部，谓巡视部属。诗作于熙宁四年（1071年）领提点刑狱事，巡察至潮州时。度正《周濂溪先生年谱》："熙宁四年辛亥。先生年五十五。正月九日，领提点刑狱事，行部至潮州，有题大颠堂诗。至惠州，有题罗浮山诗。"大颠，即太颠，文王贤臣。《汉书·董仲舒传》："文王顺天理物，师用圣贤，是以闳夭、大颠、散宜生等亦聚于朝廷。"颜师古注引臣瓒曰："皆文王贤臣。"

② 退之，韩愈字。夫子，指孔子。

③ 释，四库本作"佛"。韩愈著文《原道》，排斥佛老，以佛老为非。

④ 大，四库本作"太"。

按部至春州^①

按部广东经数郡，若言岚瘴更无春。度山烟锁埋清昼^②，为国天终护吉人。万里诏音频^③降下，一方恩惠尽均匀。丈夫才略逢时展，仓廪皆无亟富民。

[校注]

① 诗作于熙宁四年（1071年）领提点刑狱事，巡察至春州时，春州即今广东春阳县。

② 清昼，白天。唐李白《秦女休行》："手挥白杨刀，清昼杀

仇家。"

③ 诏音，即诏命。频，张本作"颂"，据《沅湘耆旧集》改，董本作"颂"。

题惠州罗浮山①

红尘白日无闲人，况有鱼绯②系此身。关③上罗浮闲送目，浩然心意复吾真。

[校注]

① 宋刻本、张本注："出《罗浮诗集》"，诗作于熙宁四年（1071年）领提点刑狱事，巡察至惠州时。罗浮山在惠州。

② 鱼绯，指鱼符袋与绯衣，为旧时朝官的服饰。唐制：三品以上服紫，四品服深绯，五品服浅绯，五品以上并佩鱼符袋。

宋因之，常作"绯鱼"。

③ 董本作"一"。

赠虞部员外郎谭公昉致仕①

清时①望郎贵，白首故乡归。有子纡蓝绶③，将孙着彩衣④。松乔新道院，鹤老旧渔矶⑤。知止自高德，宁为遁者肥⑥。

[校注]

① 四库本题作"赠谭虞部致仕"。

② 清时，清平之时，太平盛世。三国魏曹操《清时令》："今清时，但当尽忠于国，效力王事。"

③ 纡，系结，垂挂。蓝绶，系印组的蓝色丝带，表示等级较低的官吏。

④ 彩衣，五彩衣服。"彩"，《濂洛风雅》作"绿"。绿衣，唐制七品服用绿，饰以银。

⑤ 鱼矶，可供垂钓的水边岩石。

⑥ 遁者肥，遁肥者。遁肥，犹肥遁，语出《易·遁》："上九，肥遁无不利"，后指隐者，这里指隐退者，倒文以协韵。

又周敦颐友人潘兴嗣《和茂叔忆濂溪诗》："忆濂溪，高鸿其其遁者肥。"可参。

瀼溪书堂[①]

元子溪曰瀼[②]，诗传到于今。此俗良易化，不欺顾相钦。庐山我久爱，买田山之阴。田间有流水，清沚[③]出山心。山心无尘土，白石磷磷沉。潺湲来数里，到此始澄深[④]。有龙不可测，岸木寒森森。书堂构其上，隐几看云岑[⑤]。倚梧或欹枕，风月盈中襟。或吟或冥默，或酒或鸣琴。数十黄卷轴，圣贤[⑥]谈无音。窗前即畴圃，圃外桑麻林。芋蔬可卒岁[⑦]，绢布足衣衾。饱暖大富贵，康宁无价金[⑧]。吾乐盖易足，名濂[⑨]朝暮箴。元子与周子，相邀风月寻。

[校注]

① 宋刻本作《书堂》，四库本"瀼"前有"题"字，《宋诗纪事》"瀼"作"濂"。

② 元子，指元结。元结（723—772），字次山，河南人。生于唐玄宗开元十一年，卒于代宗大历七年，年五十岁。少不羁，年十七，举进士，历任右金吾兵曹参军，摄监察御史、监察御史、水部员外郎，代宗时，以亲老归樊上，著书自娱。晚拜道州刺史，免徭役，收流亡，民乐其教，立碑颂德。著有《元子》十卷。

③ 清沚，清澈貌。南朝齐谢朓《始出尚书省》诗："邑里向疏芜，寒流自清沚。"

④ 始澄，宋刻本作"澄澄"。下句"岸木寒森森"，宋刻本作"岸竹寒森森"。

⑤ 云岑，云雾缭绕的山峰。晋陶潜《归鸟》诗："翼翼归鸟，晨去于林，远之八表，近憩云岑。"

⑥ 圣贤，宋刻本、董本、四库本作"贤圣"。

⑦ 圃外，宋刻本作"圃外"。"芋蔬"：宋刻本作"千蔬"，据四库本改。

⑧ 清道光二十七年（1847年）邓显鹤重编之《周子全书》（简称邓本）无此两句。

⑨ 名濂，宋刻本作"名溪"。名濂，将溪命名为濂溪。濂溪，原本在道州（今湖南道县）周子故里。宋度正《濂溪先生年谱》：

"先生宅边有水萦纡，如青罗带，曰濂溪，先生濯缨而乐之。晚寓庐阜，构书堂前临溪水，亦名以濂溪。学者宗之，称为濂溪先生云。"《濂溪志》卷四引明人王会作《濂溪故里图记》说："山之西壁有古刻'道山'二字，下有石窦，深广不可测，有泉溢窦而出者，濂溪也。清泠莹彻，如飞霜喷玉，大旱不涸，积雨不溢，莫知其来之所自。知州方进刻其上曰'圣脉'，故人呼为'圣脉泉'。"但泉并不等于溪，它只是溪流之源。度正《濂溪先生周元公年表》又说："嘉祐六年辛丑。先生年四十五。博者登第，相遇京师，先生专谒贺之。先生迁国子监博士，通判虔州，道出江州，爱庐山之胜，有卜居之志，因筑书堂于其麓。堂前有溪，发源莲花峰下，流合湓浦。先生濯缨而乐之，遂寓名以濂，与其友潘兴嗣订异时溪上咏歌之约。"今道州濂溪尚在，溪水绕过楼田村庄，既为村民带来饮用灌溉之利，也为孩子们造就了嬉戏游玩的天堂。而庐山濂溪，可惜如今旧址无从寻觅。此诗当作于1061年，但周敦颐去世前最后两年才正式归隐九江庐山濂溪书堂。与周子同时代人唱和题咏的以"濂溪书堂"或"濂溪"为题的诗有：赵抃的《题周茂叔濂溪书堂》、潘兴嗣的《和周茂叔忆濂溪》、孔平仲的《题濂溪书堂》、任大中的《濂溪隐斋》、苏轼的《茂叔先生濂溪诗》、黄庭坚的《濂溪词》等。可参看。

思归旧隐[①]

静思归旧隐，日出半山晴[②]。醉榻云笼润，吟窗瀑泻清。闲方为达士，忙只是劳生。朝市[③]谁头白，车轮未晓鸣[④]。

[校注]

① 四库本题作"静思篇"。

② 晴，宋刻本，董本作"明"。

③ 朝市，本为早市。这里或泛指尘世。唐张祜《金山寺》诗："因悲在朝市，终日醉醺醺。"

④ 晓鸣，犹晓鸡之鸣。唐皮日休《古函关》诗："今朝行客过，不待晓鸡鸣。"

夜雨书窗①

秋风拂②尽热，半夜雨淋漓。绕屋是芭蕉，一枕万③响围。恰似钓鱼船④，篷底睡觉时。

[校注]

① 四库本题作"书窗夜雨"。
② 拂，宋刻本、董本作"扫"。
③ 万，四库本作"高"。
④ 钓鱼船，借指隐居，以钓鱼人喻隐者。钓鱼人或作"钓竿手"。唐杜牧《途中一绝》诗："惆怅江湖钓竿手，却遮西日向长安。"宋陈师道《次韵苏公两湖徒鱼》之二诗："我亦江湖钓竿手，误逐轻车从下濑。"

石塘桥晚钓①

旧隐濂溪上②，思归复思归。钓鱼船好睡，宠辱不相随。肯为爵禄重，白髪犹羁縻。

[校注]

① 宋刻本连上首共作一首，张本原校亦云："旧无此五字，而此诗又连上共作一首，今从《遗芳集》改正。"
② 羁縻，束缚、控制。唐高适《奉和鹘赋》："嗟日月之云迈，犹羁縻而见婴。"

书舂陵门扉①

有风还自掩，无事昼常关。开阖从方便，乾坤在此间②。

[校注]

① 四库本题作"题门扉"。舂陵，都庞岭山脉连舂陵山，是道县西面的名山之一。古有舂陵乡，元朔二年（前127年），汉武帝用主父偃削弱诸侯之策，下推恩令，长沙侯国封定王发的儿子刘买为舂陵侯，建侯国于舂陵，成为后汉光武帝刘秀祖先发祥之地。地以人闻，舂陵因之名盛，故古人多以舂陵指代营道。黄庭坚称周敦颐为"舂陵周茂叔"。周敦颐此诗，有直称舂陵为自己的家乡意。治平四年

(1067年），周敦颐率领全家，于三月一日由永州起程回营道扫墓，并通过官府移文，将他母子上京时留下的几亩薄田正式移交周兴，作为委托周兴常年看守墓地的费用和报酬。诗或作于此时。

② 乾坤，天地。这里指门扉之内自成天地宇宙。金元好问《自题中州集后》诗之三："万古骚人呕肺肝，乾坤清气得来难。"

任所寄乡关故旧①

老子生来骨性寒②，宦情不改旧儒酸③。停杯厌饮香醪④味，举筯⑤常餐淡菜盘。事冗不知筋力倦，官清赢得梦魂安。故人欲问吾何况，为道舂陵只一般。

[校注]

① 此诗张本原注为："先生迁尚书虞部员外郎，复任永州通判，仲章侄至任归，有诗与之云。"诗当写于治平二年（1065年）初任永州通判时。

② 骨性寒，犹有傲骨。

③ 儒酸，本为寒酸，形容读书人贫穷之态。这里有迂腐不通达人情世故之意。

④ 香醪，美酒。唐杜甫《崔驸马山亭宴集》诗："请求多宴会，终日困香醪。"

⑤ 四库本作"箸"。

春晚①

花落柴门掩夕晖，昏鸦数点傍林飞。吟余小立阑干②外，遥见樵渔一路归。

[校注]

① 四库本题作《题春晚》。

② 阑干，同栏杆。

牧童①

东风放牧出长坡，谁识阿童乐趣多。归路转鞭牛背上，笛声吹老太平歌。

[校注]

① 以上为张本《周濂溪集》卷八所收诗歌。

天池①

斯须②暮云合,白日无余晖。金波③从地涌,宝焰④穿林飞。僧言自雄夸⑤,俗骇无因依⑥。安知本地灵,发见随天机⑦。

[校注]

① 此诗收于四库本《周元公集》卷二。天池,当指今江西九江市南庐山之天池。此诗亦见于朱熹《山北纪行十二章之五》。作者究竟谁属,待考。

② 斯须,须臾、片刻。

③ 金波,反射着耀眼光芒的水波。南朝梁武帝《七喻·如炎》诗:"金波扬素沫,银浪翻绿萍。"

④ 宝焰,珍宝射出的光辉。此或指落日从云层中漏射于树林的太阳光辉。

⑤ 雄夸,犹言夸夸其谈。

⑥ 无因依,无所凭借,没有机缘,无故无端。

⑦ 天机,犹言天之机密,天意。

宿崇圣①

公程无暇日,暂得宿清幽。始觉空门客,不生浮世愁。温泉喧古洞,晚磬②度危楼。彻晓都忘寐,心疑在沃洲③。

[校注]

① 此诗收于四库本《周元公集》卷二。崇圣,即崇圣寺,在云南大理西北点苍山东麓。

② 磬,寺院中召集众僧用的云板形鸣器或诵经用的钵形打击乐器。南朝梁慧皎《高僧传·兴福·慧元》:"(慧元)卒后有人入武当山下见之,神色甚畅,寄语寺僧,忽使寺业有废。自是寺内尝闻空中应时有磬声,依而集众,未尝差失。"又常建《题破山寺后禅院》诗:

· 177 ·

"万籁此都寂,但余钟磬声。"

③ 沃洲,亦作"沃州",山名,在浙江省新昌县东,上有放鹤亭、养马坡。相传为晋支遁放鹤养马处。白居易《沃洲山禅院记》:"东南山水,越为首,剡为面,沃洲天姥为眉目。"

暮春即事①

双双瓦雀②行书案,点点杨花入砚池。闲坐小窗读周易,不知春去几多时。

[校注]

① 此诗《后村千家诗》定为南宋末叶采作。又此诗收于清邓显鹤《沅湘耆旧集》前编卷一九。

② 瓦雀,麻雀的别名。

读易象①

书房兀坐万机②休,日暖风和草色幽。谁道二千年远事③,而今只在眼前头。

[校注]

① 此诗收于清邓显鹤《沅湘耆旧集》前编卷一九。

② 万机,同万几。《书·皋陶谟》:"无教逸欲有邦,兢兢业业,一日二日万几。"孔传:"几,微也,言当戒惧万事之微。"后以"万几"指帝王日常处理的纷繁政务。这里指为官者处理各种政务。

③ 二千年远事,当指"易象"之事。相传伏羲画八卦,至文王演为六十四卦,每卦有卦辞,每爻有爻辞,其辞多叙当时之事。

题清芬阁①

风雅②久沦落,哇淫肆③自陈。波澜嗟已靡,汗漫□④无津。纷葩⑤混仙蕊,谁可识清真⑥。先生李郑辈,□态非拟伦。后生不识事,愈非句愈珍。至今桐庐水⑦,相与流清新。蝉联十一世,奕叶扶阳春⑧。十年问御史,邂逅章江滨。自惭无所有,衰叹徒欣欣。樽酒发狂笑,微言入典坟⑨。稍稍窥绪余,每每露经纶。因知相⑩有术,源委本清淳。

[校注]

① 此诗北大本《全宋诗》从影印《诗渊》册四，页三○三六中选出。

② 风雅，本指《诗经》中的《国风》和《大雅》《小雅》，这里指高雅正统之诗文。

③ 哇淫，鄙俗淫靡。唐郑薰《赠巩畴》诗："疏越舍朱弦，哇淫鄙秦筝。"肆、恣肆、任意、放纵。

④ 汗漫，漫无标准，不着边际。□，脱文。后"□态非拟伦"之"□"亦为脱文。

⑤ 纷葩，形容声乱而多。

⑥ 清真，纯真朴素、清新自然。唐司空图《二十四诗品》："绝伫灵素，少回清真。如觅水影，如写阳春。"

⑦ 桐庐水，即桐江，指钱塘江流经桐庐县境内一段。

⑧ 奕叶，累世、代代。汉蔡邕《琅琊王传蔡朗碑》："奕叶载德，常历宫尹，以建于兹。"阳春，本指春天，此诗或喻指恩泽。唐欧阳詹《上郑相公书》："上天至仁之膏泽，厚地无私之阳春。"

⑨ 微言，精深微妙的言辞。《逸周书·大戒》："微言入心，夙喻动众。"典坟，三坟五典的省称，泛指各种文籍。

⑩ 相，治理。《左传·昭公二十五年》："公鸟死，季公亥与公思展与公鸟之臣申夜姑相其室。"杜预注："相，治也。"

附录一

钱钟书《宋诗纪事补正》辑录周敦颐诗五首，从《永乐大典》卷八九九"诗"字韵辑出。

永嘉薛师董同兄笙从友刘仁愿同来

缚屋匡庐①老不归，晨云夜月手能挥②。两山夹直春风布，一水汭回鼓瑟希③。翠栢④偶成庭下荫，游禽⑤何有夕阳晖。洗空天地销余滴，独怪门前多鲁衣⑥。

[校注]

① 缚屋匡庐，指筑书堂于庐山之事。

② 手能挥，手挥目送的略称。三国魏嵇康《赠兄秀才入军其十四》诗："目送归鸿，手挥五弦。"

③ 鼓瑟希，指春风沂水之乐。《论语·先进第十一》："（点）鼓瑟希，铿尔，舍瑟而作……曰：'莫春者，春服既成，冠者五六人，童子六七人，浴乎沂，风乎舞雩，咏而归。'夫子喟然叹曰："吾与点也！""

④ 栢同"柏"。

⑤ 游禽，飞鸟，一指走兽。

⑥ 鲁衣，儒门学者。

怀古四首：为知己魏卒元长赋兼呈王永叔宗丞戴少望
其一
言理不可求，吾将讯苍苍。草木被春花，随风散芳香。才高未为福，名大或不祥。煌煌太史公①，逸气横八方。瑞麟②出非时，巷伯③终见戕。晏婴④不可非，鲍叔⑤遥相望。发愤著春秋，掩夺日月光。文章诚可传，毁辱庸何伤。

[校注]

① 太史公，指司马迁。著《史记》，为我国第一部纪传体通史。

② 麟，麒麟，传说的瑞兽。《春秋·哀公十四年》："春，西狩获麟。"杜预注："麟者仁兽，圣王之嘉瑞也。时无明王出而遇获，仲尼伤周道之不兴，感嘉瑞之无应。故因《鲁春秋》而修中兴之教。绝笔于'获麟'之一句，所感而作，固所以为终也。"

③ 巷伯，宦官、太监。又是《诗经·小雅》篇名。是一个被谗言陷害因而遭受宫刑的宦官所写的诗。《诗序》说："寺人伤于谗，故作是诗也。"

④ 晏婴，春秋齐国人，为景公相，以贤能名世。

⑤ 鲍叔，鲍叔牙的别称。春秋时齐国大夫，以知人并笃于友谊著称。后常以"鲍叔"代称知己友好。

其二
高高黄金台①，燕赵争趋风②。后来得荆卿③，恩礼尽鞠躬。丈夫易感激，况在穷厄中，缟衣登素车，函谷④眼已空。吕政⑤当野死，燕丹⑥无奇功。侠骨化为铁，血变海水红。英愤气不磨，今为亘天虹。

[校注]

① 黄金台，古台名，又称金台、燕台。故址在今河北省易县东南北易水南。相传战国燕昭王筑，置千金于台上，延请天下贤士，故名。

② 趋风，闻风而来。唐聂夷中《燕台》诗之一："自然乐毅徒，趋风走天下。何必驰凤书，旁求向林野。"

③ 荆卿，即荆轲。战国著名刺客，齐人，燕太子丹奉为上客，衔命入秦刺秦王嬴政，事败被杀。

④ 函谷，函谷关。

⑤ 吕政，指秦始皇嬴政。据《史记》暗示，秦始皇实为吕不韦所生，称之为吕政，有轻视之意。后秦始皇巡行死于外，故称"野死"，亦有轻蔑之意。

⑥ 燕丹，指燕太子丹。荆轲刺秦事败，故无功。

其三

天地有大经①，圣贤实先觉。一身万事则，激厉为忠朴。周勃②真少文，汲黯③信无学。归然社稷臣，汉脉终有托。微臣有扬雄④，百拜美新作。男儿无英标⑤，焉用读书博。

[校注]

① 大经，犹大道、至道。

② 周勃，汉初大臣，官至太尉，为人耿直倔强，刘邦认为他"厚重少文"。

③ 汲黯，汉初大臣，位列九卿。据《史记·汲郑列传》载："黯学黄老之言，治官理民，好清静，择丞史而任之。其治，责大指而已，不苛小。"

④ 扬雄，汉著名作家，以赋著称，有《甘泉》《长杨》等赋作。

⑤ 英标，指贤能而有风采的人。

其四

嗣宗党司马①，徒尔餔其糟②。叔夜屹玉山③，落落昆仑高。神仙之可求，蓬岛何迢遥。汤武④非圣人，况识师与昭。一死继结缨⑤，孤竹⑥争清标。荡阴一杯血，彩凤无凡毛。鸱鸢⑦嗜腐鼠，竟绝终身交。

[校注]

① 嗣宗，三国魏阮籍字。司马，指秉持朝政的司马氏。

② 餔其糟，饮食糟粕。《史记·屈原贾生列传》："举世混浊，何不随其流而扬其波？众人皆醉，何不餔其糟而啜其醨？"

③ 叔夜，嵇康字。《世说新语》："嵇叔夜之为人也，岩岩若孤松之独立；其醉也，傀俄若玉山之将崩。"

④ 汤武，指商汤王和周武王。

⑤ 结缨，系好帽带。《左传·哀公十五年》："子路曰：'君子死，冠不免。'结缨而死。"后用以表示从容就死。

⑥ 孤竹，本为商周时国名，这里指伯夷、叔齐。《庄子·让王》："昔周之兴，有士二人处于孤竹，曰伯夷、叔齐。"

⑦ 鸱鸢，即鸱鸟，鹞鹰。

附录二
周敦颐佚诗三首

百丈寺①
其一
好风吹上最高台，雨洗青天万里开。
碧落半空山鬼泣，也应胜似锡飞来。

其二
绝顶茅庵老此僧，寒云孤木独经行.
世人那得知幽径，遥向高峰礼磬声。

其三

浮生不定若蓬飘，林下真僧偶见招.

觉后始知身是梦，更闻寒雨滴芭蕉。

[校注]

①《百丈寺》诗凡三首。见于清道光六年版江西《奉新县志》，最先由谢先模录出，并撰文载于《求索》1988年第4期加以说明。由于此三诗不见于诸本《周濂溪集》，谢先模以为"周敦颐在庆历元年（1041年）25岁时出任分宁（今江西修水县）主簿，尝寓奉新(《县志·贤寓》有传)。奉新与分宁是邻县，百丈山为两县分界岭，距离更近。考周敦颐喜游历，集中所载诗文皆有记游者，他到奉新，肯定不会放弃游览百丈山，留下三诗，亦甚合情理"。但毕竟缺乏足够的证据。故是否周敦颐诗仍值得怀疑。本校注本特录以待考。

百丈寺，奉新佛教名胜，寺在百丈山最高处。寺旁有灵境台。唐宣宗即位之前，曾游览百丈山，有诗云："灵境无时六月寒。"(见《全唐诗》）后人因以"灵境"为名，建台以示纪念。

通达与穷厄的文化隐喻

——《长信宫词》文化解读探微

王昌龄的人生轨迹及心态流变可以从其宫怨诗看出,其宫怨诗不唯反映宫女的落寞生活,而在其有意为之的别有寄托;一方面昭示他对理想人生(功名通达)的艳羡、痴想;另一方面则隐喻他对客观现实(穷厄命运)的哀怨和凄苦。

王昌龄生平资料甚少,难以画出其详细而准确的人生经历,然经学者的考证,其人生大致脉络虽则粗略却也基本清楚,他于开元十五年(727年)中进士,授秘书监校书郎,中进士前曾漫游西北边塞,入仕长安时期结识了当时荟萃在长安的诸多著名诗人(如李白、岑参、高适、李颀、王之涣、孟浩然、常建等),但仕途郁郁不得志,常不满于校书郎之职。在长安后期,曾中博学宏词科,改授汜水尉。开元二十六年(738年),被贬岭南。开元二十八年(740年),被贬为江宁丞。天宝七年(748年)被贬为龙标尉。天宝十四年(755年)由龙标返乡,路经亳州,为刺史闾丘晓所杀[1]。

终其坎坷一生,我们大致可以将其分为三个时期:仕前漫游期,入仕长安期,遭贬期。再联系当时朝廷政治格局的微妙变化(奸臣逐渐崛起,如开元末年李林甫的崛起,张九龄的罢相)及国势的由盛渐衰,并参阅其相应时期的诗作,我们可以推知其心态始终处于一种不断的流动变化和冲撞之中。仕前漫游期他的心态是豪迈奋进的,"孤舟未得济,入梦在何年"(从军行),以班超、傅说自期,显见年轻气

---

[1] 蒋长栋:《王昌龄评传》,中州古籍出版社1991年版。

通达与穷厄的文化隐喻

盛,事业心强;"封侯取一战,岂复念闺阁。"(《变行路难》),可谓豪情壮志溢于言表。他那些身临其境、绘声绘色的边塞诗作正是他豪迈进取的最好明证。入仕长安的前期其心态承接漫游期的心态,功名心强,自许更高,在《放歌行》里他说:"幸蒙国士识,因脱负薪裘,今者放歌行,以慰梁甫愁。"写自己中举之后积极用世并以诸葛亮自比。但校书郎一职的低微(九品)与自己高昂的心态形成巨大的落差,入仕长安七年,除了最初的豪迈,可以说其心中始终是郁郁不得志的。这一时期写出的宫怨诗,便隐藏了诗人自己郁郁不得志的影子。遭贬期,诗人是一而再,再而三得到被贬的待遇,其内心的伤痛及理想破灭所带来的凄苦可想而知,其多数诗作却显得豁达乐观,从他在孤寂的楚山水滨送客所发出的"洛阳亲友如相问,一片冰心在玉壶"(《芙蓉楼送辛渐》)的辩白中,我们仿佛看出他只不过是故作豁达乐观、淡漠仕途(如《韦十二兵曹》的"县职如长缨,终日捡我身",《龙标野宴》的"莫道弦歌愁远谪,青山明月不曾空")而已,实际上他的内心是一种无可奈何的凄苦。及至心如古井之时,他则只能发出"远谪唯知望雷雨,明年春水共还乡"(《送吴十九往沅陵》),而这已经是一种归老情绪了,它与初入官场时的"有诏征草泽,微诚将献谋。冠冕如星罗,拜楫曹与周"(《放歌行》)所显现的踌躇满志已是天壤之别了。

王昌龄一生位卑而名著。其坎坷的一生使其功名仕途最终栖于一尉,委实位卑;其流变冲撞的心态造就了他煌煌的诗歌,奠定了他"七绝圣手""诗家天子"的称号。特别值得注意的是入仕长安写作宫怨诗这一段时间,是他流变的心态由豪迈进取走向幽怨消沉的转折点:一方面,昭示他对理想人生(功名通达)的艳羡和痴想之心(不死心);另一方面,隐匿他对客观现实(穷厄命运)的哀怨及凄苦之情(莫奈何之情)。这种心态,我们可姑名之曰"宫怨心态",即如落寞冷寂之宫女,不为君王宠幸,却又爱做被君王宠幸之梦,艳羡别人"帘外春寒赐锦袍"(《春宫曲》),觉后知道"玉颜不及寒鸦色"(《长信秋词》其三)只好徒唤奈何而哀怨不已。这种心态在《长信秋词》五首中有意或无意的表现最为真切。

· 185 ·

儒家文化下的文学意蕴

为了更好地说明这种"宫怨心态"及其有意为之的特点，我想通过表层和深层两个方面的比较解读来求得问题的答案。所谓表层解读即就宫怨诗而叹宫女失宠之怨的解读，这是一般人包括文学史教材及一些著名鉴赏辞典的解读。所谓深层解读，即探求其本真寄托的解读法，是还诗人心志的解读法。

我们先将《长信秋词》五首列示如下①：

> 金井梧桐秋叶黄，珠帘不卷夜来霜。
> 熏笼玉枕无颜色，卧听南宫清漏长。
>
> 高殿秋砧响夜阑，霜深犹忆御衣寒。
> 银灯青琐裁缝歇，还向金城明主看。
>
> 真成薄命久寻思，梦见君王觉后疑。
> 火照西宫知夜饮，分明复道奉恩时。
>
> 长信宫中秋月明，昭阳殿下捣衣声。
> 白露堂中细草迹，红罗帐里不胜情。
>
> 奉帚平明金殿开，且将团扇暂徘徊。
> 玉颜不及寒鸦色，犹带昭阳日影来。

按一般的解读法，这五首诗是诗人拟托汉代班婕妤失宠于汉成帝，最后在长信宫中度过凄清寂寞的岁月一事而写作的，诗人以汉成帝影射唐玄宗，借长信故事从五个不同的角度反映被遗弃的宫女的非人生活以及由此产生的苦闷、怨恨、怅惘、妒忌等，以此怨刺唐玄宗淫佚无度，朝纲不振。然而这种解读毕竟是就宫怨诗而论宫怨，虽然也能成立，却是浅层次的解读，可名之为表层解读，其旨归只在宫怨，并非诗人本真之心态。诗人本真之心态，在乎另有寄托，而且这寄托还是有意为之。要得出这个结论，我们就要对这五首诗进行深层次的解读。

---

① 彭定求等编：《全唐诗》，中华书局1981年版，第1445页。

我们先将上面列示的五首《长信宫秋词》之意象和隐喻对应关系按序列表如下：

《长信宫秋词》意象表

序号	时间意象	室外意象	长信宫意象	昭阳殿意象	宫怨情	诗人志
1	天欲黑之时：见"秋叶黄"，觉"夜来霜"	金井梧桐秋叶黄夜来霜	熏笼玉枕无颜色，卧听南宫清漏长。（冷宫意象）	南宫（皇帝居处）清漏悠扬	艳羡君恩	盼望君臣知遇
2	夜晚：响夜阑、霜深银灯青琐	秋砧响夜阑、霜深	还向金城明主看	幻觉：御衣寒	眷念君主冷暖	忧虑君王社稷得失
3	深夜："久寻思"、"梦见"		真成薄命久寻思，梦见君王觉后疑	火照西宫（皇帝宠幸处）知夜饮，分明复道奉恩时	痴想君恩	梦想当初沐君恩中进士而为君王所重用
4	天将亮未亮："捣衣声"、"细草迹"	秋月明（冷月）	白露堂中细草迹（梦觉后徘徊庭院）	昭阳殿里捣衣声，红罗帐里不胜情	嫉妒他人承受君恩	哀怨不为君王所重用（受冷落）
5	平明	寒鸦带昭阳日影而来	且将团扇暂徘徊	玉颜不及寒鸦色（寒鸦为君王所宠幸）	叹人不如物：哀怨、凄苦	怨恨君王所用非人；凄苦

从上表中可以看出，整组诗的时间意象及室外意象是萧瑟冷清的秋夜：从"夜来"写到次日的"平明"。令人联想到屈原的"惟草木之零落兮，恐美人之迟暮"。也会使人联想到宋玉的"悲哉，秋之为气也！萧瑟兮草木摇落而变衰。"均为士子悲秋之叹，王昌龄组诗以此

· 187 ·

为背景，当也有屈原"美人迟暮"和宋玉感叹地位低微，颇不得志的深层意蕴。"摇落深知宋玉悲"①，只是他较杜甫来得更含蓄委婉而已。仔细分辨诗中的秋日、秋砧、秋叶、秋霜、秋草、寒鸦则再明白不过了。

正因为此，长信宫的意象便有了冷宫寒夜的环境气氛作依托，像诗中的"听、看、梦、细草迹、徘徊"等恰与宫怨情中的"艳羡、眷念、痴想、嫉妒、哀怨"形成一一对应之关系，也与昭阳殿意象中的"红罗帐里不胜情"等形成鲜明的对照关系。

而从总体来看诗中的本真寄托，也即诗人之志因了时空意象的大背景，也就有了与宫怨之情的一一对应关系，表现为艳羡君臣之遇，忧虑君王得失，痴盼君王重用，哀怨受冷落，怨恨君王所用非人等情绪。这种对应关系是由班婕妤比唐宫女，又由唐宫女而自拟来实现的。

如果这种图表式解读及说明还显牵强，有附会之嫌的话，那让我们再看看以下依据。

第一，组诗用班婕妤故事与王昌龄自己有相类似的心态。班婕妤，为班固祖姑，少有才学，成帝时被选入宫，立为婕妤，婕妤实为汉宫中女官，尚不能侍奉皇上，犹如后世小说《红楼梦》中贾元春在"才选凤藻宫"之前的地位，班氏在以才学选入宫后，并未得到真正的宠幸。她艳羡痴想有朝一日像突然被选入宫那样得到成帝的宠幸。这种心态与王昌龄因才学而中进士而为校书郎，而又不满于校书郎痴盼为君王重用的心态可谓极其类似，因而其诗用长信故事拟托君臣之遇的关系也就顺理成章了。诗人只不过是在其中放了一个唐宫女比班婕妤的烟幕弹而已。

第二，其时王昌龄年龄已近不惑，功名未就，因而可能有士子悲秋之叹。王昌龄生于武则天证圣元年（695年），开元十五年（727年）中进士，时年三十二岁，入仕长安七年左右。所以写作《长信秋词》时已近不惑之年，而这时诗人还只是一个九品校书郎，在郁郁不

---

① 杜甫著，仇兆鳌注：《杜诗详注》，中华书局1982年版。

得志中，自然会发出"老冉冉其将至兮，恐修名之不立"①的悲秋慨叹。而这士子悲秋也正同屈原一样是通过"美人"来兴寄的。

第三，当时唐明皇还没有达到荒淫无度以至朝纲不振的地步（开元末年唐明皇才由明转昏），仍是一代英主。作为忠君思想严重，渴望报效君王的士子，对皇帝这种司空见惯的三宫六院现象，绝不会因此而怨刺上政。那么其诗必然会别有本真寄托。

第四，这一组诗，本身也给别人有本真寄托的感觉。如沈德潜《说诗晬语》说："王龙标绝句，深情幽怨，意旨微茫。"陆时雍《诗镜总论》也说"王龙标七言绝句，自是唐人《骚》语，深情苦恨……使之测之无端，玩之不尽。"这些虽是总说他的绝句，如果单独移论，我倒以为更切合他的以《长信秋词》为代表的宫怨诗。

第五，从中国文学特别是诗歌的表现性特征来看，诗之别有本真寄托，本来古已有之。《楚辞·悲回风》道："介眇志之所惑兮，窃赋诗之所明。"《楚辞·哀时命》道："志憾恨而不逞兮，抒中情而属诗。"说得都很明白，诗是有言志寄托作用的。就创作而言，自屈原的香草美人（虽然有异议，但毕竟已成为客观的历史文化积淀）到清常州词派的力主寄托（有理论也有创作），可谓我国诗史之一大脉络。而在这大脉络中，又有一条小经络，那就是常州词派所谓的"托志帷房"，这种男人说女人话的方式可说是中国文学史的一种奇特现象，男性作家往往自拟女子娇媚幽怨的诗词，来演绎君臣之遇的各种关系。如相思、美人迟暮、宠幸、薄情、弃妇（失宠）可分别隐喻兴寄渴望报效、怀才不遇、为君王重用、被疏远冷落、遭排挤打击等意义。王昌龄则正好处在中国诗歌别有寄托发展史上的承上启下、继往开来处。这种别有寄托的心理根源是士子诗人们面对穷厄的无奈人生发出的一种宣泄，一种自我慰藉。考虑到温柔敦厚的诗教传统，他们在这不得不发泄的"怀抱"面前又要考虑"发乎情，止乎礼义"。于是诗中别有寄托的另一深刻根源，便是他们在等级秩序社会里发现了王权统治中心压抑下的臣民与男权压抑下的女性具有某种相似性，而

---

① 屈原著，洪兴祖补注《楚辞补详注》，中华书局2002年版，第12页。

宫女则是王权、男权双重压抑下的女性,其怨更幽深,更凄苦,那么用这种处于双重从属地位的女性话语便再恰当不过了。王昌龄《长信秋词》笔下的悲秋怨君之恨便是为自己不被君王重用,长时间受冷落而发,的的确确是他入仕长安的真实写照,反映出了他那种由艳羡、痴想功名通达而终至命运穷厄的幽怨凄苦的"宫怨心态"。因而并不仅仅是哀叹宫女的落寞或咏史实以讽劝唐明皇这样一种表层解读所能涵盖诗作的本真意义的。

所以,无论是从作品来探索诗人的本真命意,还是联系诗人人生心路历程来感受形象,或是从史实来推演,或是从中国古诗的表现寄托的文化、文学传统来看,都可以看出这组诗是有深层次的本真寄托的,是符合并如实抒写了诗人这段时期郁郁不得志的心态的。

唐宋词的繁荣与音乐进退之二律背反关系

音乐与词的紧密关系人所周知，论述亦繁。然多是从词源、依声填词、词乐本身等角度作静态的立论，而于音乐在词的动态过程中的规律性流变作用则鲜有人触及。实际上，从音乐在词中的动态性全过程影响来看，音乐在词史发展中的一条主要动态规律就是音乐与词形成了助推力与牵引力相互作用的二律背反关系。

一

关于词与音乐的关系，前人有三种言说方式。首先，谈得最多的是词的起源与音乐之关系，下面是较有代表性的几家。叶嘉莹先生在谈到词的起源时说："风诗雅乐久沉冥，六代歌谣亦寝声。里巷胡夷新曲出，遂叫词体擅佳名。"① 以诗的语言恰切地道出了音乐与词的紧密关系，里巷指民间流行的乐曲，胡夷指外来的乐曲，歌者加以综合运用这些乐曲便制成新声；词学大师唐圭璋也有相类的看法，他在《历代词学研究述略》中强调说，词的起源与音乐有密切的关系，我们不能离开音乐而谈词的起源。就音乐而言，秦以前用的是雅乐，汉魏六朝乐府用清乐，隋唐的新乐则用燕乐。由于隋统一了南北朝，将胡部乐和中原乐结合起来，成为当时统一的新乐——燕乐，词即由此产生②。姜亮夫先生则说得更明白："初唐古曲之灭亡，胡夷里巷之杂

---

① 叶嘉莹、缪钺：《灵溪词说》，上海古籍出版社 1987 年版。
② 唐圭璋、金启华：《历代词学研究述略》，载《词学研究论文集》，上海古籍出版社 1988 年版。

糅新乐府之放发,绝句之入乐,三事为词之所胎袭。"① 吴熊和先生也同样认为:"从音乐方面说,词是燕乐发展的副产品;从文学方面说,词是诗、乐结合的新创造。燕乐的兴盛是词体产生的必要前提,词体的成立则是乐曲流行的必然结果。"② 唐氏、叶氏俱是从中国诗歌历史的流变角度谈音乐在词的起源中的更替代换,姜氏、吴氏则是从词与乐相结合而胚胎出新体诗角度来立论。

词与音乐关系的另一言说角度是依声填词,词之长短句的参差及韵律节奏效果,是因为词的背后有一音乐定式(谱)在焉。关于此种关系,上述诸大家也都程度不等的谈到过,但完全从音乐与词的关系角度说得最直接的是施议对,他于1985年撰著出版《词与音乐关系研究》一书,对我国古代诗歌与音乐的关系作了全面的历史考察后,认为我国诗歌与音乐之间的关系,走的是"先诗后乐"到"先乐后诗"的路子,经历了"以乐从诗"(以《诗经》为代表)到"采诗入乐"(以汉乐府为代表)到"依声填词"(以"词"为代表)三个阶段,在"依声填词"阶段,唐宋词入乐,一方面,必须"长短其句"以就音乐曲拍,消极地接受音乐的制约;另一方面,词在合乐过程中,也依据自身的格式规定其变化,积极能动地与音乐结合③。且不说施氏前二阶段之说是否值得商榷,但就第三阶段而论,他是说得有见地的,抓住了词与音乐关系的一个主要方面,但其对词与音乐关系的言说也不是历时性、动态性的。其实此一说古人也已说得甚为明白,张炎《词源·音谱》说:"词以协音为先。音者何?谱是也。古人按律制谱,以词定声,此正'声依永,律和声'之意"。可见作词须依音谱,词的体制也就随音谱而定,在很大程度上要受到乐曲形态的支配和制约。

还有一个对词与音乐关系的看法是在对词调、词谱、词乐本身的研究中展现的。这一方面的论述亦极多,成就亦极大,可以说于传统

---

① 姜亮夫:《"词"的原始与形成》,载《词学研究论文集》,上海古籍出版社1988年版。
② 吴熊和:《唐宋词通论》,浙江古籍出版社1985年版。
③ 施议对:《词与音乐关系研究》,中国社会科学出版社1985年版。

的词谱、词调、词乐而言,至清人时已几乎都做了,后人很难突破已有的范式。《隋书·音乐志》《旧唐书·音乐志》《教坊记》《乐府杂录》《碧鸡漫志》《梦溪笔谈》《词源》《词律》《钦定词谱》《词源斠律》《词调溯源》等是词乐、词调、词谱研究者经常引用的文献。这些材料除了同样对词源、依声填词作了考察论述以外,尤其对词调、词谱、词乐本身做了大量的论述。20 世纪 40 年代,刘尧民先生撰著《词与音乐》,在考察总结了前人的论述后,对词调、词谱、词乐本身对词的影响作了归纳,认为"音乐是诗歌的灵魂,所以诗歌自然要追随音乐,以音乐为标准"。他认为词的成功,就在于完成了它的音乐化倾向,而以长短句的形式表现出来,因而"词的声韵,一方面是可以和音乐协调,另一方面可以脱离音乐而成为独立的一调谐和的'内在音乐'。所以词比别的诗歌,特别有一种精微的声音美"。围绕这一命题,作者还分别从"燕乐的形式与词"、"燕乐的律调与词"、"燕乐的情调与词"、"燕乐的乐器与词"等不同方面,阐明了流行音乐对词的影响和限制[①]。

以上是对前人论词与音乐之关系的粗线条考察(当然还有例外的情况,但这不是主流),从以上考察来看,我们可以得出以下几点结论:其一,这些论述多是横向的,而非纵向历时性的,亦即只是在某一坐标点上立论来看音乐对词的影响,来谈音乐对词的关系;其二,词的发展过程中的兴起繁荣以及式微这一动态运行轨迹与音乐的进退规律之间的联系鲜有触及;其三,作为一种音乐文学形式的词与作为一种书面文学形式的词,二者与音乐的动态流变轨迹如何语焉不详;其四,音乐对词的兴起、繁荣、式微的作用力各是什么?也就是说同为音乐为何在此时对词有推动力作用,而在彼时却是牵引力或阻力作用?这类角度更是少有论及。而这些正是我们下面要探讨的。

二

如果撇开上述前人论述的三个角度,而换用另类角度,也即从音

[①] 刘尧民:《词与音乐》,云南人民出版社 1982 年版。

乐在词中的进退对词兴起及发展过程的动态变化影响的角度来审视观照，或许我们可以洞见别一天地。今人刘尊明、王兆鹏在编辑《全唐五代词》时有一个观点，词应分为音乐文学形式的词和书面文学形式的词，他们说"作为一种音乐文学形式，唐宋词主要是一种融诗、乐、歌、舞为一体的综合艺术形态，这与宋以后已脱离音乐歌舞而仅以书面文学形式表现出来的，以长短句为主要形体特征的格律诗，在功能和性质上又是有所区别的"。[1] 受此启发笔者从词发展论的角度，从文学形式内部的演绎规律入手，将词的发展阶段或词的形态演绎分为曲子"词"、歌"词"、诗"词"、文"词"、"律"词五个阶段，同时也是词的五种变化形态。这种划分方式实质上是以音乐在词上的进退及作用力为标准来划分的，它打破了时代、流派的界域，只以大体形态和音乐在其中的直接作用、间接作用为圭臬，而忽略其他，诸如同一词人或可以分属两种不同的形态（阶段），不同形态（阶段）也可以交叉、并存等。

　　第一个阶段是曲子"词"阶段（形态），其大量呈现是在词的起源阶段，音乐进入词中，或说是词为音乐的配角，音乐在整个词史上起到的是萌芽的催生作用。其大致时代是唐五代，因为就唐五代的历史情形而言，"曲"与"曲子"的名称更为流行，说明它偏重于音乐艺术一面，是用来配合乐曲演唱的。实际上除了称"曲子""曲"以外，像最早的文人词总集《花间集》中还有"低声唱小词"的描写（牛峤《女冠子》），在"花间词人"欧阳炯为《花间集》写的序中还出现过"诗客曲子词"的概念，这不仅说明"曲子"词时期，是偏重于音乐艺术的综合形态，也说明它在向作为文学形态的"词"方向缓慢移动。但这一阶段毕竟是音乐主导阶段，一般认为唐五代合乐歌辞有雅乐歌辞和燕乐歌辞两大类，后者为主要形式，起初燕乐中的大曲歌辞多采用五言、七言声诗格式，如崔令钦《教坊记》所录四十六大曲便多是如此，后来为了适应音乐节拍，声诗逐渐为长短句的歌词所代

---

[1] 刘尊明、王兆鹏：《词的本质特征与词的起源——词学研究两个基本理论问题的阐释》，《文学评论》1996 年第 5 期。

替，如敦煌《云谣集杂曲子》所载《破阵子》四首便是比较定型的长短句歌词格式了。所以"曲子词"实际上是为了音乐的需要催生了长短句，音乐起到了助推力的作用。

第二个阶段可以称为歌"词"阶段（形态），这一时期跨度最长，中唐现其端倪，至晚唐开始，集中期在北宋和南宋初，部分一直延续至南宋末，后世也程度不等地或隐或现。其集中期也是词的繁荣兴盛期。音乐在这时期或在这个形态上起的作用是兴盛繁荣的助推作用。这时期的首要贡献是中晚唐文人在创作上开始"依声填词"，如李白、戴叔伦、王建、刘禹锡、白居易等，至晚唐时，温庭筠已然成为词史上第一位专业词人，正因为此，以其为首的《花间集》才被称为"诗客曲子词"，开始跨入歌"词"的阶段。北宋及南宋初期间，可以说大部分词人都是"歌"词形态的作家。此时乐曲以新奇取胜，歌词以近情悦人，可以说是这一时期的大势。张炎在其《词源》中曾说道："作慢词看是甚题目，先择曲名，然后命意；命意既了，思量头如何起，尾如何结，方始选韵，而后述曲。最是过片不要断了曲意，须要承上接下；如姜白石词云：'曲曲屏山，夜凉独自甚情绪。'于过片则云：'西窗又吹暗雨'。此则曲之意脉不断矣。"张炎处宋、元之交，他的理论主张既可以看作创作实践的甘苦之谈，也可以看作前代乐曲、歌词创作的总结，只不过他只是就事论事，没有看到音乐对词的繁荣所起到的助长、助推作用而已。这一时期音乐与"歌"词同为这一艺术形态的主角。

第三个阶段可以称为"诗"词阶段（形态），它同样属于词的繁荣阶段，其形成和繁荣均当以苏东坡以"诗"为词进行创作为标志。整个时期从北宋中后期至于宋末。北宋中后期成就尤大。北宋中后期及南宋时期，部分词也同时作为"歌"词而存在，亦为音乐味浓厚的文学样式，宋以后逐渐与音乐脱离，而成为书面文学形式。在两宋时期"诗"词与"歌"词阶段（心态）的区别主要不在音乐的参与与否上，而在作为"诗"词的"词"取得了与"诗"一样纯文学的地位，由"通俗"上升为"高雅"，虽然也要合乐演唱，但毕竟它不再处于从属或配角的地位，相反音乐在这时有时倒处于从属地位了。以代表人物苏东坡而论，一方面它通过提高词品、扩大词境、改变词风、推进词律等方面完成了以诗为词的过渡和革新；另一方面"又维护与保持词的特点。他注意发挥词体音律谐美，句式参差，用韵错落等长处，或纵横驰骤，穷极变化，或卷舒自如，深婉不迫，创造了他的古近体诗所未能或造的独特的词境。因此，苏轼既"以诗入词"，正其本源；又"以词还词"，完其本色。①意思是说苏东坡填制的那些不同凡响的词，同样产生了不同凡响的音乐效果。至于其为人诟病的所谓"不受词的严格限制"，"不必儿女离别"②，或者"不是以协乐为主"，成为"男性的词"③等方面正好说明词发展到苏东坡时，音乐对词的影响起了显著的变化。他的少数须关西大汉来演唱的作品，不仅说明改变了词性，同时也改变了音乐效果，更重要的是词对音乐的依赖关系，产生了动摇。"词这一特殊诗体，既可以通过自身格式规定，包括字声安排、句式配塔、韵叶（协）等方面的调整以适应发展变化的燕乐乐曲，又可以按照自身格式变化规则，发展成为一种独立的抒情诗体。"④

  第四个阶段（形态）我们把它称为"文"词。其典型期（南宋）也是词发展史上的一个繁荣阶段，部分词作与"歌"词阶段、"诗"词阶段相重叠且并行不悖，音乐对词的影响进一步退居次要地位，虽然也可以作为歌词来演唱，但演唱不成为主流，更多的是人们美听之外开始了鉴赏性的阅读。其形成和繁荣以辛弃疾"以文为词"进行创作为标志。其时间段可以是从南宋初到宋末，而以南宋的辛派词人为典型，宋末以后逐渐式微。南宋之文"词"多可演唱，后世之文"词"已是纯书面诗歌，不能合乐演唱。关于辛词的风格，后人虽有种种概括，但笔者以为还是范开在《稼轩词序》（据涵芬楼汲古阁钞本《稼轩词》）讲得最好："公一世之豪，以气节自负，以功业自诩，方将敛藏其用以事清旷，果何意于歌词哉，直陶写之具耳。故其词之为体，

---

① 吴熊和：《唐宋词通论》，浙江古籍出版社1985年版。
② 胡适：《词选·苏轼小传》，上海商务印书馆1927年版。
③ 胡云翼：《中国词史大纲》，上海北新书局1933年版。
④ 施议对：《词与音乐关系研究》，中国社会科学出版社1985年版。

如张乐洞庭之野，无首无尾，不主故常；又如春云浮空，卷舒起灭，随所变态，无非可观，无他，意不在于作词，而其气之所充，蓄之所发，词自不能不尔也。其间固有清而丽、婉而妩媚，此又坡词之所无，而公词之所独也。"可见辛词能在变化中求奇变，如散文一样更加丰富多彩。但他的词亦并非因此就不能合乐歌唱。虽然南宋时期，歌乐有不少散佚，歌谱多数不传，但他还是很注重音乐的效果的。曾经是辛弃疾的座上宾的岳珂在《桯史》（卷三）就曾经记载"轩以词名，每燕必命侍妓歌其所作"。且经常"置酒召数客，使妓迭歌，益自击节，遍问客，必使摘其疵"。

  最后一个阶段或者说最后一种词的形态是"律"词。词律的严密与音乐消退转向是其发展的显著轨迹。本来词的律自从"以声填词"就有了，但那时毕竟还没有上升到"法"的高度，不遵律的现象实在不少。词在由俗而雅的运行中，一是与音乐逐渐分离，二是以严格的词律相约束。前者的绝对化是使词由合乐走向不合乐，后者的绝对化则将音律严格化乃至机械化。注重词律本来从北宋便已开始，周邦彦以宫廷词人的地位，审音协律，注重工雅，成为格律词的奠基者。到了南宋的姜夔、史达祖、吴文英、王沂孙、张炎、周密等人都是继承周的道路，其初衷本来是为了更好的合乐，更便于演唱，事实上重视格律的初期也确实带来了词的繁荣。因为歌词的字声之变化，如能与乐曲之音理暗合，自然会形成人籁与天籁的完美组合，收到意想不到的音乐效果，所以适当的格律化对词的创作和繁荣是有推动作用的。但问题在于至姜夔开始作词便字酌句炼，而归于醇雅，由于他是南宋著名的音乐家，深得音律，所以其词尚能将音乐与歌词二者有机的统一，给人带来无尽的美感。但后来的姜派词人则越走越远，极雕琢刻画之能事，机械地一味追求形式，造成格律的严密，反倒使音乐逐渐退出了词体之中，而最后变为纯文学形式的格律诗体。词的黄金时代也因此终结了。通俗音乐在民间开始转向，与元曲小令的歌词相结合，终于带来了另一种音乐综合艺术形态的繁荣，而词也就在整体上式微了。

三

通过对音乐在唐宋词发展轨迹中进退作用现象的另类描述，我们发现一个有趣的现象：民间音乐（燕乐实际上是一种中外结合的民间音乐）的出现以及对雅文化层的挺进，其结果使得原来的雅乐消退或自觉的与燕乐靠拢完成自我转变，而新兴的民间燕乐则逐渐占据乐坛正统，同时也催生了一种新的综合音乐文艺形态——"曲子词"，而在曲子词的雅化过程中，音乐也在雅化，雅化过程的音乐与雅化过程的"词"，在歌"词"、诗"词"两种形态或两个阶段中基本上是同步的，音乐给词的发展以很大的推动力，到"文"词阶段推动力减少，音乐与词开始显示出分离的迹象，词的独立性大大加强，词也达到繁荣的巅峰。到"律"词形态阶段，其初期音乐与词在音乐家手里尚能完美的结合，但格律绝对化的结果却使音乐从词体中隐退并通过新的民间通俗音乐来转向。音乐这时通过格律不仅不能对词的继续发展带来繁荣，反倒形成一种牵引力或阻力。在词的萌芽期、发展初期，词基本上是全部合乐的，兴盛繁荣阶段（雅化过程）有合乐的，也有不合乐的词，式微衰退阶段词则基本上不合乐。那么为何会造成这一现象呢？

首先，这是由诗歌本质决定的。从诗的发生学角度来看，诗歌本身就是唱出来的，即使在没有音乐记录的年代，歌"永"言背后的声音便是一种乐音。所以《尚书》上说"诗言志、歌永言、律合声"。一部中国诗歌史，也可以将之看为一部中国音乐史。王灼《碧鸡漫志》就论述了上古至唐宋的声歌递变："古歌变为古乐府，古乐府变为今曲子，其本一也。"虽然曲子之由来讲的并不确切，但就音乐与诗的分合进退而言却是有道理的。将诗歌史加以整体考察，我们可以清楚的看到历史上诗歌的繁荣鼎盛多半是音乐带来的，三百首皆可入乐，楚辞背后是楚地的地方音乐，汉乐府及后来的南北朝乐府民歌的文人雅化和音乐助推的结果带来了唐诗的繁荣，宋词元曲亦是如此。由此看来，诗歌本身所蕴藏的音乐因子也应是诗的本质之一。

其次，这是由流行规律决定的。音乐与诗的结合所带来的创作、传播与接受途径，就是一种流行规律。而雅俗的流变往往又参与其中。一般而言在诗的发展过程中，新的诗体产生必然由新兴的民间通俗音乐催生，而其创作、流行、传播、接受的过程，就是文人雅化的过程，在文人雅化的过程中，新兴的诗体发展到高峰阶段，音乐随之逐步消退或转向，此种诗体亦随之式微或产生新的流变（如骚体诗走向骚体赋）。雅到极致便只为少数精英文人所赏玩乐道，自然曲高和寡。由于少了文化阶层的大多数和大众阶层的普遍性流行、传播和接受，新兴的诗体也就成为旧的诗体或古的诗体，其后世则只能偶尔显现少许余波了。正如鲁迅先生所说："歌、诗、词、曲，我以为原是民间物，文人取为己有，越做越难懂，弄得变成僵石，他们就又去取一样，又来慢慢的绞死它。"① 鲁迅先生说得当然刻薄了一点，实际上"文人取为己有"的过程，"做"的过程，就是一种雅化过程，只不过雅过了头，也就僵化了。但是毕竟一种新的民间歌谣与新的民间音乐又会结合在一起，并开始催生一种新的音乐文学综合形态，其雅化的结果又会带来一种新兴的诗体，形成又一个新的轮回。

最后，这是一种反复的轮回流变，使得每一种诗体的发展都有一种或几种内在的动力在左右其发展的流向。有语言的，有形式的，有内容的，有艺术的，有音乐的，等等，它们之间相互形成张力，这种张力或催生，或助推，或反方向牵引，从而完成其流变走向。单是就音乐对唐宋词的进退走向看，二者形成了一种先是催生，再助推，最后反向牵引的二律背反关系。这种关系恰恰使这种诗体由萌芽，兴盛繁荣，走向了它的式微阶段。此后元明清只不过是一些余波，偶尔也掀起几朵浪花罢了。

这种音乐与词的二律背反关系实质上也是中国诗歌历史上的一条普遍性规律。从诗经、楚辞、汉乐府、南北朝乐府民歌到唐诗宋词元曲莫不如此。只不过唐宋词更为典型罢了。它给我们的启示，就是一种有生命力的新兴诗体的出现和繁荣，必然有音乐的进退与之形成一种张力。近百年来新诗的不太成功可能与它一开始就学西方，而忽略

---

① 鲁迅：《鲁迅书信集·致窦隐夫》，人民文学出版社 1976 年版。

了音乐对诗体的影响有关。少数好的新诗我们发现似乎总是具有古典韵味和音乐性。这不正说明中国诗歌的发展自有它内部的规律性吗？鲁迅先生还说："新诗先要有节奏，押大致相近的韵，给大家容易记，又顺口，唱得出来。"① 他强调了音乐性。今天，社会的发展使山野民歌已逐渐丧失了它产生发展的生态环境，那么新兴的诗体会在通俗音乐及歌词的雅化中催生吗？我们能这样寄托，敢这样寄托吗？

---

① 鲁迅：《鲁迅书信集·致姚克》，人民文学出版社1976年版。

庄子寓言思维与古代文论

《庄子》对古代文学的叙事和抒情的影响众所周知，然而其"藉外论之"的寓言观对古代文论的贡献却鲜有人论及。笔者认为其寓言的由"器"而入"道"的思维方式，是中国古代诗文的一种重要的言说思维形式，"寓言"应作为古代文论的一个重要范畴与"比兴""隐秀""兴寄"等并列而存在，并相互影响着诗文创作。

寓言一词最早出现于《庄子》，在《庄子》中共出现3次，《庄子·寓言》中凡两见："寓言十九，重言十七，卮言日出，和以天倪。寓言十九，藉外论之。"《庄子·天下》凡一见："庄周闻其风而悦之，以谬悠之说，荒唐之言，无端崖之辞，时恣纵而不傥，不以觭见之也。以天下为沉浊，不可与庄语，以卮言为曼衍，以重言为真，以寓言为广。"学界一般认为，此二篇皆为庄子后学所为，尽管它主要还是从形式角度言说，但对寓言的看法已开始从思维的角度揭示其思维实质，即"藉外论之"和"以寓言为广"[①]，可惜后来的文论大家对此重视不够，如刘勰《文心雕龙》虽然在《诸子》《论说》《情采》《知音》篇中都说到了庄子，但《诸子》说的是"庄周述道以翱翔"，强调其想象丰富，《论说》说的是"是以庄周《齐物》，以论为名"，是从形式立论，《情采》则说"庄周云'辩雕万物'，谓藻饰也"，《知音》则只是就音乐表明态度的陈述："然而俗监之迷者，深废浅售，此庄周所以笑《折扬》，宋玉所以伤《白雪》也。"四者均未究其寓言思维实质发表看法，倒是《谐隐》一篇有如下一段话：

---

① 郭庆藩：《庄子集释》，中华书局2012年版，第947—948、1099页。

讔者，隐也。遁辞以隐意，谲譬以指事也。昔还社求拯于楚师，喻眢井而称麦麴；叔仪乞粮于鲁人，歌珮玉而呼庚癸；伍举刺荆王以大鸟，齐客讥薛公以海鱼；庄姬托辞于龙尾，臧文谬书于羊裘。隐语之用，被于纪传。大者兴治济身，其次弼违晓惑。盖意生于权谲，而事出于机急，与夫谐辞，可相表里者也。汉世《隐书》，十有八篇，歆、固编文，录之歌末①。

上文谈到了"隐"的问题，涉及文章的思维运作方式和技术处理方式，应该与寓言思维有相类之处，可惜无一字言及庄子之文。陆机《诗品·序》在谈诗时，将"兴""比"与"赋"相比较，谈到了寓言："文已尽而意有馀，兴也；因物喻志，比也；直书其事，寓言写物，赋也，"②他是从运思角度谈的，可惜没有深入展开。文史大家刘知几的《史通》内篇"采撰第十五""言语第二十""曲笔第二十五"亦谈到了寓言，但只是从文体形式角度言说，外篇"杂说下第九"多处谈到寓言，除了从文体形式言说外，有一处也如同《诗品》一样触及寓言的运思问题："此并战国之时，游说之士，寓言设理，以相比兴。"③但他的言说角度只是对战国百家争鸣现象的评论，并无意谈寓言思维。章学诚的《文史通义》在内篇一、二、四，外篇二都谈到了寓言，但多是从文体形式着眼用来作为例证④。

可以说"寓言"在古代文论中的缺失成了一种普遍现象。现代学者中，茅盾、郑振铎等人对寓言进行了研究，但多是将寓言看作一种文体来加以议论。当代寓言界理论权威陈蒲青先生在他的《中国古代寓言史》中认为"寓言是另有寄托的故事"，虽也是从文体的角度来把握，其"另有寄托"已然触及寓言思维的实质，他还进一步申说道：寓言有两大要素，一是故事性，二是寄托性，这两大要素形成了寓言的双重要素，其表层结构是一个故事，可以称为寓体；其深层结

---

① 刘勰著，杨明照校注：《增订文心雕龙校注》，中华书局 2012 年版，第 194 页。
② 钟嵘：《诗品》，中华书局 2019 年版，第 9 页。
③ 刘知几撰，赵吕甫校注《史通新校注》，重庆出版社 1990 年版。
④ 章学诚：《文史通义》，中华书局 1961 年版。

构是作者寄托的一种观念，可以称之为寓意①。可以说这是迄今为止关于寓言思维的最简捷明了的表述。但毕竟他还没有上升到从文学理论范畴的高度来进行形而上的思考。

笔者个人认为，寓言的思维方式既非纯形象思维，又不像是理性思维，它表层看来关乎形象，骨子内层却包蕴了多重理性因素，它在形象的显语言的外衣之下，追求的是一种潜语言或一种超语言，它既是一种言外之意，诗的物质，又隐显出理性的火花。这种思维方式在先秦诸子中已成熟地大量运用，而且对后世诗文影响尤大。它应该成为古代文论乃至当今文学理论的一个重要范畴。要说明这一问题就要从其源头谈起。在先秦诗文中寓言思维用得较早、也最为娴熟的当推《庄子》。因此廓清《庄子》寓言中的思维问题具有十分重要的意义，它有助于我们从文论的角度来做理论的概括和建构。因为语言与其对象之间的关系，实质是一种思维关系，思维的方式决定着语言所显示的意蕴及理性特色。作为语言艺术之一的诗文则更是如此。

《庄子》分内篇、外篇、杂篇三部分。一般认为，内篇是庄子本人所著。为了更本真地揭示《庄子》寓言的思维方式，本文拟就内篇的寓言及其思维的方式作一个大体的考察，庶几有助于澄清一些问题。《庄子》内篇有《逍遥游》《齐物论》《养生主》《人间世》《德充符》《大宗师》《应帝王》七篇。其中有寓言五十则，试看下表：

篇　目	故事（语言）形象	理性（思维）寄托
逍遥游	鲲鹏变化 尧让天下于许由 藐姑射之神 资章甫适越 五石之瓠 不龟手之药 大樗与狸狌	有待 无所用，无名 无功 无所用 顺性，善用 顺性之用 无用即大用，至人 无己

---

① 陈蒲清：《中国古代寓言史》，湖南教育出版社1996年版。

续 表

篇　目	故事（语言）形象	理性（思维）寄托
齐物论	天籁地籁人籁 朝三暮四 尧欲伐三国 啮缺问王倪 瞿鹊问长梧 丽姬悔泣 罔两问景 庄周梦蝶	大道齐物（吾丧我） 名异实同 心量广大胜过一切 标准的相对性 精神超越时空 虚幻与真实 有待与无待 现象与本质：物化
养生主	庖丁解牛 右师一足 泽雉 吊老聃	顺应自然理路 神为重：形残心全 顺心顺意之精神自由 安时处顺，哀乐不能入
人间世	心斋 叶公子高 螳臂当车 养虎者 爱马者 匠石与栎社 商丘大木 楸、柏、桑 支离疏 凤歌	养空明之心：涵容万物 顺乎自然：不添不减 量力而行 顺性而为 意有所至，爱有所亡 无用即大用 不材之木得永寿 才德之祸 无用可以免患 来世不可待，往事不可追
德充符	王骀 申徒嘉 叔山无趾 哀骀它 独子食死母 瓮㼜大瘿	形残心全 形残德全 过而能改善莫大焉 不着形迹，自然亲附 不全之才德蔽 才全德充

续 表

篇　目	故事（语言）形象	理性（思维）寄托
大宗师	相呴以湿 相濡以沫 南伯子葵问道 四人为友 大冶铸金 游方之外 孟孙才处丧 意而子问许由 颜回坐忘 子桑歌哭	与道不一（天人应合一） 道在持修 生死自然变化 造化自然，自然而然 与道同一 顺应自然 游于心（无所拘束） 与道同一 顺命（道）
应帝王	啮缺问王倪 肩吾与狂接舆 殷阳无名人 阳子居见老聃 季咸相壶子 开凿七窍	无为之大治 圣人正性：无为而治 顺性勿私则天下大治 明王之治无迹 虚己、藏己无为无私则大治 有为则乱无为而治

这五十则寓言实是《庄子》（内篇）一书的主体，寄托了庄子主要的学术思想。庄子以一些议论性的文字加以连缀，便组成了一篇篇包蕴厚重内涵的文本。考察其思维的方式，有如下几点值得注意。
（一）就"故事形象"而言，是一组系统的，有着构成、变形规则所组成的语言符号，并由此带来一组系统的文化信息，进而转换成一组象征性意象，寄托富于理性色彩的寓意。在这组语言符号里，构成规则是"物—象—意（情）—理"的思维程序。变形规则是一种"化境"或是一种"异化"或是一种"物化"。如"庄周梦蝶"故事。蝴蝶或庄周本身只作为"物"（人也是一种物）而存在，但进入故事便成了"象"，故事的过程便使"象"附着了"意"。而庄周蝶化，或蝶化庄周，显然是"物化"。再如"支离疏""叔山无趾""王骀""申徒嘉"或"不材之木"等都可视为"异化"（当然并不是每一则故事都有"物化"或"异化"）。正因这种构成规则和变形原则，使语言符号转

换为象征意象并蕴藏理性才成为可能。(二)就"理性寄托"来看,理性意念的获取,在于其模型思维(姑名)样式的运用。模型思维样式可以界定为一种非纯粹的抽象思维和非纯粹的形象思维,它既隐含有某些概念、理性成分,也不能没有形象。它是将取象中由此物及彼象的特征加以延展,迁移到其他事物上去。这种延展、迁移又往往是通过象征、比喻(比附)与联想等方式来完成。以上述庄周梦蝶的故事为例,陈鼓应先生认为可导出四个重要的意涵:①庄周蝶化的含意(象征人与外物的契合交感);②蝴蝶本身所代表的意义(庄子将自我、个人变形为蝴蝶,以喻人性的天真烂漫,无拘无束);③人生如梦的说法;④物化的观念(将死生的对立融于和谐之中,物我界限的消解融合)[1]。(三)从上述二者统一的角度分析,庄子寓言是基于客观物象的逻辑推论,而又超越客观物象,从"有形"(器)世界,探求"无形"(道)奥秘的思维,也即由"器"而入"道"。可以把上表中的"故事(语言)形象"视为寓体,而"理性(思维)寄托"视为寓意,前者正是有形世界的"器",后者则是无形世界中的"道"。而庄子寓言正是表层结构以故事形象为寓体,深层结构以理性寄托为寓意的高度融会与统一。 (四)从文本创作和接受看是整体直觉内省式的体察把握、冥通,构成了主体在造象造意或读解体悟中的刹那间的豁然贯通。对于庄子来说,这是一种以"知"测"不知",进而达"智"(理性知)的整体性把握思维,通过对已知的"知识"(物象)的整体性感触,然后进行理性的思考,再在比附联想中,对已知的"知识"(物象)进行冥通性推测,达到"智"(体道),也即冥通的境界。对于读解体悟者来说,只要明了庄子寓言的思维方式的三部曲,在整体直觉体察中,把握"有形"的宇宙(形而下的象)起源于"无形"的宇宙(形而上的道)这一规则,便理解了道中有物、物中有道,道物相融的境界。鲲鹏变化的寓言便是庄子借变了形的鲲鹏以突破物质世界中种种"形"与"相"的限制,将它们从经验世界中抽离出来,并运用文学的想象力由巨鲲潜藏的北溟,到大鹏展翅飞往的天池,拉开了一个

---

[1] 陈鼓应:《庄子浅说》,生活·读书·新知三联书店1998年版。

无穷开放的空间系统,展开了一个广漠无穷的宇宙。在这新开创的广大宇宙中,赋予你绝对自由,而不加任何限制。庄子将"有待"寓意有形之物质世界,"无待"寓意无形的(道)世界。他所做的思维工作,正是在豁然贯通之中冲破有形世界的囿域,把思维的触角伸向了"无形"的世界。

由点及面,在对《庄子》(内篇)这组文化信息符号进行整体的系统解读中,我们便发现庄子的寓言既不能做纯粹的譬喻象征来看,也不能作为虚构事实的幻想来读,它是一种整体展示与显现。内篇"以谬悠之说,荒唐之言,无端崖之辞,时恣纵而不傥"。通过虚构、变形、荒诞、魔幻、调侃等表现艺术方式道尽了宇宙人生的大道理。从内篇整体看说的是"内圣外王"之道,如何才能"内圣",如何才能"外王"?庄子又用七篇(七个子系统)进行了分别论述。妙在其论述多是用一个个寓言故事来串通连缀。这样一来,《庄子》(内篇)便是由几十则小故事所组成的散体文章:《逍遥游》悟道人生最高境界,《齐物论》阐明逍遥游的前提在于齐物,齐物的前提在于人的修养达到与天地精神合一,如是又引出《养生主》,只有善于养生适性,顺其自然,才可处于人间世而无所忧虑,善于用世而不被世用,便有了《人间世》一篇,《德充符》亦应运而生;能不被世用,自是因为内养道德的充沛,合于天地之宇宙精神,由是进入"天人合一"的境界及"死生一如"观中,方是"内圣"修为的完成,是为《大宗师》。最后"无为而治",出为"外王",水到渠成以《应帝王》作结。对照上表陈列的寓体(故事)与寓意之对应关系,自然知晓庄子文气贯通、言断意连,意在于此,而寄言于彼的思维方式。综观《庄子》(内篇),如果以今日开放的小说观念来判断,《庄子》(内篇)实在可以算得上是一部以象来显意现理的情节淡化的寓言小说,充满了艺术的抽象美,是庄子由思维的具体演绎上升为思维的抽象的结晶。而且我们发现,后来的《韩非子》《吕氏春秋》《淮南子》《说苑》《新序》《汉赋》中的小故事等都是走的这条路子。志怪、志人小说也都有这种思维方式的痕迹。更重要的是这种思维痕迹也扩展到了唐宋古文、唐传奇及明清小说中,柳宗元、苏东坡更是直接以寓言这种思维方式来感受表达宇宙人生,《聊斋志异》《阅微草堂笔记》《金瓶梅》《西游记》《红楼梦》无不散发出浓厚的寓言思维意味。上述诸多作品,当今学人对其寓意都作了许多探讨,限于篇幅这里不再论及。

而且这种思维方式如果撇开了寓体及故事性,与诗骚的比兴寄托亦可互为补充,诗的语象、物象、意象、意境所造成的含蓄、婉曲、隐秀、兴寄与寓言思维是相融的。以佛入诗,所造成的意趣、理趣,已有前人的以禅喻诗的诗论来概括,而宋诗并非全是说禅,其诗以理胜,当亦是我国自己的比兴思维、寓言思维与外来佛教传播思维(古印度的佛教正是有一个个寓言故事来传道的)合流的结果。所以,宋诗并非如一些论者所认为的那样味同嚼蜡,而是用形象的语言来说理罢了,如果我们承认《庄子》以汪洋恣肆的形象说理是天下之至文,那么宋诗以形象的语言来说理,而且从总体上来看说的又是那么漂亮,我们有什么理由对宋诗取得的巨大成就加以否认呢?一般论者持另类看法只不过是囿于传统的诗论观罢了,如果将寓言与兴寄、隐秀、比兴、谐隐等文论范畴等量齐观,则会洞见我国文学的另一天地!

因为我们看到在现当代以来形成的多元共生的格局中。寓言思维的创作思维方式亦无处不在。以小说而论,在考察其历史演进的同时,理论界习惯于从社会思潮与创作方法之间的关系进行一种地域式、流派式、断代式的类型化探讨,诸如鸳鸯蝴蝶派、海派作家群、伤痕小说、寻根文学、实验小说、新写实小说、晚生代小说、现实主义冲击波、六十年代作家群等。这诚然有它绝对的探讨价值。但如果让我们换一种眼光,我们惊奇地发现在现当代小说创作中,有一种庄子式的寓言思维方式一直存在于小说的叙述文本之中,而且在今天有愈演愈烈之势。且不说现代鲁迅、许地山、废名、施蛰存、沈从文、老舍等人的作品,即如当代就层出不穷。韩少功的《爸爸爸》早有论者作了这样的评价:"它像一把有许多匙孔的锁,可以用不同的钥匙去打开。它语言表层和精神内涵都具有一种震慑人心的效果。叙事语态或晦涩、或沉重、或幽默、或粗俗、或促狭、或警示、或象征、或感慨。丙崽和他娘、祠堂、鸡头峰和鸡尾寨、树和林、仁宝和父亲仲满、谷神姜凉与刑天,每个词组后面都联系着一种久远的历史,并把它之阴影拖进了现代……"① 这已显示出"物—象—意(情)—理"的思维方式,完成了文本厚重内涵的建构。他后来(1996年发,与《爸爸爸》相隔十多年)的长篇《马桥词典》干脆便以词典条目的形式,用感受性议论连缀起一个个短小精悍的故事,创造建构起一个具象中的抽象世界。其感受性议论连缀方式正与《庄子》感受性议论合拍。贾平凹《太白山记》 20则,亦极富于寓言思维的特质。作家以某种理性的灵气来灌注形象,来捕捉流动的生命,观照社会、人生和人的命运。其用意绝不仅在故事的本身,只要向故事的深层次发掘思考,便可以看出作品别一层面的别一含义,且复杂多解。因而小说"实"是一层结构,"虚"又是一层结构。在虚实之间作家主要用"物化""异化""幻化"等变形思维形式来达成。而他发于1998年的《高老庄》,以村子"高老庄"喻示以儒家文化为支柱的宗法社会,以人物"子路"喻示儒家文化的代表,以人物西夏喻示不同于传统汉文化的某种异质文化,以蔡老黑喻示汉文化中的"游侠"之风,以苏红等地板厂员工喻示现代文明。以这些语言符号巧妙地与历史相契合,组成四种文化类型,形成汉文化与异质文化、汉文化内部之间、传统文化与现代文明三条矛盾线索,并用近似魔幻现实主义的手法极力营造种种神秘意象,揭示出社会转型期各种文化类型的冲突碰撞和融合。这实是作家对社会理性的整体把握、体察和冥通。史铁生《我与地坛》更接近于庄子的散文化式的情节淡化小说,通过"我"十五年来不间断地日复一日在地坛度过的故事,去感悟生存和生命哲学:"宇宙以其不息的欲望将一个歌舞炼为永恒。这欲望有怎样一个人间姓名,大可忽略不计。"(《我与地坛》)我们不用再烦琐的罗列下去,这三位作家都是新时期小说创作中极具代表性的作家,而且基本上都是从20世纪70年代末80年代初开始一直活跃到如今的作家。他们的创作轨迹,创作心态无疑都要受到时代的影响,但他们的作品中都始终有一种从古以来一以贯之的创作思维方式,这种创作思维方式制造出的

---

① 转引自《探索小说集》,上海文艺出版社1986年版。

文本是那么的厚重，那么的"有意味"，令人把玩不尽。如果我们再将"实验小说"家马原、苏童、余华、洪峰、格非、叶兆言、孙甘露，晚生代小说家韩东、鲁羊、朱文、何顿、徐坤、毕飞宇、邱华栋、刘继明、述平、丁天、张梅、东西、鬼子、祁智等人乃至21世纪初的优秀作家罗列出来与《庄子》寓言思维相对照的话，便会发现他们在文本游戏里，使语言服务于结构，展现出了广阔的社会现实和人生图景的变形。沿波讨源，这些小说家的叙述意向多是双重的，即由表层结构（思维的外在形式）和深层结构（思维的理性内核）相统摄。这种排列组合，可以扰乱正常的时空序列，进行巨大的时空跳跃，也可以将情节组合排列得无序化，甚且将物、人进行变形、幻化。而其目的只有一个，就是要在表层具象的描写中不拘于形，只摄取其神，抓住此物与他物的比附功能属性，完成与深层结构之"理性抽象"的对应。因而对于中国作家来说，其祖师并非拉美之魔幻（当然拉美之魔幻也有与《庄子》相通之处），而正是受《庄子》寓言所影响的表现文学体系的一以贯之的思维形式。

尚永亮先生认为古典文学研究有文献学、文化学、文艺学、人本学、哲学五个层面[①]，这是极为正确的。而寓言思维对诗文精神的灌注和贯穿于文化学、哲学两个方面尤其突出。因而对古代文论也就有着相当的贡献。我们没有理由不对寓言思维加以重视，并对它作形而上的理论研究乃至引入文论范畴之中。

---

① 尚永亮：《中国古典文学研究的五个层面》，《光明日报》2003年7月30日。

怪圈的文化悖论：终点又回到起点

——从子君看新文化与积淀的负价值旧文化之冲突

《伤逝》中子君的命运是一种怪圈式的文化悖论：它表现为新文化与积淀的负价值旧文化的激烈冲突。冲突的结果是悲剧式的。这种积淀在子君等女子中的负价值文化包含三个层次：依附人生积淀、旧礼教积淀和虚幻世界积淀。

学界看《伤逝》，多以鲁迅情爱小说目之，则子君涓生之悲剧，全在于家庭经济之危机，子君经济上不能独立，加之忘却了"翅子的扇动"。这诚然不错，然而通过个人反复研读，笔者更愿意将之看成是一篇披着爱情婚姻外衣的文化冲突小说。

只要稍为仔细阅读一下《伤逝》，就可以发现一个有趣的现象，即作品里的人或物的行为指向竟然都是一个个轮回的圆，无一例外地由终点又回到了起点。

子君从旧家庭出走到组成吉兆胡同的小家庭，最后又回到旧家庭；涓生则由会馆而小家庭再而会馆；而那似乎颇通人性的阿随也由吉兆胡同而野外而吉兆胡同。在这三个怪圈里最引人注目的该是子君的命运怪圈了，她回去之后不久便消失于无爱的人间。这位评论家们多认为是具有资产阶级民主思想的"热烈""新"女性，何以会如此"悲凉"呢？何以她那"热烈"的追求最终只归于"〇"呢？

笔者以为除了那给子君与涓生致命一击的因涓生失业而导致的经济危机外，更重要的悲剧根源就是子君自身所固有的中国妇女意识中的负价值、旧文化积淀，它包含三个层次：依附人生积淀、旧礼教积淀和虚幻世界积淀。这种积淀使她无法超越自身，注定了她行动指向的终点正是当初行动始发的起点。

一 依附人生积淀

子君所处的时代正是西风东渐的时代，资产阶级的民主自由平等、个性解放思想吹拂着中国大地，子君此时正在城里念书，《玩偶之家》被介绍到中国，正适应了中国当时反旧礼教旧伦理的潮流，"立意在反抗，指归在动作"的"伊孛生"热，使子君"总是微笑点头，两眼里弥漫着稚气的好奇的光泽"，并且在有一天宣言"我是我自己的，他们谁也没有干涉的权利"！无疑地，涓生的引导使子君生发了恋爱自由、婚姻自主的愿望，并开始了付诸行动。然而我们要指出的是，这一句使涓生"说不出的狂喜，知道中国女性，并不如厌世家所说那样的无法可施，在不远的将来，便要看见辉煌的曙色的"的估量实在是错了，至少在子君是如此。事实上，正如后来涓生所明白的那样，子君"所磨炼的思想和豁达无畏的言论，到底还是一个空虚，而对这空虚却并未自觉。"表面看来，在外来新思想、新观念的冲击下，子君性格是变化了，是不同于传统了，然而这只是她表层的传统伦理道德动摇了，诸如她要反对家庭专制，打破旧习惯，要男女平等，等等。而其深层的无意识状态的思维意向（旧的伦理道德）却比较稳定，构成了她性格中的主导物质，这种主导物质正是最后会决定她在社会上的行为的个人特点。此主导物质中的思维意向，由于呈无意识状态而如"先天"般难以自我觉察，因为这种旧伦理道德的思维意向是人物从小到大的周围环境及女性群体意识在不自觉和自觉中辐射并渗透到她的自身中而积淀下来的，因而，在一定时候，这种积淀不但不会消亡，而且可反过来侵袭刚刚形成的新伦理道德观，并使之动摇、萎缩。即如上述涓生与她在会馆里"谈家庭专制，谈打破旧习惯，谈男女平等，谈伊孛生，谈泰戈尔，谈雪莱……"子君也只能"总是微笑点头，两眼里弥漫着稚气的好奇的光泽"。虽然"谈"中已点燃了子君向往个性解放的火花，但我们又明显地感到，这只是一种居高临下一边倒的交谈方式，男方是开怀洒脱、侃侃而谈；女方却是那样的稚气和充满由下而上的仰视的崇敬,这不是一种难以"自我觉察"的人生依附又是什么呢?这浪漫的一幕幕,根本无法超越旧小说旧戏曲中那些才子佳人的情节,只是一种现代着装的重复演绎罢了。其结果,同居以后,她就只有陷入平庸的生活里,只知道"捶着一个人的衣角"过活,而最终"那便是虽战士也难于战斗,只得一同灭亡"。在这里,我们似乎可以明白子君为什么把那小狗叫"阿随"了,随者,依顺也。被涓生推到土坑中的"阿随",不是最后又回到了吉兆胡同吗?它难道还想依顺旧的主人不成?然而旧主人又在哪里?恐怕爱依附的、"瘦弱的、半死的、满身灰土的"阿随最终也只有死路一条罢?况且涓生也说"我的离开吉兆胡同,大半就为着阿随"。心灵意识的不经意流露不正证明"阿随"便是子君的白描化吗?可见,子君毕竟是旧的生活所养成,身上难于脱掉传统文化的负累。因而她虽然冲出了以男权为中心的旧家庭,却又马上陷入了还是依靠男人涓生为生的小家庭,进而忘却了过去所需要的"翅子的扇动"。其结果只不过是反传统又被传统所累,"被虐待的儿媳做了婆婆仍然虐待儿媳;嫌恶学生的官吏,每是先前痛骂官吏的学生;现在压迫子女的,有时也就是十年前的家庭革命者"。① 到头来追求到的仍然是"〇"。一旦涓生失业,当没有了饭碗——人,没有饭吃不能存活时,爱自然也就无所附丽了,子君的爱情也只能够是得而复失,乃至于不得不回到那个原来所反抗的旧家庭中去,最终"在苦闷和绝望的挣扎之后死于无爱的人们面前"②。子君至此走完了她的命运怪圈,在这最后的一步里,她没有"堕落",也没有"回来",她最终走的是第三条路,因找不到出路,郁郁而死。以一死表示了对传统的旧文化社会的抗议,作了从表层到深层的最彻底的反抗。

二 旧礼教积淀

子君就其思想实质而言,并没同旧礼教作彻底的决裂,她只不过

---

① 鲁迅:《娜拉走后怎样》,载《鲁迅全集·坟》,人民文学出版社1991年版。
② 茅盾:《茅盾选集》,四川文艺出版社1985年版。

是一个表层披上"洋鬼子学说"的时髦外衣，深层心理意识戴着旧礼教枷锁的奴隶罢了，也就是说，传统的旧礼教在她无意里积淀甚深。

表面上争得了婚姻自由的子君，在吉兆胡同里却抱定了"男子主外，女子主内"的旧观念，心甘情愿地将自己所有的精力和兴趣泡在平庸的家务中，染上了旧时代妇女的"贤妻良母"的浓重色彩。她整日里忙于做饭、烧菜、喂阿随，或为要满足传统所赋予的小小的虚荣心而跟房东小官太太的小油鸡暗斗起来，她再不看什么书，求什么新知识，连原来的朋友也不再往来，只是心甘情愿地做涓生的奴隶，极恭顺地伺候涓生。她不仅不感觉累反而"竟胖了起来，脸色也红活了"，当涓生说她"万不可这样地操劳时，她神色却似乎有点凄然。"读到这里，我们似乎很容易就可以联想到《祝福》中四婶一句"祥林嫂，你放着罢"！祥林嫂"受了炮烙似的缩手，脸色同时变作灰黑"时的惶惶然、讪讪然。怪不得涓生对子君的感觉最后只剩下了"每日的'川流不息'的吃饭"，"子君的功业，仿佛就完全建立在这吃饭中"。长此以往，乃至于涓生对子君的情感由最初幻想的初恋发展而为同居后的感情停滞，到最后由隐而显的失望！说出"因为我已经不爱你了"的真实！从此，可以看出，在这类女子身上，由于旧礼教积淀于她们心中，尽管她们也集中了勤劳、善良、任劳任怨、逆来顺受等贤妻良母的传统美德，但这扼杀了她们的个性以及与家人"同等地位"的意识。在鲁迅看来，这些在伦理美学上一向被视为有价值的东西，在社会美学上则成了无价值甚至是负价值的东西，鲁迅从严酷的现实出发，沉痛地否定了上述伦理美学内容的地位和价值，无情剖析了包裹在这些传统美德里面的忠于奴隶地位的那颗屈辱的灵魂，极写她们"做奴隶而不得"时的痛苦、惶恐与不安和"暂时做稳了奴隶"时的安分、勤快与满足。而这负价值的旧礼教的伦理美学积淀，最终麻醉了子君的翅子，使她再也不想也无力"扇动"。当初因表层伦理美学中易动而形成的新伦理美学"我是我自己的，他们谁也没有干涉我的权利"的道德，在此时已完全萎缩，乃至消失了，她已是她的男人涓生的了，已不再是自己的了。这一变化，并不是涓生所强迫的，而是子君由于心理上的传统积淀使她的思维自觉地回到了旧礼教的传统时代,因了涓生大男人主义的"失望",注定了子君最终仍要回到原来的出发点。

三 虚幻世界的积淀

中国妇女,特别是旧时妇女,心灵往往生活在虚幻世界的寄托中,而对现实缺乏清醒深刻的认识。历史上的文学名著亦不乏对此进行反映,《红楼梦》里大观园中的众女子,莫不如是。《伤逝》中子君也不例外。她与涓生的悲剧就在于把个性解放、婚姻自主、恋爱自由建立在松散的沙滩上,寄托于虚幻的世界里,只有伊孛生、泰戈尔、雪莱之精神鼓舞;在意识上常编造不现实的幻影,忘却了"爱必须时时更新、生长、创造",忘却了"人必生活着,爱才有所附丽"。更有甚者,子君为了拖住那因同居后心理上的那种幸福感,为了不让它消减乃至失望懊丧,就只好经常性的"自修旧课":"夜阑人静,是相对温习的时候了,我(涓生)常是被质问、被考验,并且被命复述当时的言语,然而常须由他补足,由她纠正,像一个丁等的学生,"而"他却什么都记得:我的言辞竟至于熟读了的一般,能够滔滔背诵;我的举动,就如有一张我所看不见的的影片挂在眼下,叙述得如生,很细微,自然连那使我不愿再想的浅薄的电影的一闪"。子君中"电影一闪"的毒太深,中《玩偶之家》娜拉虚幻的宣言的毒太深,她只以为发表了宣言,自由结合了,就可以有凝固的幸福了,于是便停留在幻想的世界里。殊不知家庭不只是夫妻"逗着玩儿的地方",他还有更深的主题。幸福这种东西在想象中总是比在实际上美好得多的,到了实行嫁娶之后,前此之乐往往削减,有时反而来了不幸。她更不知道"婚姻的事,心理的选择与社会文化的选择不一定相容"①,然而子君却仍执迷不悟,仍要在自造的瞒和骗中陶醉,苦心孤诣地制造虚幻的完美世界,即便在涓生宣布"我已经不爱你了!",她那"如孩子在饥渴中寻求着慈爱的母亲"的眼光,仍"只在空中寻求恐怖地回避我的眼",仿佛还幻想在无涯际的黑暗中瞩望光明,于广大的空虚

---

① 殷海光:《中国文化的展望》,上海三联书店2002年版。

中向往实在，存身于幻想爱的云端。但事实已经逼得她马上就要回到她的旧时的家庭里去了，她只有"消失在周围的严威和冷眼里"。

综上所述，子君的悲剧深层根源，便是她意识深层的或说潜意识中的传统旧伦理、旧礼教、旧文化的积淀在作祟。她表层意识是对欧风美雨情爱生活的全面接受，其深层的文化性格则是传统的守旧的。前已论及，子君从小到大所生长的环境是一个封闭的以男权为中心的旧家庭，周围群体的女性意识，即最终依附男人恪守礼教的"妻性人"意识在自觉不自觉中已辐射并内渗到她的灵魂深层并不断地进行积淀强化。当她为了要嫁一个好男人时，其行为之勇敢、语言之决绝、情感之坚定一如西方的娜拉，但对照她与涓生同居后的行为意识，我们发现她所追求的个性解放、恋爱自由并没有深入骨髓。她的骨子里仍积淀着旧思想、旧习惯、旧势力。其思想，其行为并没有超越古代那些为追求自己幸福（多是想嫁一个才貌双全如意郎君，博一个封妻荫子）的崔莺莺们、杜丽娘们、祝英台们、女驸马们！因而即便没有经济危机，她最多也只能是毫无幸福可言的苟安于小家庭中，最终则会堕落成一个如房东太太样的小资产阶级知识分子形象、庸俗的小官太太形象，从而与自己最初追求的新生活背道而驰。所以在这个意义上子君不能说是一个能真正代表时代进步的新女性！她曾经想成为一个新女性，但她最终又回到了"妻性人"的地位。这就是子君的命运怪圈轮回的因果，其本质是新旧两种文化、东西两种文化的迂回交锋。鲁迅为严峻的生活奏出了深沉而有力的乐章，其深刻性就在于通过对貌似"新女性"的内在心理的深层揭示，指出中国女性要想得到完全彻底的解放，不特要在经济上取得独立，更重要的是要在文化心理上，在意识深层中彻底放弃"妻性人"的观念，这样才能在家庭在社会上真正取得男女平等的地位，这样才有可能生存、温饱，乃至于发展！鲁迅在《伤逝》发表八年之后的1933年写的《关于妇女解放》说出了这样深刻的话："必须地位同等之后才会有真正的女人和男人，才会消失了叹息和痛苦。……我只以为应该不自苟安于目前暂时的位置，而不断为解放思想、经济等而战斗。……单为了现存的妇女所独有的桎梏而斗争,也还是必要的。"① 这里所谓的"桎梏"便是旧伦理道德、旧礼教、旧思想意识,一句话就是传统文化中的糟粕部分,便是这种糟粕所赋予的"妻性人"的自我潜意识定位。子君只有在思想意识深层彻底抛弃了这种定位,自由恋爱中的男人女人在由"审美的恋爱"过渡到"实用的婚姻"以后,才会有真正的"地位同等",真正的女人和男人才会"消失了叹息和痛苦"。才不至于走这终点又回到起点的文化怪圈,才不会有这泪的文字,悲的色彩!

小说写于"五四"后的1925年,小说中的子君、涓生应也可算是五四青年了,鲁迅这样写潜意识中或许有一些文化冲突意蕴吧?是不是鲁迅也在反思五四的新文化与负价值的旧文化的关系呢?毕竟吉兆胡同并没有带来吉祥的兆头啊!

---

① 鲁迅:《关于妇女解放》,载《鲁迅全集·南腔北调集》,人民文学出版社1991年版。

韩少功小说中的思父意识

韩少功是一个不易被文坛淡忘的名字。他是现代的，但骨子里充溢着传统文化的精髓，血管里流淌着传统文化的血液。对韩少功一些小说进行象征、隐喻式的文化读解，我们可以发现其中蕴藏着一种为人所忽略的思父意识，它实质上是对中国传统早熟文化的追寻和沉思，并以此为契机眺望包涵人类终极关怀的世界性的成熟文化。

于小说而言，他后来虽然写得少了，未立于潮头。但在一九八五年这个文学转型期的关键点上，他高举的寻根大旗是领了风骚开了风气之先的。或许正因为有了他，发展下来才有了后来的余华、苏童、格非、池莉等。读他现在爱写的随笔，如《夜行者梦语》《世界》《心想》等，再反观他的小说创作，我以为是一件很有意味的事。如果说韩少功今天的随笔是站在世界的制高点上，眺望建设中的"文化"中国、"文化"世界，那么，他过去的小说，则是对往古早熟文化的一种追寻和反思。然而追寻和反思的目的并不是一味的凭吊叹惋，而是执着于将来。正如韩少功在《文学的根》中所认为的："在民族的深层精神和文化特质方面，我们有民族的自我。我们的责任是释放现代观念的热能，来重铸和镀亮自我。"

那么，这种"自我"，这种早熟的中国文化是一种什么样式呢？我想，这样式便是体现了中国人之文化追求的集合式生物——龙。按照滕守尧的分析，龙的形象具有两个引人注目的特征：一是龙的身躯长而曲，远看去，就像一条充满张力的曲线。这条曲线欲上而下，欲左而右，前曲后张，顿挫抑扬，上下翻腾，从容自如，飘逸潇洒，傲啸长空。它仿佛是某种充满活力的象征。二是从龙的构造来看，它是

韩少功小说中的思父意识

多样性的统一形象。它集天下雄奇动物的特征于一身（诸如蟒身、鹿角、骆驼头、鹰爪、牛眼、虎掌、鱼鳞、蛇腹等），看上去却又是那么和谐统一①。从龙的这两个特征分析，把中国早熟的古代文化概括为一种刚健、雄迈、深沉、博大、包容、慈柔、开放、创新的文化是大致不差的。更重要的是这种文化的形成，也即龙的形成，按照古老传说的理解，它是由激流勇进的黄河鲤在跃过龙门的瞬间，幻化而成的。它包孕了一个长期奋斗的过程。

韩少功当然没有在他的小说中大写特写这见首不见尾的神龙。他找到的是另一个更具体的象征替代生命——父亲。以"父亲"作这种文化象征的替代物是可以理解的。它可以由"君子"化入。《易传》有云："天行健，君子以自强不息。""地势坤，君子以厚德载物。"这两句同样可以概括早熟的中国往古文化。

所以，对于正在思谋强国之路的中国来说，这位"哲学和政治"始终在他的"知识结构"和"社交结构"中闪着"诱人光辉"的作家②，这位把楚文化概括为"奇丽、神秘、狂放、忧愤、深广"的作家③，便自然的在自己的作品中将他的理念、感情、想象、人格融为一体，表现出一种深沉的思父意识——对往古早熟文化的追寻和反思。

因而，读他的作品，我常惊叹其作品中经常出现的"失父""寻父"主题和"失父""寻父"情结，却少有"失母"（也有，如丙崽娘失踪）、"寻母"情结，更无恋母情结。从丙崽"爸爸"的急切呼唤中，从"我"母亲爱鞋成癖的态度里（《鞋癖》），我联想到张承志《北方的河》，"我"同样在寻找"父亲"，最终找到了黄河——质朴、刚健、豪迈、雄浑、博大、深沉的象征。较之韩少功，张的"寻父"来得痛快淋漓，而韩则来得深沉、委曲、深刻。

据说韩少功少年时代就遭受到父亲"自舍"的灾难。这或许是他

---

① 滕守尧：《中国怀疑论传统》，辽宁人民出版社1992年版。
② 韩少功：《面对空阔而神秘的世界》，浙江文艺出版社1986年版。
③ 林伟平：《文学和人格——访作家韩少功》，《上海文学》1986年第11期。

用"父亲"隐喻中国往古文化的下意识动因。在他深层的意识里，也许会认为，假如有父亲，假如父亲还在，那么也许一切都会完全改观，种种非人的磨难、辛酸都化为乌有，好多事不会是艰难曲折而应是欣欣向荣的。但作为有强烈忧患意识的韩少功绝不会仅仅停留在这种狭隘的自我意识上，他还要推己及人，乃至民族、国家、世界。后来之中华古国，汉唐雄风已矣，程朱理学改变早熟往古文化面目，文化趋向异化，封闭、守旧，国势日弱、文化日衰。这种情形仿佛一个失掉父亲的孩子。因而，其小说中的"父亲"意象就不再是一己之"父亲"意象，它已上升成为一种"文化"的内涵，其象征意味也因此空前扩大。于是乎，他顺着这条路子，把自己对文化的思索注入自己小说的"象"中，使之上升到象征层次，其文本的涵摄量因此丰富多彩，让人咀嚼回味不尽。

《爸爸爸》写了一个处于失父状态下的白痴丙崽的形象。关于丙崽，谈论的人特多，有人说是"民族劣根性代表"，有人说是"人类命运的某种畸型状态"。丙崽会的两句话是"爸爸""X妈妈"，一是呼唤，一是毒骂。症结可能在这里：没有父亲的孩子，就只剩了一种原始落后、愚昧蛮荒，而失却了先辈健全的威武雄壮、博大豪迈、古道热肠。丙崽最后喝毒药而死，赤条条的坐在墙基上用树枝搅着半个瓦坛子里的水，"搅起了一道道旋转的太阳光流"。这"太阳光流"的象征意味与丙崽的"爸爸"和小娃崽们一连串的"爸爸……"的呼唤不无联系。虽然作品交代说，这种呼唤对于丙崽等人来说并无实在意义，但我们却不可能不读出"无意义"中的"有意味"来。

正因为有了失父的孩子便成为白痴这一意象，所以小说写这里的村民无不表现出一种强烈的思父意识，无论红白喜事他们都唱简（即唱古），从父亲唱到祖父，唱到曾祖父，一直唱到姜凉：

> 他们的祖先是姜凉，
> 姜凉没有府方生得早，
> 府方没有火牛生得早，
> 火牛没有优耐生得早，
> 优耐没有刑天生得早。……

韩少功小说中的思父意识

他们在简中追溯自己祖先在迁徙中所创造的丰功伟绩和灿烂文化：找到了黄央央的金水河，白花花的银水河，青幽幽的稻米江，同时也追溯了祖先们所经历的艰难曲折，他们唱道：

奶奶离东方兮队伍长，
公公离东方兮队伍长。
走走又走走兮高山头，
回头看家乡兮白云后。
行行又行行兮天坳口，
奶奶和公公兮真难受。
抬头望西方兮万重山，
越走路越远兮哪是头？

一方面是思父，另一方面是寻找新的生存条件和生存方式。这里有创业者开拓新文化的悲壮，也有创业者开拓新文化的骄傲和自豪。他们一定有感于祖先所创造出来的灿烂文明，因而他们自己便也要思谋创造出超越祖先的文明。子孙繁衍不息，这首古简也绵延不绝的被传唱。在传唱中，在对父辈们的怀思中，新的一代又去创业，又去开拓。我以为这种迁徙开发的过程正是融合扬弃各地域文化并形成新的民族文化的过程，这种厚重的历史感，正表明人们的心灵中有一种渴慕能照耀人类过去理想生活（指一种开创文化的方式或思维）的愿望。"因为历史的过去不像是自然的过去，它是一种活着的过去，是历史思维活动的本身使之活着的过去，从一种思想方式到另一种的变化并不是前一种的死亡，而是它的存活被结合到一种新的、包括它自己的观念的发展和批评在内的脉络中。"①

但在韩的作品中，其思父意识最典型的还是要数《鞋癖》，它所要着力隐喻的是失父状态下孩子与母亲一道"寻找父亲"——寻找一种成熟文化的过程。《鞋癖》作于一九九一年。其实早在《爸爸爸》和《女女女》中，作家就已打下埋伏了。《爸爸爸》和《鞋癖》同样都着

---

① ［英］柯林伍德：《历史的观念》，何兆武译，中国社会科学出版社 1986 年版。

· 221 ·

笔于"失父"的母子俩,"父亲"都有没有正式出场,只有间接描述。不同的是《爸爸爸》多着墨于丙崽,《鞋癖》则多着墨于母亲,《女女女》写父亲拿了四角钱去理发便一去不返的情节和戳老鼠洞的细节,在《鞋癖》中都有着程度不同的表现。

在《爸爸爸》里,我们也曾看到,丙崽娘要丙崽去寻找父亲德龙,但丙崽是个白痴,丙崽娘只好挽着篮子自个去。然而,结局却是自身被狗吃掉。《鞋癖》先是写"父亲"的自杀,明明白白有遗书在,但在某个错位的年代,别人不见尸身是不相信的,娘儿俩始终脱不了干系。于是母亲历经艰辛的去寻找"我""父亲"(尸体),因为母亲是相信父亲是真正死了的。终于有一天,在寻找到"父亲"(尸体)后,母亲"静静地出现在门口,头一昂,眼里闪耀异样的光辉"!这一细节可谓石破天惊。然而又那么自然贴切,真实可信。因为那个错位的时代是不要"父亲"的时代,找到"父亲"(尸体)便可摆脱"父亲"对儿女们的无休止的纠缠,便可划清"界线"摒弃前嫌。再后来是可以挺直腰杆的时代,是呼唤父亲的时代,"母亲"已不再相信自己曾找到的"尸体"就是"我"的"父亲",于是她便有了无法摆脱的"鞋癖",她似乎要把鞋一双双地积攒下来,好走遍天涯海角,要把活的"父亲"再寻找回来,而"父亲"呢,也不时复现于闹市,显迹于墙壁。显然,此时的"父亲"的意蕴已升华了一个层次,"母亲"是把"我"的"父亲"作为"理想父亲"(一种较成熟文化的隐喻或象征)。因而,母亲表面上的变态、神经质(又一个变态,然与丙崽之白痴已有天壤之别),带给鉴赏者的却是十分正常、十分清醒、十分真实的母亲形象。因为母亲经历的坎坷曲折,使之备受压抑,而现在已到了冲破"压抑"的时候了。作家以"母亲"而不以"我"来寻找"父亲",也不说是"母亲"寻找自己的丈夫,其深层寓意也就尤其浓烈。而作为既是叙述人,又是参与者的"我",在长期的"失父""无父"状态下,面对母亲的寻找,"我"对"父亲"进行了零散式的回忆,并对"父亲"进行了剖析。虽然,"父亲"的形象仍不甚清晰,但盼望有这样一个"父亲"同样成为下意识的强烈渴望。"我"最终对母亲的"鞋癖"无言,只能拿着万年历"把一万年岁月在手中哗哗翻过去"。一万年太久，只争朝夕，母亲的儿女们处在"失父""无父"的状态下是太久了！"我"要寻找到理想父亲的急迫心情同样跃然纸上。

以上，主要是对韩少功两篇"思父意识"强的作品进行了粗浅的评析。实际上，在他的另外好些小说中，也或多或少地以各种人物或物像隐喻了某些思父、寻父意念：如《女女女》中因去理发而走失的父亲，《空城》中"威风凛凛，雄霸一街"的肉案（可睹物思人），《寻找月光》中让孩子来当爸爸妈妈，管教不听话的大人们（大人们仿佛失父？），《归去来》中三阿公屋前曾见沧桑的古树，等等。这些篇什，限于篇幅，不遑细论。但由此我们却不得不思考一个问题，韩少功的小说里为什么会一再出现"失父"主题，一再出现"思父""寻父"情结？除了文章开始谈及的一些原因外，恐怕与他首倡的寻根有着重要的联系。

他自举寻根大旗是一九八五年。可是，只要我们仔细研究一下他十余年的创作，实际上他早就在"寻"，早就在"思父""寻父"了，只不过在公开首倡寻根之前表现得比较隐晦而已。他最早是在知青文学里表达了这一意念，如《飞过蓝天》，而后又在反思文学和描写新民主主义革命时期的作品里表达了这一意向，如《西望茅草地》（张种田）、《风吹唢呐声》等。后来他的时间、空间意识在他的作品里已经无足轻重，完全是一种表象，一种色调，有的甚至时空极度模糊。本质上，其文本中的世界已是某种文化象征世界，这一世界和经验世界有着部分的重合，但又是与经验世界不同的独特世界，它是作家投射、创造出来的艺术世界。在这一世界里，从《爸爸爸》到《鞋癖》，其寻父意识越来越强烈，越来越明晰。他自己说："我们从脚下的土地开始了一切。我不得不一次次回望身后，一次次从陌生中寻找熟悉，让遥远的山脊在我的目光中放大成无限往事。人可以另外选择居地，但没法重新选择生命之源，即便这里有许多你无法忍受的东西，即便这块土地曾经被太多的人口和太多的灾难榨得疲惫不堪气喘吁吁，如同一张磨损日久的黑白照片。你没法重新选择父辈，他们脸上隐藏着你的容貌，身上散发出你熟悉的气息，就埋葬在这张黑白照片里。"① 这段话虽不是谈创作,却恰好可以作为创作思路的注脚。

正因此,他十多年来始终如一日的坚持去寻找"父亲",寻找那刚健、雄迈、深沉、博大的文化之根。不管是在湘西,还是在海南,他都在"寻","寻找"的本质是在于创新。如果说在湘西,他是在反思父辈文化,在寻找民族文化的新生自学成才之路,那么,在海南那个窗口,他或许便是思索小文化与大文化该如何结合,在寻找小文化与大文化、民族文化与世界文化发展创新的契机。换言之,是在寻找一种世界性的成熟文化(这在他近期写的随笔中表现得尤其明显)。因而,他的寻根、他的思父,实质便是问路,他是通过思父来寻根,通过寻父来问路的。其目的便是要启迪国人再创造可以与祖先媲美的新生的"神龙"文化。

费孝通先生在《美国与美国人》一书中说得好:"文化帮助每个人获得生活上的满足。……文化并不单包括祖宗给我们留下来的谋生之道,我们自己也不断因为处境改变而创造新的办法来充实我们的文化。"这一充实的过程便是寻找的过程,是一种连续悠长的而不是断裂不接的过程,是一种变化自如的而不是固定不变的,充满活力的而不是呆板僵化的文化过程。而对于具有某种超前性的文学来说,便是如韩少功自己所说的:"文学最要触及的,可能是那些需要想而又一时难以完全想清楚的问题,那些需要说而又一时难以完全说清楚的问题。"② 而一个民族雄视世界的文化之根,一种大同文化之根及其发展过程、表现形貌,在今天大概正属于那种需要想而又一时难以想清楚,需要说而又一时难以说清楚的问题罢。韩少功不为文坛冷热所左右,始终不渝地坚持自己的寻找,一贯地保持自己独特的艺术精神,抒写自己"寻魂中的声音",这正是我们所需要的作家人格。从此种意义上说,他仍然是文坛的弄潮儿,是真正意义上的"先锋""前卫"。如果说北方的史铁生独特的艺术精神在于对内宇宙的和谐进行宗教般的追寻叩问,那么,南方的韩少功的思父意识便是致力于对宇

---

① 韩少功:《世界》,《花城》1994年第6期。
② 韩少功:《面对空阔而神秘的世界》,浙江文艺出版社1986年版。

宙万象的和谐、进步、发展的大过程进行追寻眺望了。

毋庸讳言，韩少功的这种思索与追寻表现在文本中，还有某种生硬、造作之嫌。这固然体现在技巧上还有待于进一步炉火纯青，但更重要的原因在于"失父"原因还无暇思考成熟，以及那理想的"父亲"难以在短时期内明晰化、完美化。起码对读者来说是如此。正如他在随笔《世界》中所说："描述一个文化上的东方强国，还只能含糊其词。"因而其小说也便容易流露出某种焦灼和些许的无奈。成熟文化的诞生，必赖几代、十几代乃至几十代人生生不息的开创，像黄河鲤那样不折不挠才能出现飞跃。因为，"文化本身即是一种过程，而非定格静止的东西，而理想的文化也许可能永远只能指向未来"。

韩少功，这位无法重新选择自己父辈，无法重新选择自己的童年、少年、青年，无法重新选择自己生命之源的大地之子，仍在执拗的追寻思索着，他将如何清晰的将"理想父亲"显现于世人面前呢？他在文艺随笔《夜行者梦语》里袒露了自己的心境：

> 夜天茫茫，梦不可能永远做下去。我睁开了眼睛。我宁愿眼前一片寂黑也不愿当梦游者。何况，光明还是有的。上帝说要有光。①

有什么办法呢？面对这样的夜行者，我们只有真诚的祝愿。

---

① 韩少功：《夜行者梦语》，《读书》1993 年第 5 期。

寓言的批评：文化理性的解构

贾平凹是深受儒家文化和道家文化影响的小说家。如果从寓言的角度对贾平凹的《太白山记》系列小说进行新的文化解读，可以发现它不仅是一种以实写虚的意念，而是在写实性、表现性、象征性三个层次中寄寓了宇宙人生的大道理。

贾平凹《太白山记》（以下简称《太白》）被人誉为"新聊斋""禅宗体小说"，也有人以"气功文学"名之者。笔者认为，将《太白》看作寓言，或可洞见别一天地。

这组小说计二十篇，极富于寓言特质。作家以某种理性的灵气来灌注形象，来捕捉流动的生命，观照社会、人生和人的命运。其用意绝不仅在故事的本身，只要向故事的深层次发掘思考，便可以看出作品别一社会层面的别一含义，且复杂多解。因而小说"实"是一重结构，"虚"又是一重结构，构成了小说的寓体和本体，言在此而意在彼，给鉴赏者以神思象外精骛八极的广阔天地。作家在承传各国古代寓言和借鉴现代西方文艺的表现手法上，全面地推陈出新，以漫画式夸张的具象、意象，以象征、暗示的手法，含蓄委婉地绘出了宇宙人生的众生相，转弯抹角地说出了某种真理。

小说就是讲故事，寓言小说与一般小说之区别在于其故事性之外是否另有寓意寄托。《太白》二十篇，可以说无一不是实实在在的故事。如《寡妇》写小儿发现母亲偷情，《公公》写出儿媳野合生子的秘密，《丈夫》写妻子的变态过程。所以其故事性是毋庸详论的，更重要的还是继承借鉴了古代寓言的精神和手法，即借此寓彼，以实写虚，尽幻设语，假小说以寄笔端。

寓言的批评：文化理性的解构

这是作家自己也不得不承认的事。贾平凹化名金吐双写了一篇《"太白山"阅读密码》，发表在同期《上海文学》上，他说："它是以实写出虚，将人之潜意识变成实体写出，它的好处不但变化诡秘，更产生一种人之复杂的真实。"又说："作为人生命的本体东西的揭示外，还有别一层含义吗？当然有，它全在字里行间，字里行间仍不清楚，这就需要从'诗外'去读。《太白山记》不缺乏它的社会层面。"① 致力于贾平凹研究的评论家费秉勋则进一步演绎道："这些作品没有具体指向性的主题，它提供的含义是朦胧的，不确定的，无限的。它写的虽然是具象，但它就像《易》的爻辞，有不竭的象征含义，这便成了东方式的抽象。既是抽象，就必然富于哲理素质。"② 够了，寓言寓意的另有寄托正在于它所类比、隐喻、象征的社会现象、群体意识、集体无意识及其宇宙人生的哲理。《太白》可作寓言观殆无疑义。而其所以能在小说文本中蕴藏不竭的寓意便是因为作家将中外文艺表现手法冶为一炉，灵活运用，因而在整体上带来了一种暗示的艺术气韵。体现在作品风格上便呈现出写实性、表现性、象征性三大特征。它们既与作品中的客观具象层、主观意象层、普遍象征层一一对应，又与作家浸润儒释道之精髓的审美观照方式"单纯入世——复杂处世——冷静观世"一一对应，还与陈蒲清先生倡导的寓言可作多角度、多层次发掘的鉴赏理论合拍。

其一，《太白》的写实性。贾平凹的创作思想是"静虚"二字，由此形成了他独特的审美观照方式，这一方式又恰同于他自己所推崇的来自于古代青原禅师关于禅宗顿悟的著名公案：见山是山见水是水，见山不是山见水不是水，见山还是山见水还是水。亦即首先起于宁静的观照（见山是山），进而想象飞驰，山水万物具成佛光禅影（见山不是山），最后于刹那间顿悟，穿透洞见事物本质（见山还是山）。所以，他是以出世的精神在做着入世的事业。对他来说，涉世、忘世、出世同等重要。他表现的虽然是抽象的"虚"，落笔却在具象的

---

① 贾平凹：《"太白山记"阅读密码》，《上海文学》1989年第8期。
② 费秉勋：《贾平凹论》，西北大学出版社1990年版。

"实"处。因而不管他如何表现、幻化、象征，作品仍还是呈现出写实性的一面：故事内容及人物形象都是社会性常有的，是真实可信的，是"自然"的，可以说这是客观具象层的东西。如开饭馆的夜氏夫妇，上太白山道观上香的香客，挑着货郎担儿走村穿巷的"丈夫"，相拗到底的"父子"，上太白山捡菌子的阿兑，情意缠绵的不顾一切相爱相亲的"少女""后生"，不满现状而追求理想境界的"少男"，等等，一言以蔽之，多是普通的人家、寻常的事。然而正是这客观具象层的东西，在故事下面却藏着故事，不是一眼就能看穿的。如下表中的一组故事：

篇目	人物	人物行为	结果
《寡妇》	寡妇与小儿	偷情被小儿发现	人都说她漂亮，却都不娶她
《挖参人》	挖参人	外出时以照贼镜守财	怀揣一沓钱，死在城中旅馆
《丈夫》	丈夫与妇人	丈夫挑看货郎担儿一走十天、一月	越变越美的妇人上吊自尽
《公公》	公公与儿媳	与娃娃鱼（公公幻化）野合	儿媳妇背负石磨坠入涧溪
《少男》	少男	奔赴仙境	为蟒蛇吞吸
《母子》	母与子	陌生人敲门声吓娘儿子乱刀剁门图影	儿子为自己的影子吓死

据上表分析，人物的行为多为改善自身的"情境"或是"犯过错"，结果却多是惩罚性的。这就引人深思，故事所指的并非仅仅是故事本身，只要推而广之，代之以其他不同类型的人或事，就可推知证明这些故事宽泛的社会层面：故事下面还隐藏有多个形式相似、本质可能不同或本质相同、形式相异的故事，读者悟到之后，便能领悟不同的寓意。莱辛在《论寓言的本质》中说："寓意是存在于寓言和给寓言提供契机的真实事件的。"这确实是精当之论。

其二，《太白》的表现性。钱钟书先生说过："然而即使在满纸荒唐的神怪故事里，真实事物感也是很需要的成分，'虚幻的花园里有真实的癫哈蟆',虚幻的癫哈蟆处在真实的花园里,相反相成,才怎趣味。"① 用这话来审观《太白》,我理解《太白》的写实性便是"真实的癫哈蟆"和"真实的花园",而其表现性便是"虚幻的癫哈蟆"和"虚幻的花园"。

我们知道,表现作为一种非现实主义创作方法,它往往重感受,摆脱概念,摆脱现实的束缚,它常予心、予情以要相应的"具象",相应的地位,相应的传达,它不求形似,只取神髓,它既自由,又忠于自己,它是模糊多义的,又是难以穷尽的。《太白》"虚幻的花园""虚幻的癫哈蟆"的创造,便在于虚幻设语和艺术变形。

《太白》中几乎每篇都缀上了一二虚幻之笔,而且不拘前人作法模式,恣意翻新,常将人怪集于一身,相互炽粘连,有时还要故意留下不甚可解的疑窦,造成扑朔迷离的艺术气韵。而这些虚幻设语在作品变形里表现得淋漓尽致。见下表:

序号	篇 目	变 形
1	《寡妇》	寡妇头顶上有一圈火焰
2	《挖参人》	照贼镜多次出现挖参人与贼捕斗图影
3	《猎手》	狼死化而为人
4	《杀人犯》	杀人犯砍下的头是垢甲头壳
5	《香客》	一香客头不翼而飞,遂肚脐说话,双乳流泪
6	《丈夫》	丑妇人变美,丈夫前心后背露出十三只眼睛
7	《公公》	公公幻化为娃娃鱼
8	《村祖》	村祖(89岁)变而为中年、青年、少年、婴儿
9	《领导》	准变形:小偷的特异功能
10	《饮者》	蘸洒划圈出人,夜氏妻尿出螃蟹——小乡长

---

① 钱钟书:《七缀集》,上海古籍出版社1985年版。

续表

序号	篇目	变形
11	《儿子》	猫蹒跚似人样，如狗喜舔人尿
12	《丑人》	木板中有人形，丑人化为蝙蝠
13	《少女》	少女、后生化为石头
14	《少男》	蟒蛇幻化出的仙境
15	《阿离》	阿离在冥国赶集，贩卖伪劣眼镜
16	《观斗》	斗虎化而为犬，为鸡，为蟋蟀
17	《母子》	门中层层奇异图影
18	《人草稿》	一村寨人化为木石
19	《小儿》	老人"×贵"化为小儿、老人"×俊"长出尾巴
20	《父子》	准变形：父子自始至终脾气相拗

作家如此乐于将小说中形象变形，其目的便是想以变形来折射正形。审观《太白》，从写实看它是变形的，从表观看它恰恰是正形的；以外人的眼看，它是变形的，而以作家或进入文体中的鉴赏者心灵看，它又是正形的。故而，作家才不是简单的对生活进行照相，而是在迁想无垠中以诡奇怪诞之笔出之，让故事幻中显幻，原来写实的人物一变而为变形的漫画式的人物，然而在作家或鉴赏者的意念中却恰是真实的，是正形的。从变形的客观结果看，便是勾通了神明世界、人类世界、冥界、动物界、矿物界。简言之，便是将现实世界与幻想世界联成一体，扩大了人物活动的空间，两个世界的界限消失使得事实和幻想、现实和理想扭结在一起，原来单一的世界变得复杂深奥、虚虚实实、幻化无穷了。他笔下就已不再是写实阶段的客观具象，而是渗透了作家主体意识的主观意象，这活画出文本中人或物的种种意念、也传达出作家的种种意图，情绪或某种睿智，更使鉴赏者恍兮惚兮，生出种种联想，作出种种哲理的思索。原来客观具象层的

东西升华为主观意象层的东西了,文本自身已具有了诗质的神韵,可以读出众多的言外之意、象外之旨,这也正是作品的寓意所指。

于是乎,在这里我们看到贾平凹从他的"真实的花园""真实的癞哈蟆"入手,艺术地创造了一个"虚幻的花园""虚幻的癞哈蟆",从而让鉴赏者能站在一个新的高度重新审视、思索"真实"的"花园"和"癞哈蟆"。

所以,读《猎手》,你可以说写了人的兽性,也可以说是写了生态平衡的破坏给人带来的惩罚;读《饮者》,你会悟到权势的魔圈是怎样一环连着一环;《挖参人》你可以说是守财,也可以说他放心不下自己的媳妇,"照贼镜"因而正面照媳妇,反面照丈夫,显出庸人自扰的心态,但从另一个角度看,也正见出环境的躁动带来人心的躁动;《丈夫》《寡妇》《公公》则分别从男人和女人的不同角度写出肉体、精神遭受压抑的凄凉,体现出作家的恻隐之心;《村祖》从"老"活到"小",我们便感到人越活心路越窄小;《少男》则让人看到现实的人盲目超越现实的失落。这些都是我们由文本自身的虚幻和变形带来的艺术气韵的暗示下读出的"另有寄托",而非一眼便可望知的。清袁于令在《〈西游记〉题词》中说:"文不幻不文,幻不极不幻。是知天下极幻之事,乃极真之事,极幻之理乃极真之理。"信然!

其三,《太白》的象征性。变形是作家撕去浅薄的假象,由表及里,以假求真的手段,作家描写光怪陆离、神奇怪异,并非仅仅是为了显示他的艺术能力。一部《庄子》,一部《楚辞》,几乎把神秘怪诞推向了绝顶。贾平凹说自己"屈原主要学他的神秘感,庄子学他的哲学高度"[1]。同时也涉猎西方现代文艺中表现性极强的作品,既学海明威的简约,也学福克纳的繁复、马尔克斯的魔幻,也从日本作家川端康成那里得到"在民族文化基因和文化心理的基地上来表现现代人的意识,情绪和心理"的启示[2]。他还说:"对于文章,严格地说,人和物进入作品是符号化的。通过反复象征阐述一种非人物的东西。"

---

[1] 贾平凹等:《关于小说创作的答问》,《当代作家评论》1993年第1期。
[2] 贾平凹等:《关于小说创作的答问》,《当代作家评论》1993年第1期。

"所以，就人吧，物吧，我写的时候尽量——有意识把这些东西往象征的方面努力。"目的是使内涵相应多一些，"叫人大口吃一阵，也慢慢嚼几口"。① 因此，在他的作品里由客观具象层到主观意象层，其变形的必然结果仍然是为了正形，是为了进一步洞见事物本质的正形，这"形"的进一步升华，便成了具有普遍意义的象征，鉴赏者之于文本，便可作多层次、多角度的寓意开掘。

作家是以中国南北分界的太白山的历史、文化为背景创作《太白》的，站得更高一点，我们可以看出作家实是以整个中国的历史、文化为背景的。它所隐喻、象征的实是一种民族文化的情绪、文化心态、集体无意识，它所表现出来的是宇宙人生的众生相。作家在现实中隐藏历史，于历史中俯瞰现实，在忧患中传达出自己对未来真善美的理想，但又不时流露出一丝无奈。这种普遍象征层次的哲学意蕴是通过如下方式获得的：

具体具象变形→细节变形→情节变形→单篇故事变形→系列变形
↓　　　　　　↓　　　↓　　　↓　　　　　↓
具体意象象征→细节象征→情节象征→单篇故事象征→系列象征

具象变形形成细节变形，细节变形形成情节变形，情节变形形成单篇故事变形。组成系列变形。由于每一个阶段的变形都有很深厚的历史文化积淀，加之作家主体意识的注入，便会成为特有的文化符号而具备象征性，因而也就上升到了相应的象征层次，进而组成系列象征，具备普遍层次的哲学意义。这种象征意义只存在抽象的世界与真实世界之间的对比和比例关系之中。"抽象性越大，真实性越稀薄，主观成分越多，越形成一个象征世界。"② 这样一个象征的世界不是单义的、单层的，而是歧义的、多层的，自不同角度可得出不同的解释。因而对这类作品的鉴赏，我们要是能以综合的寓言眼光去鉴赏，便可揭示其不同角度不同层次的寓意，晦涩模糊处便有可能涣然冰

---

① 贾平凹等：《关于小说创作的答问》，《当代作家评论》1993年第1期。
② 姚一苇：《艺术的奥秘》，漓江出版社1987年版。

释，并且看得深刻透彻。

如《村祖》，具体意象是标志村祖的金牙；细节变形很多，最富于意味的是村祖无聊的将金牙取下，装上去，又复取下；情节变形则是村祖从爷变为伯变为叔变为顽童变为婴儿。人们之所以认得村祖也是因为他的金牙从不与人，赌输了也不给人。就象征寄托言，其表层寓意可能是作家有感于人越活心路越窄小的意念（人的从老到少正象征心路从大到小），然从深处发掘，我们又惊讶地看到："金牙"正是一种顽固，守旧、僵化意识的象征，其特点是"永不褪色"、"从不变质"，拥有它便可为"村祖"，便可以"老辈人传下话来"以充正统。当村祖变为婴儿掉下金牙后，这种意识似应消亡，然而无奈它已成为无意识深入人心。因为人们都相信村祖尚在："人人相见，各生畏惧，真说不得面前的这位就是。"再深一层发掘，这实在是一个民族"敬天法祖"的古老孑遗。也许，这正是人类对自身超越的艰难，然而人类又只有超越自身才能有救。它看似平淡，实则有震聋发聩的作用。

再如《人草稿》，说的是一村寨人为了避恶而由勤劳变成无为，乃至不吃不喝不呼吸，结果一村寨人全死光，变成了女娲当初造人的"人草稿"。故事荒诞不经，但从人的行为和社会发展、人类起源、宇宙生成等横的角度分析，我们至少可列出下面四种寓意：（1）物极必反；（2）无为必带来悲剧；（3）社会运行，善恶是相反相成，相生相灭的；（4）人从来处来，仍从去处去，源于大荒复归于大荒。

如果我们将这单篇象征组成系列象征，视之为一个具有忧患意识的当代人的梦呓，那便是梦者对社会、宇宙、人生的哲学思考，是一种彻悟式的观照，其中有深沉焦灼的忧虑，也有执着不移的信心和希望。

正因为文本自身的写实性、表现性、象征性，一层深似一层的构成了小说特有的另有寄托，我们才感到，作品虽然十分虚假，却万分真实；也正因此，作品富于多角度、多层次的寓意才成为可能；也正因此，我们便有理由把它当作寓言小说来鉴赏领悟。

参考文献

1. 《十三经注疏》,（清）阮元校刻,中华书局2009年版。
2. （汉）司马迁撰（南朝宋）裴骃集解（唐）司马贞索隐（唐）张守节正义：《史记》,中华书局1982年版。
3. （南朝梁）刘勰：《文心雕龙》,中华书局1985年版。
4. （南朝梁）钟嵘：《诗品》,李子广评注,中华书局2009年版。
5. （唐）刘知几撰：《史通新校注》,赵吕甫校注,重庆出版社1990年版。
6. （唐）房玄龄：《晋书》,中华书局1982年版。
7. （唐）李鼎祚：《周易集解》,中国书店1984年版。
8. （宋）周敦颐：《周子通书》,上海古籍出版社2000年版。
9. （宋）周敦颐：《周敦颐集》,中华书局1990年版。
10. （宋）洪兴祖：《楚辞补注》,中华书局1983年版。
11. （宋）朱熹：《诗集传》,文学古籍刊行社影印宋刻本1955年版。
12. （宋）朱熹撰：《四书章句集注》,中华书局1983年版。
13. （宋）黎靖德：《朱子语类》,岳麓书社1997年版。
14. （元）脱脱等撰：《宋史》,中华书局1985年版。
15. （明）王守仁：《王阳明全集》,上海古籍出版社2011年版。
16. 屈原著,王夫之通释：《楚辞通释》,上海人民出版社1975年版。
17. （清）永瑢等：《四库全书总目提要》,中华书局2003年版。
18. （清）孙星衍撰：《尚书今古文注疏》,中华书局2004年版。
19. （清）刘宝楠撰：《论语正义》,中华书局1990年版。
20. （清）马瑞辰：《毛诗传笺通释》,中华书局1989年版。

21. （清）黄宗羲著：《宋元学案》，中华书局 1986 年版。

22. 姚际恒：《诗经通论》，中华书局 1958 年版。

23. （清）阮元：《经籍纂诂》，中华书局 1982 年版。

24. （清）方玉润：《诗经原始》，中华书局 1986 年版。

25. （清）陈奂：《诗毛氏传疏》，中国书店影印本 1984 年版。

26. （清）郭庆藩：《庄子集释》，中华书局 2012 年版。

27. 徐元诰撰：《国语集解》，王树民、沈长云点校，中华书局 2002 年版。

28. 顾颉刚、刘起釪：《尚书校释译论》，中华书局 2005 年版。

29. 逯钦立辑校：《先秦汉魏晋南北朝诗》，中华书局 1983 年版。

30. 章学诚著，叶瑛校注：《文史通义校注》，中华书局 1985 年版。

31. 于省吾：《泽螺居诗经新证》，中华书局 1982 年版。

32. 鲁迅：《鲁迅全集》，人民文学出版社 2005 年版。

33. 陈寅恪：《金明馆丛稿二编》，生活·读书·新知三联书店 2001 年版。

34. 陈寅恪：《寒柳堂集》，生活·读书·新知三联书店 2001 年版。

35. 杨勇：《世说新语校笺》，明伦出版社 1969 年版。

36. 余嘉锡：《世说新语笺疏》，中华书局 1983 年版。

37. 高亨：《诗经今注》，上海古籍出版社 1980 年版。

38. 程俊英、蒋见元：《诗经注析》，中华书局 1991 年版。

39. 钱钟书：《七缀集》，上海古籍出版社 1985 年版。

40. 钱钟书：《宋诗选注》，生活·读书·新知三联书店 2002 年版。

41. 陈子展：《诗三百解题》，复旦大学出版社 2001 年版。

42. 李学勤：《中国古代文明与国家形成研究》，云南人民出版社 1996 年版。

43. 吴熊和：《唐宋词通论》，浙江古籍出版社 1985 年版。

44. 施议对：《词与音乐关系研究》，中国社会科学出版社 1985 年版。

45. 刘尧民：《词与音乐》，云南人民出版社 1982 年版。

46. 叶嘉莹、缪钺：《灵溪词说》，上海古籍出版社 1987 年版。

47. 陈鼓应：《庄子浅说》，生活·读书·新知三联书店 1998 年版。

48. 李泽厚：《中国古代思想史论》，生活·读书·新知三联书店 2008 年版。

49. 杜维明：《一阳来复》，上海文艺出版社 1997 年版。

50. 王岳川：《中国镜像》，中央编译出版社 2001 年版。

51. 殷海光：《中国文化的展望》，上海三联书店 2002 年版。

52. 朱光潜：《文艺心理学》，安徽教育出版社 1996 年版。

53. 滕守尧：《中国怀疑论传统》，辽宁人民出版社 1992 年版。

54. 姚一苇：《艺术的奥秘》，漓江出版社 1987 年版。

55. 赵逵夫：《屈原与他的时代》，人民文学出版社 2002 年版。

56. 赵逵夫：《屈骚探幽》，巴蜀书社 2004 年版。

57. 李山：《诗经的文化精神》，东方出版社 1997 年版。

58. 王富仁：《中国文化的守夜人——鲁迅》，人民文学出版社 2002 年版。

59. 梁绍辉：《周敦颐评传》：南京大学出版社 1994 年版。

60. 陈蒲清：《中国古代寓言史》，湖南教育出版社 1996 年版。

61. 韩少功：《面对空阔而神秘的世界》，浙江文艺出版社 1986 年版。

62. 费秉勋：《贾平凹论》，西北大学版社 1990 年版。

63. 王田葵、何红斌：《舜文化传统与现代精神》，上海三联书店、华东师范大学出版社 2005 年版。

64. 陈仲庚等辑录整理：《虞舜大典》，岳麓书社 2011 年版。

65. 陈仲庚：《本土文学：溯源与评论》，中国社会科学出版社 2016 年版。

66. 陈德培：《探索小说集》，上海文艺出版社 1986 年版。

67. 张京华：《湘妃考》，湖南人民出版社 2011 年版。

68. 零陵地区民间文学集成编委会编：《中国民间故事集成湖南卷零陵地区分卷》，1988 年 9 月，第一版。

69. ［英］ 柯林伍德：《历史的观念》，何兆武译，中国社会科学出版社 1986 年版。

后　　记

　　本书名为《舜文化传统及其当代诠释》，主要是对"舜文化"的流变进行研究。学术界不一定能公认有一个"舜文化"学术概念的存在，却不能否认有"舜文化"研究现象。事实上，在舜帝传说较为集中的山东、山西、湖南永州，都有一批学人不遗余力地参与其中，且不断推出研究成果。本书第二部分"舜文化的当代诠释"，就是对以湖南永州为核心的学人及其"舜文化"学术成果、"舜文化"文艺创作，做了一个全景式的扫描，并对一些"研究视点"进行了陈述。透过这些介绍，可以发现"舜文化"的研究实际上已然从当初简单的诗文传说故事研究走向了跨学科的交叉领域，古史研究、文明起源研究、文化研究、精神史研究、伦理研究、政治研究、和谐社会研究、旅游经济研究、文学民俗研究、民族研究遍地开花，历史学、考古学、伦理学、宗教学、哲学、人类学、民俗学、文艺学等学科的理论和方法无处不在。王田葵先生的《舜文化传统与现代精神》更是意欲建立起一种舜文化的学术体系、理论基础。而陈仲庚先生等主编的《虞舜大典》（近现代卷）的编撰更是将这种研究高度全方位地展示了出来。

　　著者从20世纪90年代末开始，受身边前辈学者的影响，也开始关注"舜文化"这一学术现象。随着现代考古的深入，五千年中华文明探源工程的推进，传说中的舜帝已越来越多地为人所认可，所以笔者倾向认为不仅舜帝实有其人，其南巡也是大致不差的。司马迁就以

后　记

其独特的"二重证据法"[①]，证明舜帝南巡实有其事。但笔者认为，舜帝对后世的最大影响是他的行为在一代又一代中国人中所形成的舜帝意识，并由此而形成的"舜文化"传统。因而，本书第一部分以"舜帝意识与舜文化传统"为主题，侧重探讨了舜文化"和"的精神内核，诸子百家对"舜"的认识（百家舜意识），礼乐教化，"孝"与"五教"的演绎，"协和万邦"的理想，"廉洁"与"廉政"的舜帝渊源，举贤任能的理念（屈原赋的舜意识），等等，意欲发掘原典文化中仍可闪耀于当代的文化因子。在新的时代条件下，是可以作为中华优秀传统文化的一部分加以创造性转化、创新性发展的。

本书的第三部分是"儒家文化下的文学意蕴"，原本想用"舜文化下的文学意蕴"，以示连贯。因为在著者看来，"舜文化"是种更宏大更包容的"文化样式"，文化源头的先哲们，无论哪家哪一课，均以"舜帝"为标杆来宣扬弘扬自己的主张，正如（韩非子）所说："孔子墨子俱道尧舜，而取舍不同，皆自谓真尧舜，尧舜不复生，将谁使定儒墨之诚乎？"只不过，后来儒家文化成了主流，其余诸子百家成了汇入主流消细流而已，因而，并不能就此说明其他百家在后来的文化演绎中就没有起到作用了，实际上诸子百家在历史长河中都一直或潜藏或融入主流中发挥着自己的功能。后世的儒家文化这条大河实际已不能完全等同于孔孟时代的儒家文化了。但考虑到人们的习惯，还是沿用了"儒家文化下的文学意蕴"，而相关章节对文学的文化探讨则不限于纯粹儒家文化的影响，所以儒道佛，乃至杂家均有所表现。文体则涵盖了诗词、小说、散文等几大类别，时代则自文学源头的《诗经》跨越至当代，而以北方的贾平凹，南方的韩少功作结。目的是通过历时性代表性的文学个案，以见出原初文化对文学创作与发展的影响，在一定意义上，文学仍在用形象诠释着传统文化中的正价值与负价值，并追寻着、思索着传统文化的创造性转化、创新性发展。

[①] 《史记·五帝本纪》里司马迁以太史公身份感叹说："余尝西至空桐，北过涿鹿，东渐于海，南浮江淮矣，至长老皆各往往称黄帝、尧、舜之处，风教固殊焉，总之．不离古文者近是。"又说："二十而南游江、淮，上会稽，探禹穴，窥九疑，浮于沅、湘。"在太史公看来，"古文文本"与"口传"活态化文本多是一致的。

后 记

  书中的章节并非写于一时，大部分均在学术刊物上发表过，因而有些文章风格前后不相一致，有些论述间有相似之处，为了保持各自章节的完整性，也是为了尊重并纪念曾经的写作过程，也就没有刻意统一，并删削相似之处了。这是要向读者说明且致歉的。

  本书的出版得益于湖南科技学院文法学院策划的"南岭走廊与潇湘文化丛书"，有幸添列其中，有一种找到队伍的充实感。同时也得益于我校湖南省应用特色学科中国语言文学一级学科、湖南省舜文化研究基地，湖南省高校哲学社会科学"南岭走廊与潇湘文化研究基地"的鼎力资助。特此鸣谢！

  本书责任编辑宋燕鹏博士热情、认真、细致、负责，为本书修改提出了很好的建议，是特别要铭记并深表谢意的。

作者于湖南科技学院桂园踏雪泥斋